LEAH HAGER COHEN

# GLAS BOHNEN PAPIER

*Dinge des Alltags*
*und was sie*
*uns lehren*

Aus dem Amerikanischen von
Christel Dormagen

Piper
München Zürich

Die Originalausgabe erschien 1997
unter dem Titel »Glass, Paper, Beans. Revelations
on the Nature and Value of Ordinary Things«
bei Doubleday/Currency

ISBN 3-492-04020-9

Satz: Wirth, München
Druck: Pustet, Regensburg
Printed in Germany

FÜR PAUL SCHERER

Ich liebe
alle
Dinge,
nicht weil sie
brennen
oder
duften,
sondern
ich weiß nicht warum,
weil
dieser Ozean dir gehört,
mir gehört:
Die Knöpfe,
die Räder,
die kleinen
vergessenen
Schätze,
die Fächer,
in deren Federn
die Liebe ihre
Orangenblüten
wehte,

Gläser, Messer,
Scheren –
auf allem
findet sich,
am Griff, am Rand,
eine Fingerspur,
die Spur einer entrückten,
ins vergessenste Vergessen
versunkenen Hand.

PABLO NERUDA
*Ode an die Dinge*

# Inhalt

VORSPIEL

# Someday Café

Hier im Someday Café sitze ich an einem wackligen Holztisch und habe vor mir: eine Zeitung, sonntäglich fett, und ein hohes Glas mit dampfendem Kaffee.

Das Someday Café prunkt mit zwei großen Spiegelglasfenstern, durch die man auf eine vielbefahrene, verschlungene Kreuzung blickt, und mit einem kleinen, fast quadratischen Innenraum, in den gerade mal sechs Tische, vierzehn zusammengewürfelte Stühle, ein mickriges Bücherregal und die Theke hineinpassen. Das Mobiliar sieht aus, als wäre es auf einem Studentenheim-Basar ergattert worden, und zwar erst spätnachmittags. An diesem Morgen ist das Café, wie häufig an Sonntagen, vollbesetzt. Die Gäste wirken auf eine irgendwie buntgemischte Weise verwandt: löchrige Jeans zuhauf, ebenso wie dicke Sandalen und dicke Socken, rissige Lederjacken, karierte Flanellröcke und schwere, erdfarbene Pullover.

Es ist später Winter. Die Spiegelglasfenster, die Kuchentheke und die Brillengläser in den Gesichtern der Leute sind alle leicht beschlagen, ein feiner feuchter Film, der Wärme, dichtgedrängte Körper und mit Hebelkraft produzierten Espresso verrät, verleiht ihnen einen tauigen Schimmer. Jazz tröpfelt aus großen Lautsprechern. An den Wänden Hängepflanzen und eine Reihe lebhafter, deftig wirkender Ölgemälde. Einige Gemälde sind mit Objekten beklebt: zum Beispiel einem Paar Fausthandschuhen und einem winzigen Einkaufswagen aus Plastik. Die Kuchentheke bietet Mandelbiscotten und deutsche Schokoladenkekse und etwas, was sich Stroopwaffeln nennt, und in der Ecke steht ein Automat, aus dem einem, wenn man ihn mit einem Vierteldollar füttert, schokoladenüberzogene Espressobohnen in die aufgehaltene Hand regnen. Ein paar orange Löwenmäulchen welken in einer Thermosflasche auf der Theke. Neben den Blumen klebt ein Zettel auf der Rückwand der Registrierkasse, der in Druckschrift warnt: KAFFEE TÖTET. Etwa zwei Meter oberhalb davon hängt ein mit Kreppband festgeklebter kleiner Pappkarton mit der Aufschrift »Kasten für Vorschläge« verkehrt herum von der Decke.

Das Someday Café ist so voll besetzt, daß zwei Männer ihren Kaffee zu dem breiten, schiefen Sims vor einem der Spiegelglasfenster mitgenommen haben, dort sitzen sie jetzt mit übereinandergeschlagenen Beinen auf einer Unterlage aus verstreuten Zeitungen. Andere Leute (und ein Irish Setter) teilen sich Tische mit Fremden, während wieder andere an der Theke rumhängen und auf frei werdende Plätze warten. An meinem Tisch sitzt eine Frau und strickt irgendwas Pflaumenfarbenes mit langen, silbernen Nadeln, die ein hübsches Geräusch machen, wie zwei Tanten, die im Nebenzimmer schnattern. Unser Tisch steht weit weg von der Tür, und ich habe den guten Platz mit Blick nach draußen. Mein Kaffee ist sahnig und bleibt schön heiß, meine Zeitung ist befriedigend dick und auf der Titelseite mit aufregenden Bildern zu jeder Rubrik vollgepflastert. Ich habe alles, was ich mir wünsche.

Aber ich bin nicht zufrieden. Auf komische Weise fühle ich mich verstimmt. Es ist dieser Mangel an Stühlen und dieses dauernde leichte Hin und Her der Leute, die herumstehen und warten. Ich spüre den Druck einer unausgesprochenen Aufforderung – ich soll austrinken und meinen Platz freigeben –, und ich fühle mich nicht wohl. Ich will meinen Platz nicht aufgeben, aber ich will mich auch nicht wie ein Schuft fühlen. Ich merke, daß ich mich über die Leute ärgere, die auf Tische warten. Offenbar ärgere ich mich einfach über ihre Anwesenheit und darüber, daß kein Platz für sie da ist. Der Druck wächst, er wird zu einer Art plumper moralischer Bürde, wie Schuld.

Ich blicke von der Zeitung auf. Hinter der Theke verkündet eine große Tafel – zwischen verschlungenen, psychedelischen Bildern von Schimpansen, Cowboys, Teetassen und Wasserpfeifen – die Preisliste. *Kaffee gr.*, steht da, *$ 1.25.* In Ordnung, denke ich. Ein großer Kaffee kostet einen Dollar fünfundzwanzig. Das habe ich bezahlt. Die Ausgabe dieser Summe, so überlege ich, berechtigt mich nicht nur zum Konsum des Getränks als solchem, sondern sie billigt mir auch das Recht zu, eine angemessene Zeitlang an diesem Tisch zu sitzen und es zu genießen. Als ich Kundin dieses Cafés wurde, hat mir das einen Status verschafft, dem dieses Recht zusteht. Ich habe hier einen Mitgliedsstatus, den ich mit diesem Getränk erworben habe, das ich nun zum Mund führe. Das Glas fühlt sich an meinen Lippen warm an, und ich nehme ein wenig von dem Kaffee zu mir, der meine Eintrittskarte in dieses Lokal ist, in diese kleine

Welt mit ihren beschlagenen Fenstern und den schlappen orangenen Löwenmäulchen. Der Druck hat sich aufgelöst, ist wegargumentiert, und ich richte meinen Blick wieder auf die Zeitung.

Die Schrift tanzt verwirrend, abweisend. Das Someday Café ist so überfüllt, daß ich nicht umhin kann, die Körper wahrzunehmen, ihre Bewegungen, ihre Gerüche, ihr schieres Vorhandensein. Sie haben meine Aufmerksamkeit zufällig erregt, aber jetzt haben sie sich darin eingenistet. Gegen meinen Willen blicke ich wieder von dem grauen Nachrichtengewirr hoch zu den Menschen um mich herum, und diesmal widerfährt meinen Augen oder meinem Gehirn, ohne Vorwarnung, etwas Merkwürdiges: die Menschen rücken mir in beängstigender Weise näher. Jeder einzelne von ihnen erscheint für einen überlangen Augenblick um vieles eigener und besonderer, als fremde Menschen es je sein könnten. Der Ärger über sie, den ich eben noch verspürt habe, löst sich auf und verschwindet dann vollkommen bei dieser aufregenden Vision von der absoluten Einzigartigkeit eines jeden dieser Menschen.

Ich konzentriere mich auf den blaßroten Ausschlag auf dem Unterarm der Frau neben mir, auf die Kuchenkrümel in dem weißen Bart eines hochgewachsenen Mannes, auf das kurze Aufzucken im Gesicht eines jungen Mannes, der Noten liest, auf das Etikett, das aus dem Kragen eines gutgebügelten Hemds hervorguckt. Und plötzlich werde ich von der Gewißheit überschwemmt, daß ich sie alle sehen könnte, all die Menschen in diesem Lokal – oder besser, daß ich sie kennen *sollte.* Einen Moment lang scheint es selbstverständlich.

Dieses Gefühl ist nicht viel anders als jenes, das ich regelmäßig als Kind bekam, wenn der Gegenstand in meiner Hand, sei es ein Löffel oder ein Buntstift oder ein Schuhband, sich plötzlich offenbarte, mir mit einemmal auffiel als etwas mit einem Leben, das über meinen Pudding, meine Zeichnung oder meinen Schuh hinausreichte. Einen Augenblick lang war ich aufgerüttelt und grübelte dann: Wer hat dieses Ding gemacht? Kenne ich ihn? Kennt er mich? Werde ich ihm jemals begegnen? Und wenn das geschieht, werden wir dann etwas von unserer Verbindung wissen? Eines Tages, so stellte ich mir vor, würde ich all dies erforschen.

Doch das heimliche Ausspinnen solcher wunderbaren Möglichkeiten dauerte immer nur wenige Sekunden. Nur allzu schnell ging es dann wieder weiter mit Essen, Zeichnen oder Schuhezubinden, und ich stellte fest, daß ich nur ein Gerät in der Hand hielt, ein ganz gewöhnliches Ding, das mit einem Schlag langweilig und banal geworden war – ausschließlich dazu da, mir bei meinem Tun zu dienen, nicht länger ein materielles Bindeglied zum Leben anderer Menschen.

Dasselbe passiert jetzt ebensoschnell im Café. Der Lärm des Milchaufschäumers verwirbelt den Raum, er löscht den Sinn aller gemurmelten Unterhaltungen und die Vorstellung, daß wir einander keine Fremden sind. Mein Kopf klärt sich, oder er trübt sich: er kehrt in seinen gewohnten Zustand zurück. Selbst als ich von einem Gesicht zum anderen schaue und versuche, noch einmal hineinzubeschwören, was es soeben noch ausgestrahlt hat, stelle ich fest, daß mein Blick wieder verschwommen und allgemein wird, daß das Geheimnis der Besonderheit jedes einzelnen entweicht, daß ich wieder hinter meine vertrauten Grenzen zurückfalle.

Ich zupfe an der Zeitung vor mir, trinke noch etwas aus dem warmen Glas. Niemand um mich herum scheint irgendeinen seltsamen Vorfall bemerkt zu haben, irgendeine flüchtige Offenbarung. Wir fahren alle fort mit unseren Beschäftigungen, ein paar von uns zu zweit, die meisten jeweils für sich allein. Einige von uns starren aus dem Fenster auf die Karawane salzbespritzter Autos, die darauf warten, daß die Ampel grün wird. Einige hämmern mit den Fingern auf Laptops ein oder lassen Kugelschreiber auf Notizheft-Teichen Schlittschuh laufen. Einige von uns pikken Rosinen aus ihren süßen Brötchen und füttern sich selber oder ihren Irish Setter damit. Hauptsächlich aber, so beobachte ich, kurz bevor ich den Blick wieder auf das Schwarzweiß senke, lesen wir die Zeitung. Es ist Sonntag, und wir sind neugierig auf unsere Welt.

EINS

# Morgen

Jeden Tag geschieht dies: Wir drehen uns ins Licht. Das Licht trifft auf einen Streifen Erde und drapiert sich gleichzeitig um Gras und Wellen und Mülltonnen, um Markisen und Schnee und Mangobäume, um Zapfsäulen und Basketballplätze und Kirchtürme und Leguane, um Grabsteine und Steinbrüche und Reklametafeln und Haut. Wir sagen dazu: »Die Sonne ist aufgegangen.«

Dies geschieht jeden Tag überall auf der Welt, unser ganzes Leben lang. Die Erde dreht sich um ihre Achse, und in jedem Augenblick beginnt von Nord bis Süd eine große Zahl Menschen, die einander nie begegnet sind und nie begegnen werden, gemeinsam den Tag. Die Zonen, die durch diese Streifen von Morgendämmerung, diese longitudinalen Gleichzeitigkeiten, definiert werden, bedeuten uns wenig oder gar nichts. Als Begrenzung, als Markierung für Territorien, fungieren diese Lichtstreifen zwar mindestens ebenso verbindlich wie jede beliebige politische Grenze, aber die Gemeinschaften, die durch sie gebildet werden, existieren nicht real. Auf den meisten Karten sind diese Linien nicht einmal eingezeichnet. Wo das doch der Fall ist, sind sie kaum erkennbar: spinnwebzarte Tintenstriche, allerwinzigste Vermerke von Ziffern und Graden. Wenn wir sie überhaupt wahrnehmen, so stellen wir doch kaum eine Verbindung zu uns selber her, zu unserem eigenen vertrauten Leben. Wie viele von uns könnten schon auf Grad und Minute genau sagen, wie weit westlich oder östlich sie vom Nullmeridian leben? Und wenn ja, würden sie sich dann etwa als Mitglieder einer Gemeinschaft von Menschen bezeichnen, die auf demselben Nordsüdstreifen leben? Das ist absurd. Eine solche Betrachtungsweise ist uns fremd.

Statt dessen haben wir Nationen. Wir haben Provinzen, Staaten, Verwaltungsbezirke, Regionen. Einige ihrer Grenzen stimmen mit den natürlichen Beschaffenheiten der Erdoberfläche überein, andere mißachten sie. Einige Grenzen sind deutlich markiert, mit Stacheldraht, Schildern, Zollhäuschen, Toren. Der überwiegende Teil jedoch ist nur auf dem Papier festgeschrieben, in Form von Landkarten und Urkunden, von Verträgen und Abkommen – all dies als gewissenhafter Tribut an eine kollektive Vorstellung, die so stark, so verbreitet ist, daß sie als Tatsache gilt. Die Verdinglichung von politischen Grenzen, von Gemeinschaft und Blutsverwandtschaft, die um Staat und Nation herum konstruiert worden sind, hat absoluten Charakter. Sie scheint natürlich. Diese Betrachtungsweise ist uns geläufig.

Der Morgen kümmert sich nicht darum und ereignet sich streifenweise: ein stilles, chronisch subversives Ereignis. Wie ein Kind, das sich nicht an Spielregeln hält, das einfach behauptet, der Fußboden sei *keine* kochende Lava, und vom Sofa herunterklettert, so übertritt der Morgen jene Grenzen, die wir feierlich errichtet haben, und es gibt keinen Ort, den der Morgen nicht erreicht.

*Plumweseep, New Brunswick*
*45° 43′ N   65° 32′ W*

Die anrückende Sonnengrenze befindet sich noch irgendwo draußen zwischen Neufundland und Neuschottland, wenn Brent Boyd um halb fünf in Dunkelheit und Kälte aufwacht. Er erhebt sich von dem Kiefernbett, das sein Großvater gebaut hat, und tauscht die doppelte Deckenschicht – die mit dem Grünblatt-Ahornmuster hat seine Großmutter, die mit dem Weinklee hat seine Mutter zusammengenäht – gegen den steifen Mantel sonnenloser Morgenkälte, deren Schärfe er kaum wahrnimmt. Das ist gar nichts. Das ist Atlantikzeit, Ostküstenzeit, späte Winterzeit. Er zieht seine Stiefel an, geht hinaus, um den Halbtonner anzulassen.

Der Wagen, ein rotweißer Ford, steht in der Einfahrt und entläßt fedrige Auspuffgase in die Luft. Ein mächtiger, eisglänzender Dieseltank ragt über die Ladefläche. Die dunklen Silhouetten des Gebüschs, das er dieses Jahr seitwärts am Haus gepflanzt hat – mit Mochakiefer und Dachwurz – sind mit Schneeresten gesprenkelt. Auf dem Rasen zeichnet sich der kleine Pumpkin-Sweet-Apfelbaum einsam und schwarz gegen den weniger schwarzen Himmel ab. In keinem der Nachbarhäuser brennt schon Licht.

Er läßt den Motor laufen und geht durch die Garagentür wieder nach drinnen, um einen Armvoll Holz zu holen – der Vorrat stammt von Grampy Boyd, der seinen Kindern und Enkeln jedes Jahr Holz aus seinem Waldstück schenkt. Brent trägt die Scheite eine kurze Treppe hoch, die aus dem Keller ins Zimmer führt, und stapelt sie neben den Kaminofen. Der Ofen ist dunkelgrün emailliert, mit Gold abgesetzt und hat eine Glastür; innen glimmt die Asche vom Feuer des gestrigen Abends. Er schürt sie kurz, legt zerknülltes Zeitungspapier und anschließend kleine Holzspäne auf, um eine Flamme hervorzulocken; und jetzt schaltet er den Fernseher ein – Kanal 29, den Wetterkanal, er ist auf den Straßenzustand gespannt. Satellitenbilder und Computerlandkarten erscheinen auf dem Bildschirm: riesige verzerrte Globussegmente wechseln sich ab mit vertrauten, wie mit Kuchenförmchen ausgestochenen Küstenabschnitten. Graue Wolkenformationen wandern wirbelnd und ruckelnd über den Kontinent, wie geronnene Milch in Kaffee.

Brent hockt vor dem Ofen und stochert weiter im Feuer, das knisternd stärker wird und allmählich wieder Hitze ausstrahlt. In wenigen Minuten wird er aufbrechen, in den Wald zu seiner täglichen Holzfällerarbeit. Das Feuer ist für die zwei, die noch oben liegen, seine Frau und seine Tochter, die eine unter Ahornblatt und Klee im großen Kiefernbett, die andere in ihrem kleinen weißen Bett am Ende des Flurs.

*Lancaster, Ohio*
*39° 40′ N   82° 35′ W*

Eine Zeitzone weiter westlich und, nach Ostzeit, eine Stunde später geht Ruth Lamps Arbeitswoche zu Ende. Sie nimmt einen letzten Schluck kalt gewordenen Kaffee und durchquert das güterwagenförmige Büro. Vom Büro überblickt man die Sortier- und Packabteilung der Glasfabrik, es ist klein und recht spärlich ausgestattet, aber immerhin rühmt es sich eines kleinen Spülbeckens. Ruth spült ihren Becher aus und stellt ihn mit einem zufriedenen kleinen Klack verkehrt herum auf ein gefaltetes Papierhandtuch, wo er dann vier Tage lang unberührt stehen bleiben wird.

Keine Glocke läutet, um das Ende ihrer Zwölfstundenschicht zu verkünden. Keine Maschine hört auf, kein Motor verstummt. Kein Anzeichen von Dämmerung dringt in das Büro, dessen drei ziemlich trübe Fenster ohnehin nur auf den Werkshof gehen, der wie immer im grellen künstlichen Schein der Neonlampen liegt. Die Arbeiter der Packstraße wechseln alle acht Stunden, und die augenblickliche Schicht ist erst um elf Uhr gestern abend angetreten, weshalb Ruths Fortgang nicht einmal Teil eines allgemeinen Aufbruchs ist, mit kameradschaftlichem Einsammeln von T-Shirts und Portemonnaies und leeren Tupperware-Gefäßen sowie dem vereinten Abmarsch über die Rampe zum Tor und zum Angestelltengebäude.

Ruth schüttelt ihren schwarzen Geldbeutel, horcht auf das Rasseln des Schlüsselbunds, fischt ihn heraus und schwingt sich ihre Tasche über die Schulter. Auf dem Weg nach draußen winkt sie ihrer Tagesschichtablösung zu, die schon ordentlich an ihrem gemeinsamen Schreibtisch sitzt, das Telefon ans Ohr geklemmt hält und in den zerfledderten Seiten des Wartungsbuchs blättert. Die Ablösung deckt die Sprechmuschel mit der Hand ab und flüstert heiser: »Nacht, Ruthie.«

»Mach's gut.«

Die andere Frau rollt mit den Augen und läßt eine Kaugummiblase ins Telefon knallen.

Auf dem Werkshof folgt Ruth sorgfältig dem rotgestrichenen Pfad, der einen sicheren Durchgang zwischen den herumfahrenden Gabelstaplern markiert. Er zwingt sie zu einem kleinen Umweg: Sie muß eine Schleife nach rückwärts drehen, zur Kühlkammer hin, bevor sie in Richtung Ausgang abbiegen kann, aber es handelt sich um eine Sicherheitsvorkehrung, die jeder ernst nimmt. Um sie herum vollführen die Gabelstapler jetzt ihre schwerfälligen Manöver, sie heben und befördern Paletten mit Ware, und ihr ständiges pfeifendes Pulsieren klingt verhärmt und sorgenvoll. Doch vielleicht denkt sie das auch nur, vielleicht projiziert sie einfach ihren eigenen Seelenzustand nach einer Vier-Tage- oder Achtundvierzig-Stunden-Arbeitswoche.

Der Morgen ist bei ihr angekommen, aber als sie den Fuß der Rampe erreicht, ist der Himmel noch dunkel, und der Rauch aus den Fabrikschornsteinen steht in hohen, weißen Schwaden davor. Sie findet ihren türkisen Ranger-Ford, läßt den Motor an. Vier Tage lang wird sie jetzt nicht an die Arbeit denken. Sie wird mit ihrer Wölfin in den Wäldern spazierengehen, Wasser aus ihrer Quelle trinken, ihre Kinder und Enkel und das Urenkelchen besuchen. Wird ein wenig kochen und waschen, wird im Garten arbeiten und Rasen mähen. Vielleicht noch ein wenig mehr von dem Gebüsch an ihrer Straße abbrennen. Aber zuallererst wird sie schlafen. Wenn sie nicht über die Nebenstraßen trödelt, sollte sie es schaffen, vor Sonnenaufgang zu Hause zu sein.

*Pluma Hidalgo, Oaxaca*
*15° 54′ N   96° 23′ W*

Zwei Stunden später, um sechs Uhr früh mitteleuropäischer Zeit, flirten die Sonne und der Nebel oben in den Ausläufern der Sierra Madre del Sur wie verrückt miteinander. Der Nebel tut gerne so, als würde er nachgeben, er wird durchscheinend und blaß, paart sich mit der Sonne, schafft sich selber ab, indem er unterwürfig der Hitze entgegensteigt – und dann kommt er plötzlich aus der anderen Richtung wieder herangeschlendert, völlig unbekümmert und in schlingernden Säulen, wie Geistermilch. Sie könnten gut bis mittags so weitermachen, die Sonne und der Nebel, erst dann wird die Sonne endgültig gesiegt haben. Das ist der natürliche Lauf an diesem Ort, in dieser Höhe. Der Nebel trödelt so begehrlich und so viele Stunden am Tage herum, daß die Menschen, die hier leben, ihn einen Babywolkenwald nennen.

Oberhalb einer langen Böschung, dort wo der Wald einem kleinen Friedhof Platz macht, schafft die Sonne sich eine Hochburg. Es scheint, als entzünde sie sich zwischen den spärlichen Steinen und den hölzernen Kreuzen, die bonbonfarben bemalt und mit Sträußen aus Wildblumen geschmückt sind. Der Nebel schleicht sich tiefer, rollt die Böschung hinab, über die ungepflasterte Straße bis zu dem einzelnen Haus, das am östlichen Ende des Friedhofs steht. Er umhüllt das geteerte Blechdach mit seiner Feuchtigkeit, späht neugierig durch Lücken zwischen den knotigen Holzlatten, die, aneinandergenagelt, Wände bilden, und hält zögernd über den acht Menschen inne, die darin schlafen.

Die Gestalten liegen auf Matten aus geflochtenen Palmblättern. Die Matten liegen auf der Erde. Die Erde hier drinnen wird täglich gefegt und ist von Generationen von Füßen so festgetreten, daß sie fast wie Stein wirkt und, abgesehen von der Regenzeit, so gut wie nie den Elementen nachgibt. Der Nebel kreist im Zimmer, breitet sich aus und erfüllt es mit einer Art greifbarem, unhörbarem Seufzen. Einen Augenblick lang ist der Friede ungestört, nur unterbrochen von den Hähnen, den Eseln, dem Federvieh und den Hunden, die nicht nur hier, sondern auch in den benachbarten Gehöften mehr oder weniger die ganze Nacht hindurch rumort haben – mit Geräuschen, die so vertraut und selbstverständlich sind wie der Herzschlag oder der Wind. Die Sonne schlüpft triumphierend durch die Ritzen in den Wänden und schneidet goldene Streifen in den Nebel. Der Schlaf gibt sich allmählich geschlagen.

Dies geschieht zuerst und lauthals bei den Babys, deren Mütter auf ihr Schreien hin sofort aufstehen. Danach wachen die Kinder auf, und dann folgen die Männer. Der letzte, der aufsteht, ist Basilio Salinas Martinez, mit seinen sechsundzwanzig Jahren der Älteste und somit das Haupt dieses Haushalts, der einen Esel, zwei Hähne, ein paar Hühner, einen großen schwarzen Truthahn mit seinen plüschfedrigen Jungen, einen namenlosen, räudig aussehenden Hund und acht Menschen umfaßt. Letztere bilden, je nachdem wie man zählt, entweder eine oder zwei Familien. In Pluma ist es ehrlich gesagt nicht immer ganz einfach zu entscheiden, wo die eine Familie aufhört und die andere anfängt. Es gibt nämlich viele Arten der Beschreibung, eine ganze Reihe verschiedener Regeln, die Verwandtschaft definieren, und diese Regeln überschneiden sich, so daß die Fäden zwischen den Familien dieser Gebirgsstadt sich von Haus zu Haus fortspinnen. Wenn man Basilio bittet, er möge seine Familie vorstellen, dann wird er mehrmals nachdenklich mit seinen braunen Augen blinzeln, bevor er fragt, was man wohl mit diesem Wort meinen könnte.

In der australischen Mythologie wurde die Sonne erschaffen, als Männer ein Emu-Ei in den Himmel schleuderten. Nach einem Hopi-Mythos wurde sie aus einem glänzenden Schild aus Wildleder, Fuchsfell und einem Papageienschwanz gemacht. Ein Mythos aus Ozeanien berichtet, das entsprechende Objekt sei eine Schlange gewesen, und ein Tataren-Mythos behauptet, sie sei aus einem in Feuer getauchten Schwert erstanden.

Nordische Mythen versichern, die Sonne sei ein Funke aus dem heiligen Reich des Feuers, der täglich von einem überirdischen Wolf über den Himmel gejagt wird. Die alten Ägypter glaubten an ein goldenes Ei, das die Chaos-Gans Qeb gelegt hat. Das San-Volk erzählt die Legende von dem Sterblichen, der aus seinen Achseln Licht entsandte; damit das Licht größer wurde, warfen Kinder ihn in den Himmel, und dort wurde er rund und leuchtete für alle.

Man hat die Sonne durch einen Apfel, ein weißes Pferd, eine Axt, eine Karosse symbolisiert, durch Pfeil und Bogen, einen Hahn, ein Auge, eine Butterblume, ein Monokel, ein Rad, einen Reifen, ein Gänseblümchen. Sie galt als Inbild der Schöpfung, stand für Treue, für den freien Willen, für Reinheit und Leben; aber auch für Zerstörung, Treulosigkeit, Versklavung, Gift und Zorn. Sie wurde als Schäfer geschildert, dessen Herde Wolken und Winde sind, als Phönix, als goldenes Boot, das über den himmlischen Ozean gleitet, als die Beschützerin von Finanzleuten und Sultanen, als das Auge Gottes, als Spionin der Götter, als ein sterbender Gott, der jeden Morgen durch das Opfer von Menschenblut wieder zum Leben erweckt werden muß. Sie ist mit der Zahl Zwanzig in Verbindung gebracht worden, mit dem hebräischen Buchstaben *resh*, mit der Tugend der Güte. Vögel sind ihre Botinnen.

Das Verschwinden und die Ankunft der Sonne haben wieder zu gesonderten Interpretationen geführt, wobei die Finsternis im allgemeinen gefürchtet (obwohl einige nordamerikanische Indianerstämme glaubten, die Finsternis bedeute, daß die Sonne ihr Kind in Armen halte) und die Morgendämmerung im allgemeinen gefeiert wurde (obwohl die alten Sumerer sich die Sonne als strengen, rachsüchtigen, alles sehenden Richter der Menschheit vorstellten). Die alten Ägypter glaubten, die Sonne werde jede Nacht von der Himmelsmutter verschluckt, um jeden Morgen von neuem zwischen ihren Schenkeln wiedergeboren zu werden. Die alten Perser hielten die Sonne für einen jagenden Dämon, der die Erde mit jedem Aufgehen reinige. Nach der Überzeugung bestimmter Aborigines-Stämme ist die Sonne eine Frau, deren Liebhaber bei den Toten wohnt. Jede Nacht reist sie unter die Erde, um bei ihm zu liegen, und jeden Morgen steigt sie wieder hoch, gekleidet in das Geschenk ihres Liebsten: ein rotes Känguruhfell. Wissenschaftlern zufolge ist die Sonne ein mehr oder weniger unbeweglicher Gasball von 1 390 000 Kilometern Durchmesser, der in 150 000 Kilometer Entfernung von der Erde brennt. Da die Erde sich dreht, entsteht der Morgen in dem Augenblick, wenn die Sonne am östlichen Horizont sichtbar wird. Mystiker verbinden den frühen Morgen mit der Note A.

Überall auf der Erde hat man die Morgensonne mit Gebeten, Hymnen oder Küssen begrüßt. Einige Namen für Sonnengötter lauten Mitra, Varuna, Shamash, Ninurta, Marduk, Nergal, Baal, Hvar-Khshaeta, Savitri, Surya, Babbar, Utu, Ra und Helios. Heliolatrie oder Sonnenanbetung gibt es, seit wir denken können, und sämtliche Menschengruppen, von denen wir wissen, praktizieren sie. Die Neandertaler betteten ihre Toten in Ost-West-Richtung. Rituelle heidnische Feuer wurden bei jeder Sonnenwende zur Stärkung der Sonnenkraft entzündet, und bei den Wintersonnenwendfeiern der Inka wurden alle Feuer mit einem Stück Baumwolle angezündet, das in die Strahlen der Sonne gehalten worden war. Sonnenwagen sind in Dänemark und Indien gefunden worden, Sonnentempel wurden in China, in England und Peru errichtet. Die Bibel beginnt mit der Erschaffung des Lichts, und Spuren von Licht- oder Sonnenverehrung lassen sich auch heute noch im symbolischen Einsatz von Kerzen und Heiligenscheinen bei jüdisch-christlichen Ritualen nachweisen. Noch gegen Ende des letzten Jahrhunderts trieb der Glaube, daß die Sonne am Ostermorgen vor Freude tanze, die englische Landbevölkerung an diesem Tag auf die Hügel, weil man die Sonne aufgehen, umherspringen, sich rollen und verfärben sehen wollte.

Überall, wo der Morgen zu den Menschen kommt, erzählen sich die Menschen Geschichten über den Morgen.

Auch wir erzählen einander Geschichten: über Kaffeebohnen, Glas und Papierbrei, die Güter, durch die wir an unsere tägliche Tasse Kaffee und die Zeitung kommen. Sie erscheinen üblicherweise mit dem Morgen, diese Dinge, sie bilden Rituale des Morgens in einem Land, das arm an Ritualen ist. Hier küssen wir nicht die Stelle, die vom ersten Sonnenstrahl getroffen wird, wir knien auch nicht vor der Sonne nieder und beten, noch klettern wir auf Hügelspitzen, um zu beobachten, wie der neu aufgegangene Ball über den Himmel rollt. Die Morgende in diesem Land versehen uns mit Kaffee und Zeitung: einer flüssigen braunen Droge und einem schmutzigen Haufen Geschichten, den wir am Ende des Tages fortwerfen.

Im Someday Café kostet ein großer Kaffee einen Dollar fünfundzwanzig. Er ist exakt 125 Cents wert. Das ist eine Geschichte, die ich mir über Kaffee erzählen könnte.

Die Sonntagszeitung kostet einen Dollar fünfzig, alltags kostet sie fünfunddreißig Cents. Sie entspricht diesem Betrag beziehungsweise ist gegen fünfunddreißig Cents tauschbar. Die Tasse Kaffee ist mehr als dreimal soviel wert. Das ist die Geschichte über die Zeitung.

Über den Wert des Glasbechers denke ich nicht nach. Immerhin ist er nicht zu verkaufen, er hat einen Nutzwert, aber keinen Tauschwert. Da ihm ein sichtbarer Preis fehlt, ist das Glas geschichtenlos.

Die Neigung, Dinge so zu betrachten, als wären ihr Wesen und ihr Geldwert ein und dasselbe, wird gelegentlich als Warenfetischismus bezeichnet. Eine Ware ist ein Ding mit einem Preis. Ein Fetisch ist ein Ding mit einer Seele. Warenfetischismus meint die Angewohnheit, den

Preis eines Gegenstands als etwas zu betrachten, was wesensmäßig und dauerhaft mit dem Gegenstand verbunden ist, etwas, was unmittelbar und notwendig aus dem Inneren dieses Gegenstands entspringt und weniger Resultat einer Geschichte von Menschen und ihrer Arbeit ist.

Im Someday Café ist ein großer Kaffee eine bescheidene Bestellung. Es handelt sich nicht um ein Angebergetränk, wie zum Beispiel den vielfarbigen *macchiato* oder um ein zuckriges Kindergetränk, wie die *latte* mit einem Schuß Karamelgeschmack, ebensowenig um ein New-Age-Gebräu, wie »Weltfrieden« oder Haiku-Tee. Schließlich ist es auch nichts Hochprozentiges, wie der vierstöckige »Kopfknaller«. Kaffee ist schlicht, ein wenig stumpf, unprätentiös, erwachsen.

Der *Boston Globe* ist die erfolgreichste Zeitung der Gegend. Seine Lektüre gilt als anspruchsvoller als die des *Boston Herald*, bleibt aber unter dem Anspruchsniveau des *Wall Street Journal*. Allmorgendlich, wenn ich ihn kaufe, nehme ich an einem seltsamen gemeinsamen Akt teil, werde ich eine von vielen. Auf der Straße und in der U-Bahn begegne ich Fremden, und wir tun alle dasselbe, wir haben identische Wörter und Bilder gegen unseren Körper gepreßt oder unter unseren Arm geklemmt und werden uns später in getrennten Räumen beides zu Gemüte führen.

Der obere Rand des Glasbechers glitzert leicht, und sein Boden ist so schwer, daß es einen hübsch beeindruckenden Klang gibt, wenn man ihn schwungvoll hinstellt. Ich umfasse ihn auch dann mit der Hand, wenn ich nicht trinke, zum einen deshalb, weil er Wärme spendet, und zum anderen, weil sein Umfang haargenau in meine C-förmige

Handfläche paßt, und dieses glatte, harte Anschmiegen fühlt sich gut an.

Das sind ein paar weitere Geschichten, die wir uns über dieses Trio von Gegenständen erzählen könnten. Jene letztere Gruppe von Geschichten hat mit einer nichtökonomischen Seite des Warenfetischismus zu tun, einer anderen Bedeutungsebene, auf der es mehr um subjektive Assoziationen geht und weniger um den Tauschwert. Doch auch hierbei werden die Verbindungen zwischen Arbeitern und Produkten und Verbrauchern verschleiert. Das, was Menschen mit Dingen und Dinge mit Dingen verknüpft, verschwindet in ihnen.

Es gab eine Zeit, da bedeutete fetischisieren, daß man an das magische oder verzauberte Wesen einer Sache glaubte, daß man sie vergöttlichte oder mit einer Gottheit in Verbindung brachte, etwas in ihr sah, was über ihr materielles Selbst hinausging. Geschnitzte Holzstückchen, Steine, bestimmte Metalle und Pflanzen, Haarlocken, Schweinezähne und Hühnerknochen, Berge, Bäume und Flüsse, Albinos, Zwerge und Bucklige, Brot und Wein, Schriftrollen und Schals, Kometen, Donner, der Mond und der Morgen – all dies ist auf religiöse oder andere heilige Weise fetischisiert worden. All dies ist ein Gefäß des Glaubens gewesen. Heutzutage gibt es wenig, was nicht fetischisiert würde, allerdings ausschließlich als Ware. Fast alles läßt sich in Form von Tauschwertrelationen beschreiben. Wir schauen auf den Preis einer Sache, um ihre Bedeutung zu taxieren oder womöglich zu entschlüsseln. Wir machen auch das zur Ware, was eigentlich nicht in diesen Bereich zu gehören scheint: Beratung, Sex, Abenteuer, Babys, Zeit, Natur,

Sicherheit. Unsere größte Bewunderung und Begeisterung gilt heute dem Marktwert einer Sache, wir preisen sie als Ware. Selbst die Morgendämmerung ist von dieser befremdlichen Entwicklung nicht ausgenommen. Wo der Sonnenaufgang einstmals zum Anstimmen religiöser Hymnen bewog, lobt der Titelheld des Musicals *Oliver!*, ein naiver Waisenjunge, dieses Ereignis mit dem Lied: »Wer kauft diesen herrlichen Morgen? ... Wer bindet eine Schleife um ihn und packt ihn in eine Schachtel für mich?«

Heute wünschen wir uns die meisten Dinge in einer Schachtel und mit Schleife, und so bekommen wir sie auch – ihres Ursprungs beraubt, um ihre eigenen, wahren Geschichten gebracht, die Geschichten von Menschen, von Arbeit, von Leben. Früher wäre diese Art von Ahnungslosigkeit nicht möglich gewesen. Früher konnten wir gar nicht umhin zu wissen, von welchem Fleckchen Erde die Kartoffel auf unserem Teller stammte. Wir wußten, wessen Hände diesen Teller geformt und gebrannt hatten. Wir wußten, wer unsere Schuhe gefertigt hatte und wessen Kuh geschlachtet wurde, um das Leder zu liefern. Wir wußten, aus welcher Quelle oder welchem Brunnen oder Regenfaß unser Wasser geschöpft wurde. In vielen Teilen der Welt wissen die Menschen immer noch um diese Dinge, aber in den Regionen, die wir die entwickelten Nationen der Erde nennen, ist die Kenntnis von solcherlei Fakten inzwischen sehr verschwommen und hat fast den Charakter von Märchen angenommen: Die Vorstellung von Verknüpfungen wirkt bezaubernd, aber eher unwirklich. Wirklich ist nur der Kaffee an und für sich auf meinem Tisch, in meinem Mund. Er gehört mir, er existiert für mich in meiner

Eigenschaft als Besitzer. Bezaubernd ist die Sonne, unkäuflich und unergründlich, wenn sie, wie es ihr gefällt, komische Muster auf meinen Tisch, in meinem Glas zeichnet.

Glas, Kaffeebohnen, Papier. Löwenmäulchen, Kerzen, Räucherstäbchen. Karamellsirup, Jazz, Fausthandschuhe. Irish Setters, karierter Stoff, Streusalz, Notenpapier, Stricknadeln. Es spielt keine Rolle, daß dieses Buch von Kaffee, einer Zeitung und einem Trinkglas handelt. Es hätte auch von einem Schuhband, einer Nagelschere oder von Marmelade handeln können. Von einer Briefmarke, von Knoblauch oder einem Eiskübel. Es hätte von dem Strom handeln können, der in die Wandsteckdosen fließt. Oder von einem Stück Beton vom Bürgersteig. Vom Wasser, das aus dem Wasserhahn kommt. All diese Dinge sind Waren, und alle beinhalten sie Geschichten, die mit Geographie und Zeit, mit Angebot und Nachfrage, mit Rohstoffen und der Macht des Marktes zu tun haben und mit Menschen. Menschen mit Namen, mit Zehen und Wunden und Löhnen und Launen und Eltern und Erinnerungen. Ich betrachte das Ding, das ich berühre: eine Türklinke, eine Suppendose, den Kontrollabschnitt einer Eintrittskarte, eine Rosine – sehr unscheinbare Dinge verlocken besonders leicht zu der Frage –, und ich denke: Hat irgend jemandes Hand dieses Ding berührt, hat die Hand eines Arbeiters dies hier gehalten?

### *Plumweseep*

Brent Boyd bezeichnet sich selber nicht als Holzfäller. Er sagt auch nicht Holzarbeiter. Ebensowenig sagt er Holzschneider, Erntearbeiter oder Holzmann. Er denkt sich überhaupt nicht in Substantiven. Brent sagt über sich selbst nur: »Ich arbeite in den Wäldern.«

Er arbeitet im Bezirk New Brunswick in den Wäldern und bewegt sich den ganzen Tag lang zwischen Schwarzkiefern, Rotkiefern, Banks-Kiefern und Weymouthkiefern. Zwischen Zedern, Balsamtannen, weißen und gelben Birken, Rotfichten, Weißfichten und Schwarzfichten, Pappeln und Lärchen (die hier *tamarack* oder *hackmatack* heißen). Zwischen Ahorn und Eichen und Erlen und Kirschbäumen und Haselnußsträuchern, auch zwischen Weiden und Hartriegeln und Farnen und Himbeeren und Moos und Spechten und Rebhühnern und Rotwild und Elchen und Füchsen und Kaninchen und Bären und Koyoten (*Kai-Ohten* sagen sie).

Wenn er seine Arbeit tut, sitzt er in einer Art großen Glasblase – der Kabine seines FMG-Timberjack 990-Einhand-Harvester. Wenn an einem heißen Nachmittag goldenes Licht über die gerodete Fläche in seinem Rücken flutet und die Kabine in einen Backofen verwandelt, wird er vielleicht aus dem Gewühl zu seinen Füßen einen Hammer fischen, den er als Keil in die Tür klemmt (irgendwie hat er es nie geschafft, die Klimaanlage in Gang zu kriegen, und der kleine eingebaute Ventilator verwirbelt die Luft nur ein bißchen). Im Winter aber ist er eingeschlossen, dicht versiegelt gegen die Elemente, versiegelt auch gegen die Wälder, durch die sich seine Maschine schiebt. Über dem Lärm von Motor und Radio vernimmt er kaum das raschelnde Krachen der niedergehenden Bäume, die er gefällt hat. Er riecht ihren Saft nicht. In der oberen rechten Ecke seiner

Kabine baumelt ein Aromasträußchen zur Luftverbesserung – lauter kleine Pappstückchen, die zu Christbäumen zurechtgeschnitten sind.

Brent ist zweiunddreißig. Er trägt eine Brille und hat einen wolligen braunen Bart, und seine Stimme hat etwas angenehm leicht Federndes, wie ein rosa Ball von Spalding. Er hat sein ganzes Leben lang in der weiteren Umgebung von Sussex gelebt. Sie gilt als das Zentrum der Milchwirtschaft von New Brunswick und, so verkünden Schilder vor der Stadt, als der freundlichste Ort der Region. Sussex liegt genau zwischen den drei größten Städten des Bezirks: Saint John im Süden, Fredericton im Westen und Moncton im Osten. Nördlich von Sussex werden die Städte kleiner und seltener, und der Wald wird dichter. Die großen Straßen, die in die Stadt führen, heißen Highway 1 und Highway 2. Ein paar Kilometer vor der Ausfahrt nach Sussex ermahnt ein Schild auf Highway 1 die Autofahrer: »Deine Sünden werden dich mit Sicherheit ausfindig machen.« Ein ähnlich postiertes Schild auf Highway 2 grüßt: »Vergiß nicht: Nach dem Tod kommt das Jüngste Gericht.«

Rund um die Stadt steigt und fällt die Landschaft, sie bildet sanfte Hügel und Senken, weitet sich zu großen von pelzigen Waldzungen unterbrochenen Feldern und Weideflächen. Brent wohnt knapp oberhalb der nördlichen Stadtgrenze, hinter den Eisenbahnschienen der Smith Creek Road; das nicht eingemeindete Gebiet, das Plumweseep heißt, ist weder eine Stadt noch ein Dorf. Dort wird keine Post ausgeliefert, der Ort hat einen Namen, aber keinen offiziellen Status. Jeder spricht ihn »Plumsweep« aus. Die Leute halten das Wort für die Entstellung eines alten indianischen Namens. Plumweseep Cross zweigt gegenüber der überdachten Salmon-River-Brücke von der Smith Creek Road ab, und direkt hinter einer tiefergelegenen Rinderweide geht links Brents Straße weg. Auf dem Schild steht »Rue Valley View Cres«. Sussex selber ist eisern angelsächsisch, doch es liegt mitten in Kanadas einziger offiziell zweisprachigen Provinz, und sämtliche Straßenschilder verkünden die französische Version mit ihrem englischen Echo, wie Bilder in einem Vexierspiegel.

Brents Haus ist ein Halbgeschoßgebäude mit vier Abteilungen und hat die Farbe von Buttermilch, nur die Garagentüren sind in einem erstaunlich kühnen Jadegrün gestrichen. Seit drei Jahren lebt Brent darin mit seiner Frau Joy und nun auch beider Tochter Ellen, die im letzten Herbst zwei geworden ist. Das Haus ist eines von ein paar Dutzend ähnlichen, die in ordentlichen Reihen über das erschlossene Gelände verteilt sind, das sich Fennel Subdivision nennt. Es ist nicht Brents Traumhaus, doch hinter dem Gebäude erhebt sich ein wenig Wald, durch den sich ein kurzer steiler Pfad windet, am Wegrand finden sie dort Himbeeren und Brombeeren. Das Land gehört ihm nicht. Im Winter, wenn die Boyds dort spazierengehen, finden sie lauter Spuren menschlichen Wirkens, die sich scharf gegen den verkrusteten Schnee abzeichnen: nachgedunkelte alte Holzlatten, verrostete Metallteile von Pflügen oder eine Plastikflasche, aus der ein dunkelrosa Antifrostmittel ausgeflossen ist und die weiße, tote Erde verschmiert hat.

Fennel Subdivision umfaßt vier Straßen, die in Form eines großen E's miteinander verbunden sind. Seine merkwürdige Lage – weder mitten in der Stadt noch weit draußen an irgendeiner schlaglochübersäten Landstraße – unterstreicht noch den undefinierbaren Status. Wie eine Übergangszone auf einem kleinen Hügel, ein Zwischenreich unterschiedlicher Lebensformen, alter und neuer. Der Milchfarmer, dem das Waldstück hinter Brents Haus gehört, hat dort in diesem Monat auf traditionelle Weise Bäume gefällt, die Stämme mit dem Pferd aus dem Wald gezogen und sie dann auf einem kleinen Wagen mit Gummireifen die gut zwei Kilometer zur Mühle gefahren. Und alle in Subdivision gerieten in helle Aufregung über diese Neuigkeit: ein Wagen mit Pferd, der an all den Halbgeschoßhäusern und Landrovern, den Hollywoodschaukeln und Satellitenschüsseln vorbeizieht.

Wenn Brent morgens sein Haus verläßt, sieht er all dies nur verschwommen: hier eine Kurve, da ein abfallendes Gelände, abstrakte geometrische Formen, ins Weiß der Scheinwerfer seines Halbtonners getaucht. Zuerst fährt er zu Irvings Four-Corners-Tankstelle, gut einen Kilometer hinter der überdachten Brücke. In der Dunkelheit leuchtet sie wie eine kleine Raumstation, und drinnen herrscht ein leises geschäftiges Treiben – Lastwagenfahrer, Kaffee, süße Teilchen, Zeitungen, Angestellte, Geld. Aus Kaffee hat Brent sich noch nie etwas gemacht, und seine Lieblingszeitung ist der *Kings County Record*, der einmal die Woche direkt hier in der Stadt erscheint, technisch erst am Mittwoch, aber ziemlich häufig kann man ihn schon dienstags kaufen, da Sussex natürlicherweise immer auf der Kante der Dinge sitzt, oder wie Brent gerne mit einem sanft federnden Gluckser sagt: »In Sussex sind wir immer schon ein bißchen der Zeit voraus.« Er fährt nur zum Tanken vor, er braucht Diesel, nicht für den Halbtonner, sondern um den Tank zu füllen, der ständig hinten auf seiner Ladefläche mitfährt.

Er macht das mit bloßen Händen. Seine immergleiche Kopfbedeckung besteht aus einer speckigen, nachgedunkelten Baseballmütze. Statt eines Mantels trägt er einen schweren orangefarbenen Overall mit Reißverschluß und der Aufschrift »Cape Breton Development Corporation« auf der linken Brusttasche. Es ist das Standardmodell der Kohlenzeche weit draußen auf dem hügeligen Zipfel von Neuschottland. Joys Vater hat dort fünfunddreißig Jahre lang gearbeitet, bis er einen Bürojob im Himmel bekam, wie Bergleute die Arbeit über der Erde nennen. Laut Gewerkschaftsvertrag hat er immer noch Anspruch auf Werksoveralls, weshalb er sie jetzt an Brent weiterschickt, für den sie eine praktische Arbeitskleidung sind. Und in der Jagdsaison sind sie von doppeltem Nutzen, weil das Gesetz dann für den Aufenthalt im Wald diese Farbe vorschreibt – Zechenorange, Jägerorange, Sicherheitsorange: wie man die Farbe bezeichnet, hängt davon ab, woher man kommt.

Er schiebt seine Irving-Kreditkarte in den Apparat und springt dann hinten auf den Laster, um den Einfüllstutzen in den Tank zu stecken. Während er wartet, steckt er seine Hände in die Taschen. An der nächsten Säule tankt ein Futterlaster von Shur Gain. Auf der anderen Seite der Tankstelle tuckern ein paar Achtzehnrädrige in der Winterluft müßig vor sich hin, während ihre Fahrer sich drinnen Kaffee nachschenken lassen, eingewickelte belegte Brote aus dem Kühlschrank nehmen oder die Toiletten aufsuchen. Außerdem stehen ein goldgelber Laster, der Holzabfall geladen hat, und ein grünweißer mit gesägtem Holz da. Die sind in der gesamten Gegend ein vertrauter Anblick, besonders aber hier, gut hundert Meter von der Mühle entfernt. Die Mühle gehört Irving, ebenso wie die goldgelben Sunbury-Laster und die grünweißen von Midlands, und auch die Tankstelle gehört ihm und das Benzin, das sie ausgibt, und der angeschlossene Laden sowie die vier größten Tageszeitungen der Region, von denen drei drinnen zum Verkauf ausliegen. Das meiste Holz, das Brent schlägt, landet ebenfalls bei Irving.

Er ist fertig mit Tanken, hängt den Füllstutzen wieder ein und steckt seine Irving-Karte wieder in die Tasche. Dann heißt es zurück in den Halbtonner – die Wagentür schlägt mit jenem eisigen, metallischen Geräusch zu – und er verläßt Four Corners und macht sich auf den Weg zu seinen Holzständen. Das bedeutet gewöhnlich, daß er, je nachdem, eine halbe oder eine Stunde oder anderthalb Stunden bis zu dem Waldstück braucht, wo er gerade arbeitet. Er fährt an dunklen Farmen vorbei, deren Milchvieh und Mastrinder auch nachts auf den Weiden bleiben, sieht den morgendlichen Rauch hier und da aus den Kaminen aufsteigen, und denkt, ohne wirklich zu überlegen, an die Namen der Bewohner, die er kennt, und an ihre kleinen charakteristischen Besonderheiten. Zum Beispiel, wessen Farmhaus aus Stein so alt ist, daß es noch einen eingebauten Sklaventunnel besitzt, wer seinen Arm bei einem Traktorunfall verloren hat, wo Wes Alcorns Schmiede stand, bevor der Klavierstimmer dort einzog, und wem die Pension gehörte, in der die Männer wohnten, die das Holz flößten, bevor die Stämme per Laster nach Saint John transportiert wurden. Er kennt die Namen der unsichtbaren Landschaft ringsum auswendig – Poodiac, Vinegar Hill, Mechanic Settlement, Kars, Parleeville, Joliffs Brook, Peekaboo Corner, Beulah, Browns Flat, Woodpecker Hall, Dickie Montain, Jemseg. All diese Ortsnamen sind für ihn wie die Namen älterer Verwandter, die ihn schon gekannt haben, bevor er geboren wurde.

An einem dieser Orte ist Brent aufgewachsen, in einer Gemeinde, die sich Hatfield Point nennt und dreißig Kilometer südwestlich von Plumweseep liegt, direkt oberhalb der Belleisle-Bucht. Dort hat er auch als kleiner Junge zum ersten Mal mit Holz Geld verdient: Er, sein Bruder und seine Schwester kriegten zusammen einen Nickel für jeden Stamm, der sich von einem Floß gelöst hatte und den sie am Ufer auffischten. Dort in Hatfield Point lernte Brent aus eigener Anschauung, was für eine wertvolle Ware die Wälder von New Brunswick sind, denn sein Vater Howard fuhr Zehntausende Ladungen von diesem Holz zu den verschiedensten Orten bis hinunter zur östlichen Seenplatte. Und dort in Hatfield Point lernte Brent auch, an der Seite des Vaters seines Vaters, was es heißt, in die Wälder zu gehen.

Everett Boyd ist neunundsiebzig, und er nennt sich selbst wahrhaftig einen Holzfäller. Genauer gesagt, nennt er sich einen »altmodischen Holzfäller«. Damit meint er alles: Hakenstangen, Seeräuber, zappelnde Hunde, Wagenschwengel, Bocksägen, Floße, Aufschwung, Dynamit, narbige Hände, fehlende Finger. Er meint damit in einem Erdloch gegarte Bohnen und Rosinenauflauf, Mundharmonikas und nächtlichen Steptanz in einer Holzbaracke und den Geruch der Körper von zwei Dutzend Männern, die Seite an Seite auf Holzpritschen schlafen, während ihre Socken und Handschuhe dampfend um einen Ölofen in ihrer Mitte liegen. Er meint Pferdegespanne, die Faserholz schleppen, Gespanne, die so gut sind, daß sie morgens den Weg in die Wälder finden und einen abends zurück ins Lager führen, und manche so klug, daß man englisch mit ihnen sprechen kann, und sie verstehen es. Eine Stute mit Namen Lark war klug wie ein Hund. Er meint damit auch, daß man monatelang fort von Zuhause ist, vor Sonnenaufgang aufsteht, und der Atem gefriert zu Eis, sobald er die Luft berührt, während man mit Äxten und Ablängsägen arbeitet. Harz klebt im Haar und an den Jacken. Einen Dollar am Tag. Damals, als man die Bäume noch mit einer echten menschlichen Hand anfaßte.

Everett wohnt immer noch in der Straße, in der Brent aufgewachsen ist, in einem hundert Jahre alten Haus auf einem Hügel. Eine verglaste Sonnenterrasse blickt auf die Hauptstraße. Immer wenn Everett und seine Frau Elsie dort sitzen und ein Personenwagen oder ein Laster um die Kurve kommt, gucken sie, wer es wohl ist, und antworten auf das fast unvermeidliche Winken des Fahrers mit einem Nicken des Wiedererkennens und dem Heben der Hand. Im Fenster hängt ein rechteckiges Stück Pappe, auf der einen, einst leuchtend roten Seite steht kaum noch zu lesen: »Perfection Milk«. Auf der anderen, grauen Seite steht: »No Milk today«. Früher, da haben sie auch die anderen Lebensmittel geliefert gekriegt. Jede Woche konnten sie sich hinten in Don Grays Lebensmittelwagen ausgucken, was sie wollten, und er langte mit seiner Stange hin und angelte es ihnen herunter. Das war einmal.

Sie besitzen keine Türklingel. Statt dessen hängt eine große schwarze Glocke mit einem Klöppel an der Sonnenterrasse neben der Haupttür, die in den übrigen Teil des Hauses führt. Meistens ignorieren Besucher die Glocke, treten einfach über die Schwelle, stecken den Kopf in die Küche und rufen. Und meistens riecht die Küche nach Kuchen oder nach Zitronentorte oder nach köstlicher Himbeermarmelade oder nach Schinken, und der Besucher wird nicht nur durch solcherlei Düfte abgefangen, sondern auch durch eine freundliche, aber unerbittliche Aufforderung zur Teilnahme an diesen Genüssen.

Hinter dem Haus steht eine Reihe mit Zedernschindeln gedeckte Schuppen, allesamt durch die Auswirkungen von Schwerkraft und Zeit inzwischen ziemlich windschief. Einige Bretter werden von groben Vierkantnägeln zusammengehalten und biegen sich leicht, weil sie nicht gesägt, sondern mit einer breiten Axt zurechtgehauen worden sind. Einer der Schuppen sieht aus, als sinke er gerade in einen sehr langsamen Knicks, von dem er niemals wieder hochkommen wird. In den Schuppen lagert Werkzeug, altes und weniger altes bunt durcheinander – das Breitbeil beim Mühlstein, der Holzhammer bei der Kettensäge, die Öllaterne bei der Verlängerungsschnur –, und alles mehr oder minder noch in Gebrauch, nichts endgültig beiseite gelegt, nichts verpackt und weggestellt.

An Everett Boyds rechter Hand fehlt der Zeigefinger. Als er sechs und sein Bruder sieben war, wollten sie eines Tages beide Holz hacken. Sie stritten sich, wer als erster das Beil benutzen dürfe. Everett, der verlor, sagte: »Du hackst dieses Holz nicht«, und legte bockig seine Hand auf den Hackblock; sein Bruder ließ das Beil niedersausen.

Ein andermal, als er im Wald arbeitete, wurde seine linke Hand zwischen Mittel- und Ringfinger von einer Kettensäge mehrere Zentimeter tief sauber eingeschnitten. Der Doktor kriegte eine sehr ordentliche Naht hin, aber jetzt hat Everett eine verdickte, steife Hand, die Muskeln und der Bewegungsradius sind nicht mehr das, was sie mal waren.

Einige Zeit danach spaltete er sich den Fuß mit einer Axt. Der Doktor nähte auch den wieder zusammen, aber ungefähr eine Woche später stellte Elsie fest, daß die Wunde nicht richtig heilte. Sie stach sie mit einer Nähnadel wieder auf, und herausgeflossen kam wüstes, fauliges Zeug, zusammen mit einem Stück Socke, das der Doktor in der Wunde eingeschlossen hatte.

Trotz alledem sind sämtliche Extremitäten weiter in Gebrauch. Ihr Besitzer ist munter und kräftig und bringt immer noch jeden Sommer von der Kirmes in Sussex den Pokal für den Sieg im Ablängsägen nach Hause. Everett Boyd bewahrt die Preise auf seinem Schreibtisch im Schlafzimmer auf. Immer noch schnitzt er Enten und Seetaucher, macht Betten, Stühle und Schaukelpferde für seine Kinder, Enkel und Urenkel, schlägt sein Feuerholz im eigenen Waldstück. Und er geht weiter in die Wälder. Er hat mit dreizehn Jahren als Holzfäller angefangen, neben erwachsenen Männern gearbeitet und Erwachsenenlohn bekommen. Wenn er heute hinausgeht, dann tut er es gewöhnlich mit seinem Enkel, dem einzigen Enkel, der in den Wäldern arbeitet – obwohl heutzutage alles anders ist. Der Ausdruck meint jetzt etwas vollkommen anderes. Everett Boyd ist stolz und staunt, er begleitet Brent und sieht ihm bei der Arbeit mit dem Timberjack zu. Er hockt hinter Brent in der Fahrerkabine und beobachtet, wie er die Hebel und Knöpfe dieser riesigen Maschine bedient.

Der FMG-Timberjack 990-Einhand-Harvester und sein Kumpel, der Transporter (ein Laster mit Kran und Greifer, der die gefällten Stämme auflädt und sie an den Straßenrand schleppt), sind wie Babys für Brent. Der Tank des Transporters muß jeden Tag gefüllt werden. Der Harvester kommt mit seinem Fünfhundertliterbauch zwei Tage ohne jeden weiteren Schluck aus, zusammen verschlingen sie im Monat 1500 Dollar für Sprit. Besonders der Harvester verlangt mit seinen täglichen kleineren (und gelegentlichen größeren) Malaisen Extrarationen Pflege und Zuwendung. Im Gegenzug führt er dann die kompliziertesten Anweisungen aus und reagiert auf zartesten Knopfdruck, auf die leiseste Bewegung von Fingern und Handgelenk.

Brent war 1990 der erste in der Küstenregion – und der vierte in ganz Nordamerika –, der einen Einhand-Harvester besaß. Am meisten ähnelt die Maschine noch einem kleinen Brontosaurus, wenn sie auf ihren sechs riesigen Reifen durch den Wald rollt und ruhig, aber unermüdlich alles, was auf ihrem Weg liegt, vertilgt. Am Ende von Brents Armlehnen im Fahrerhaus befindet sich ein ganzes Sortiment von Knöpfen und Hebeln. Er benutzt sie mit geschmeidigem, präzisen Zartgefühl und beherrscht so das Ungeheuer – treibt es vorwärts, fährt seinen langen Hals aus, legt sein metallenes Maul unten um einen Baum, läßt seine Stahlschneide glatt durch den Stamm fahren, dreht den gefällten Baum dann solange, bis er plan auf dem Waldboden liegt, jagt ihn durch zwei mit Klampen bestückte Rotoren, in denen gleichzeitig fünf versteckte Messer in einer Blitzaktion sämtliche Äste kappen und zerkleinern, setzt dann noch einmal die Säge in gleichmäßigen Abständen an, so daß am Ende regelmäßige, nackte Holzstücke ausgespuckt werden – sauber abgenagte Knochen. Das ganze Schauspiel ist ein Gemisch aus teils schwerfälligen, teils anmutigen Bewegungen, so als ob eine sehr dicke Person eine komplizierte, elegante Gigue tanzen würde.

Brent hat beide, den Harvester und den Transporter, gleichzeitig gekauft. Zusammen kosten sie 600 000 Dollar. Brent hat einiges Geld hingelegt, die Bank hat einiges Geld hingelegt, und dann war Brent gespannt, ob die Maschinen die Investitionen wieder hereinbringen würden. Fünf Jahre später weiß er es immer noch nicht.

Ein Einhand-Harvester wurde für selektives Ernten entwickelt. Angeblich ist dies der neue Trend in der Forstwirtschaft. Die ältere Methode bestand im Kahlschlag, was genau das meint, was es sagt: Alles, was sich in einem entsprechenden Waldstück befindet, wird niedergemacht. Die Bäume werden im Ganzen an den Straßenrand gezogen, wo ihre Äste und Kronen weggesägt und verbrannt werden. Das frühere Waldstück, das jetzt kahlgeschoren ist, kann ebenfalls abgebrannt werden, damit noch mögliche Reste von Unterholz verschwinden. Was dann übrigbleibt, ist eine stoppelige, rasierte, Fläche, etwas, was Brent eine Mondlandschaft nennt. Er sollte es wissen, er hat selbst früher auf genau dieselbe Art gearbeitet. Sie warteten immer, bis der Wind richtig stand, und steckten dann das Buschwerk auf den Erdhügeln in Brand. Der Rauch machte die Luft jedesmal so rußig und schwarz, daß man die Hand nicht vor Augen sah. Das gerodete Land konnte anschließend mit Reihen von Schößlingen der begehrtesten Sorten bepflanzt werden, die in zwanzig oder mehr Jahren wieder erntereif sein würden.

Selektives Ernten ist ungefähr das Gegenteil vom Kahlschlag, wenn auch nicht das exakte Gegenmittel gegen ihn, und das ebenfalls im präzisen Sinn des Wortes: Nur ausgewählte Bäume werden gefällt. Eine Reihe Kriterien legt die Auswahl fest. Genetisch minderwertige sowie ältere Bäume (die krankheitsanfälliger sind) werden für die Ernte selektiert und machen Platz für neue Schößlinge und genetisch höherwertige Bäume. Auch die Beschaffenheit der Kronen wird in Betracht gezogen: Wenn die Kronen bestimmter gesunder, ausgewachsener Bäume ein so dichtes Blätterdach bilden, daß sie dem Wald darunter das Sonnenlicht nehmen, werden einige von ihnen eventuell gefällt. Die Baumsorten sind ebenfalls entscheidend: Jemand beschließt zum Beispiel, in einem Mischbestand nur das Hartholz zu ernten, da der Preis für Feuerholz in den Staaten gerade angezogen hat. Jemand anderes möchte einen Zedernbestand vielleicht unberührt lassen, weil er leidenschaftlicher Jäger ist und weiß, daß dort gern Rotwild überwintert. Grundsätzlich gilt das selektive Ernten jedoch als eine Methode, mit der die Überlebenskraft des Waldes gestärkt wird: man arbeitet im Einklang mit dem Lebenszyklus der Bäume, verbessert ihre genetische Ausstattung und minimiert die Schäden an Tierbestand und Wasserhaushalt. Das Verfahren wird für umweltfreundlicher gehalten und langfristig eventuell auch für wirtschaftlicher, kurzfristig allerdings ist es eher weniger profitabel.

Der einzige Zweck von Brents Einhand-Harvester ist das selektive Ernten. Er ist viel kleiner und leichter als die massiven Fäller-Bündler und die Skidder, das heißt die Stammholzschlepper, die für den Kahlschlag benutzt wurden, und richtet deshalb auf dem Waldboden auch weniger Schaden an. Er windet sich viel geschickter zwischen den stehengebliebenen Bäumen hindurch, reicht gezielt an dem einen vorbei, um den anderen zu greifen. Und weil er sie direkt an Ort und Stelle entastet, bleiben alle unbrauchbaren Äste und Kronen zurück und reichern im Verrotten den Boden wieder an. Seine computerisierte Komplexizität und seine hochgradige Beweglichkeit werden in dem Augenblick sinnlos, wo er für den Kahlschlag eingesetzt wird, da es dann hauptsächlich darum geht, daß alles restlos niedergemacht wird. Es wäre ungefähr so, als würde man ein Stück Papier mit Laserstrahl zerschneiden. Allerdings ist es Sache des Besitzers zu entscheiden, auf welche Weise ein Waldstück abgeerntet wird, und Brent führt jede Sorte Auftrag aus, auch wenn er mit der entsprechenden Methode nicht einverstanden ist. Eine halbe Million Dollar entscheidet über die Freiheit seiner Wahl.

Als Brent im Alter von siebenundzwanzig Jahren eine Woche vor seiner Hochzeit beschloß, den Schlepplaster, mit dem er bisher gearbeitet hatte, in Zahlung zu geben und all sein gespartes Geld in die neue Maschine zu investieren, war das – nun ja – sicher auch ein Teil Größenwahn, der

Versuch, sich selber zu testen, die Risiken seines Gewerbes zu erhöhen und zu sehen, wie weit er damit gehen konnte. Die Vorstellung, ein Wagnis einzugehen, ein Abenteurer zu werden, der etwas Neues probiert, gefiel ihm. Vor allem aber schien die Entscheidung ebenso ökologisch wie ökonomisch vernünftig zu sein. Silvakultur hieß das neue Zauberwort, Nachhaltigkeit die Losung der Zukunft, alle setzten nun auf selektives Ernten, und die Nachfrage stieg. Die Investition schien fortschrittlich und pragmatisch in einem zu sein.

Im ersten Jahr bestanden 25 Prozent seiner Arbeit in selektivem Ernten. Im folgenden Jahr schlug die Rezession zu, und der Anteil fiel auf zehn Prozent. In den anschließenden Jahren ließ eine Serie von Naturkatastrophen in den Vereinigten Staaten – ein Hurrikan in Florida, ein Erdbeben in Kalifornien, eine Überschwemmung im Mittleren Westen – die Nachfrage nach Baumaterialien ansteigen, was wiederum die Holzpreise in die Höhe trieb, so daß mehr Waldbesitzer das selektive Ernten mit seinen geringeren Erträgen ausprobieren konnten. Der Wandel vollzieht sich jedoch sehr langsam, und der Anteil an Selektivernten, die Brent ausführt, ist immer noch weit entfernt von dem, was er sich erhofft und worauf er gesetzt hat. Wenn er Glück hat, schafft der Harvester noch weitere fünf oder sechs Jahre. Ob er sich am Ende rentiert haben wird oder nicht, läßt sich heute noch nicht entscheiden. Was fest steht, ist, daß er im Augenblick vier Fünftel der Arbeit, die ihm in Auftrag gegeben wird, genausogut mit seinem alten Skidder und der Kettensäge hätte ausführen können.

An diesem Morgen hat Brent allerdings drückendere Sorgen. Der Winter ist dabei, dem Frühling Platz zu machen, und wenn es erst mal taut, kann er sechs Wochen lang überhaupt nichts fällen. Trotz all der Fahrten in pechschwarzer Finsternis, trotz der rutschigen Straßen und anfälligen Motoren, trotz der bitteren Kälte, wenn er aus der Maschine steigen muß, um mit abgestorbenen Fingern irgendwas zu reparieren – der Winter ist, was die Arbeit betrifft, eindeutig Brents Lieblingsjahreszeit. Man kann so wunderschön und bequem sehen, was man tut, wenn das Hartholz sich kahl und schwarz gegen das Weiß abhebt. Aber die Hauptsache ist, daß die Maschinen so glatt über den gefrorenen Boden rollen. Das gibt ihnen Auftrieb, macht sie frei. Der Rhythmus des Winters ist ebenmäßig und schnell.

Bei einsetzender Schneeschmelze kommen die meisten Tätigkeiten im Wald aus zwei Gründen zum Erliegen. Alle kleineren Straßen (das heißt alle außer Highway 1 und Highway 2) sind dann für schwere Sattelschlepper gesperrt, da sie bei dem aufgeweichten Untergrund die Asphaltdecke zerstören würden. Folglich gibt es keine Möglichkeit, das Holz zu den Mühlen zu schaffen. Der zweite Grund ist, daß die weiche, feuchte Erde die meisten schweren Holzfällergerätschaften nicht trägt – sie würden im Schlamm einsinken und steckenbleiben.

Das ist der Grund, weswegen Brent heute morgen von Four Corners nicht zu einer einstündigen Fahrt über endlose Kilometer blauschwarzer, welliger Straße zu einem einsamen Waldstück aufbricht, wo es dann den ganzen Tag lang nur ihn und seine Maschine gäbe und die Bäume einer nach dem andern wie Dominosteine umfielen. Dieses Jahr ist es Brent gelungen, für das Winterende einen Job zu ergattern, der geradezu peinlich günstig gelegen ist – direkt hier in Sussex, nur eine Minute von der Mühle. Er hat die Holzrechte für eine Senke von 125 Hektar Schwarzfichte erhalten, die zwischen Four Corners und dem staatlichen Streusalz-Depot am Ende der Straße versteckt liegt. Sie reicht fast bis zum Drive-In, dem einzigen Kino von Sussex, das im Augenblick und noch bis zum Sommer geschlossen hat. Von Fennel Subdivision aus ist die Senke sogar zu sehen, wenn auch nicht von Brents Haus. Hingegen liegt das Waldstück im Blickfeld vieler von Brents Nachbarn. Brent kann sich nicht vorstellen, daß sie besonders scharf darauf sind, daß er es aberntet. Das Land wurde von einer Transportgesellschaft gekauft, die alle Schwarzfichten beseitigt haben will, und soweit er weiß, haben sie vor, das ganze Gelände mit einem Bulldozer umzupflügen und den feuchten Grund mit Kies aufzuschütten. Er hat auch läuten hören, daß sie einen großen Turm zur Lagerung von Kaliumkarbonat bauen wollen, das hier in der Gegend abgebaut wird. Alles was er definitiv weiß, ist, daß er den Auftrag zu einem Kahlschlag hat.

Selektives Ernten würde sich hier sowieso nicht anbieten, denn der Boden ist zu feucht und zu nachgiebig, um die stehengelassenen Bäume noch zu halten, wenn erst mal mehr als nur eine Auswahl umgelegt worden sind. Eine Senke abzuernten ist wie Mikado spielen, an manchen Stellen steht man nur noch auf einer Insel aus verfilztem Wurzelwerk, das auf einem Wasserbett schwimmt. Wenn der Boden gefroren ist, macht das nichts, aber Brent weiß, daß er gegen die Zeit anarbeitet. Er hat sich um dieses Stück

Erde bemüht, sobald er davon gehört hatte, das war vor vierzehn Tagen. Er hat dann tatsächlich die Holzrechte bekommen und vor noch nicht ganz einer Woche mit dem Roden begonnen; schon jetzt spürt er eine Veränderung des Bodens, etwas Weiches hält die Räder seines Harvesters fest und macht sich jeden Tag ein bißchen deutlicher bemerkbar. In diesem Winter wird er nicht mehr damit zu Ende kommen.

Immerhin ist er gespannt, wieviel er noch rausschinden kann. Deshalb ist er heute morgen auch so früh aufgestanden. Nicht, um genug Zeit für die Anfahrt zu haben, wie sonst immer, sondern um der Sonne zuvorzukommen, um die mögliche Wirkung der Nacht auf den Boden auszunutzen: Vielleicht hat sie ihn wieder hart und tragfähig gemacht. Bald wird es Zeit sein, daß Brent seinen Hut vor dem Frühling zieht, er wird dann sehen können, wie die Sonne das Land verwüstet und verflüssigt, und wird sich an seine Frühlingsrituale machen. In ein paar Tagen – wenn er Glück hat, in einer Woche – kommt die Zeit für eine Ruhepause. Dann wird er seine Sachen zusammenpacken und für zwei Monate runter nach Moncton fahren, wo er die gesamte Hydraulik überholen und reparieren lassen wird. Dort läßt er auch sein Feuerholz schneiden. Und außerdem wird er seine künftigen Waldstücke in Augenschein nehmen, die, auf die er Holzrechte für den kommenden Herbst erworben hat. Und während er all das erledigt, wird der Frühling in den Sommer übergehen, und dieselbe Sonne, die den Boden aufgeweicht hat, wird ihn wieder festbakken, und die Bäume, die nicht gefällt wurden, werden ihre Wurzeln noch dichter ineinander verknoten, während jene, die gefällt wurden, zu Papierbrei und Papier und Eisstielen verarbeitet werden.

Noch aber hat Brent Zeit. Er fährt den Halbtonner an den Straßenrand und stellt den Motor ab. Vor ihm steht die schlafende Dinosaurier-Gestalt seines Harvesters, und das Mondlicht spiegelt sich in ihrem metallenen Fell. In der Ferne kann er hinter einem Durcheinander aus morastigem Unterholz und filzigen Spiersträuchern den Streifen sehen, mit dem er gestern abend aufgehört hat, jene Stelle, wo das gerodete Land an den Wald grenzt, die Stelle, zu der er hin will.

*Lancaster*

Ruth Lamp ist ausschließlich durch die Gnade Gottes an ihren Job gekommen. Sie hat diese Tatsache auch nach fünfzehn Jahren noch so klar vor Augen – ist sich ihrer Wunderbarkeit durchaus nüchtern bewußt –, daß es etwas seltsam Erhellendes hat, wenn man mit ihr zusammen ist. Sie ist groß, hat dichtes, kurzgeschnittenes Haar, das kohlschwarz ist und an manchen Stellen silbergrau nachwächst, und ein Gesicht wie ein ellipsenförmiges selbstgebackenes Brot: warm, von der Farbe gerösteter Mandeln und mit mal schwächeren, mal kräftigeren Schraffierungen versehen. Über ihrer Oberlippe hat die Zeit eine starke waagerechte Falte gegraben, die sich jedesmal, wenn sie lacht, zu einem Kürzelsymbol verzieht. Ihr größtes Kompliment ist es, wenn sie von jemanden sagt, er sei »normal«, oder, das seien »ganz gewöhnliche Leute«.

Einer der Gründe dafür, daß sie ihre augenblickliche

Lage für eine Art Wunder hält, liegt darin, daß sie schon vierundvierzig war, als die Anchor-Hocking-Glasfabrik sie vor fünfzehn Jahren einstellte, nachdem sie ihren vorherigen Job verloren hatte. Da hatte sie am Fließband Riviera-Küchenschränke montiert, war allerdings nach drei Monaten wieder entlassen worden (nicht, daß sie die Arbeit besonders befriedigend fand; sie hatte sich immer richtig geschämt, wenn sie sah, wieviel in den Geschäften dafür verlangt wird, wo diese Schränke so nachlässig zusammengeleimt und gestapelt werden). Jener Entlassung war die bei Ray-O-Vac vorausgegangen, wo sie Kohlestifte in Plastikgehäuse gepackt hatte. Damals waren ihre Finger bei Schichtende immer ganz schwarz, daß sie sie zu Hause mit einem Bleichmittel schrubben mußte, um den Dreck abzukriegen. Und obendrein hatte sie Kinder zu versorgen. Zwei Söhne waren schon groß, aber die Zwillinge gingen noch in die Grundschule, und obwohl ihr Mann da noch lebte, war im wesentlichen sie es, die für die Kinder zu sorgen hatte. Doch es war nicht nur die Tatsache, daß sie so dringend Arbeit brauchte, die ihr den Job so wunderbar erscheinen ließ. Hinzu kam, daß sie die einzige der sieben neu Eingestellten war, aus deren Familie niemand vorher in dieser Fabrik gearbeitet hatte. Sie war die einzige, die direkt über das Arbeitsamt vermittelt worden war. Beim Vorstellungsgespräch hatte sie erzählt, daß sie auf ihrer letzten Stelle drei fünfundzwanzig die Stunde gekriegt hatte, und versichert, sie würden es nicht bereuen, wenn sie sie nähmen.

Es dauerte Monate, bis sie erfuhr, daß sie anfangen konnte. In der Zwischenzeit rief sie jede Woche in der Fabrik an, um sicher zu sein, daß man sie nicht vergaß.

Es war der 4. März 1980, als sie sich schließlich bei Werk 2, am Ostende von Lancaster, zur Arbeit meldete. Eins ist sicher: Niemand wird je erfahren, wie stolz sie sich fühlte, als sie zum ersten Mal unter dem Schild hindurchging, auf dem steht: »Durch dieses Tor gehen einige von Amerikas besten Glasarbeitern.«

In Wirklichkeit macht Ruth kein Glas. Strenggenommen macht niemand in der Fabrik Glas. Maschinen mischen die Rohmaterialien, und Maschinen blasen und pressen das geschmolzene Glas zu fertigen Produkten. Maschinen sind es, die das Glas verzieren und mit farbigem Spray die Fertigmuster anbringen. Die Tätigkeit der Menschen besteht darin, die Maschinen zu bedienen. Das tun alle in der Fabrik, außer in der Sortier- und Packabteilung, in der Ruth als Kontrolleurin arbeitet. In dieser Abteilung gehen die Menschen mit dem Glas um. Sie schauen es an, sie nehmen es auf, sie befühlen es, etikettieren es, versenken es in Pappkartons. Manchmal lassen sie es eine Rutsche hinunterfallen, und es landet zerschmettert unten auf einem Transportband, das wieder in den Schmelzraum zurückführt. Manchmal verbrennen sie sich ein bißchen an einem Stück frischem Glas. Manchmal schneiden sie sich an einer Glasscherbe. Manchmal denken sie daran, Handschuhe zu tragen.

Ruth fing als Fließbandarbeiterin bei »Sortieren und Packen« an. Werk 2 produzierte hauptsächlich feuerfestes Geschirr. Ihre Aufgabe war es zum Beispiel, die per Fließband angelieferte schief geratene Kasserolle oder die gesprungene Auflaufform auszusortieren und alles andere in Kartons zu verpacken. Das hieß, jedes Stück prüfen, den Strichcode aufkleben und es dann in sein rechteckiges, braunes Nest setzen. Überall am Ende der Fließbänder standen zwei bis fünf Männer und Frauen und arbeiteten im stetigen Gleichtakt. Aufnehmen, kurz prüfen, bekleben, versenken. Jede Stunde hatte man zehn Minuten Pause, außerdem pro Schicht eine halbe Stunde Essenspause. Nehmen, prüfen, etikettieren, packen. Es war nicht verboten, sich am Fließband zu unterhalten, aber die Maschinen machten solchen Lärm, daß es schwierig war, die anderen zu verstehen, und die Ohrstöpsel, die man tragen mußte, machten es nicht gerade einfacher. Außerdem gehört Ruth zu den Menschen, die beim Reden gern ihre Hände benutzen, sie schaut die Person, mit der sie sich gerade unterhält, auch gern an. Und da ihre Hände und Augen notwendigerweise anders beschäftigt waren, blieb sie meistens stumm. Das war auch in Ordnung so. Sie war froh, daß sie hier war, gewissermaßen an dem Kontrollpunkt stationiert, wo sie die Grenze zwischen Verbraucher und der möglichen fehlerhaften Ware überwachte. Froh auch über die acht fünfundzwanzig die Stunde, großer Gott, mehr als sie je im Leben verdient hatte. Sie kaufte sich ein Haus drüben in Forest Rose, eine gedrungene weiße Schachtel. Unten zwei Fenster mit Jalousien und zwei Dachgauben darüber, die wie hochgezogene Augenbrauen hervorsprangen, so als wäre das Haus genauso erschrocken über Ruths verwegenen und derart einschneidenden Kauf wie sie selber.

Es hatte so viele kleine Wunder gegeben. Daß sie von der Sortiererin und Packerin zur Qualitätskontrolltechnikerin aufstieg, von einer Arbeiterin mit Stundenlohn zu einer Angestellten – diese Dinge übertrafen Ruths kühnste

Träume. Und als dann Werk 2 geschlossen wurde und man fast die gesamte Belegschaft einschließlich Ruth nach Hause schickte, stellte das Unternehmen sie nicht nur ein paar Wochen später in Werk 90 in Clarksburg, West Virginia, wieder ein, sondern zahlte ihr sogar die Umzugskosten. Und als zehn Monate später auch das Werk in Clarksburg geschlossen wurde, war sie nicht nur eine von einer Handvoll Leuten, die wieder Arbeit in Werk 1 in Lancaster fanden, sondern sie kehrte als Kontrolleurin dorthin zurück.

Vergangenen Winter hat sie sich selbst noch einmal überrascht, wahrhaftig, das hat sie, und sie hat dabei fast gegen den eigenen Willen gehandelt, beinah als habe eine unsichtbare Woge sie gepackt und emporgehoben, ohne daß sie selber in irgendeiner Weise hätte bestimmen können, wohin sie sie trug. Sie verließ ihr kleines Haus in Forest Rose (das so nah bei dem Werk stand, daß sie an einem Sommertag, wenn der Wind richtig stand, bei offenen Fenstern – nur die Jalousien waren heruntergezogen – hören konnte, wie bei Anchor Hocking die Arbeiter über Lautsprecher ausgerufen wurden). In ihr war eine Sehnsucht erwacht, eine Sehnsucht nach vollkommener Stille, nach Weite und, ehrlich gesagt, auch nach Abstand von den Nachbarn, deren Rasenflächen so sauber und rechtwinklig wie Filzquadrate dalagen. Und die eine Frau ihren Alters, die selbst aufs Dach stieg, Fenster putzte, Rasen mähte, Männerarbeit verrichtete, schief anguckten. Also verkaufte sie die adrette Streichholzschachtel in Forest Rose und kaufte ein ziemlich baufälliges Bauernhaus weiter südlich. Es lag zwanzig Minuten außerhalb der Stadt und hatte einen eigenen namenlosen Zufahrtsweg, der von der Eaton

Hollow Road abzweigt. Das Haus hatte Löcher im Dach, keine Fensterrahmen und neunundachtzig Hektar Land dabei. Sie war zu diesem Zeitpunkt neunundfünfzig Jahre alt.

Ruth fährt jetzt über die Route 22, die Boving und die Hamburg Road von der Arbeit nach Hause. Vor den holprigen Kurven in der Nähe von Oil Mill Hollow wird sie langsamer, bummelt gemächlich durch die perlfarbene Stille eines sehr frühen Morgens, vorbei an silbern bereiften Wiesen und an zwei schwarzen Teichen, wo vielleicht ein schlanker Reiher steht oder, seit kurzem wieder, kanadische Gänse, die unwiderruflich jedes Jahr hierher zurückkehren, sich eine Weile niederlassen und vermehren. Heute morgen sieht sie Rotwild. Ihr Blick bleibt an den Tieren haften – ihre runden Augen hinter den großen Brillengläsern haben die Farbe ausgeblichener Jeans. Sie bremst, wartet eine Weile, läßt sich Zeit und beobachtet ihre braunen Körper zwischen den Papau-Bäumen, den Zaubernußsträuchern und den wilden Pflaumen. Die Unmittelbarkeit dieser vollkommenen, unbewußten Bewegungen läßt die zwölf Stunden Fabrik von ihr abfallen. Auf diese Weise belohnt sie sich nach der Arbeit – sie wird dort langsamer, wo die Straße kurvig und scheinbar selbst langsamer wird, sie belohnt sich mit den Dingen, die sie sieht.

Fairfield County liegt nicht ganz in der Mitte von Ohio, dort wo das Hochland der Appalachen allmählich in die Ebene übergeht. Die Landschaft ist hier sanft und mild, ohne sichtbare Extreme. Das Gelände ist leicht gewellt, die Erde fruchtbar. Geerntet werden Mais und Sojabohnen, Heu und Winterweizen. Die Jahreszeiten kommen und gehen mit Würde, jede durchaus charaktervoll und ausgeprägt, doch keine beansprucht für sich mehr Raum, als der Kalender ihr zuweist. Ruth ist auf lauter Farmen hier in der Gegend aufgewachsen, mit zehn hatte sie schon zwei Dutzend hinter sich, und alle gehörten sie anderen. Nie hatte sie daran zu denken gewagt, daß sie eines Tages selbst eine besitzen würde. Das Motto hier im *Buckeye*-Staat lautet: »Mit Gott sind alle Dinge möglich«, und das hat sie wahrhaftig immer wieder selbst erlebt.

Sie nennt sie ihre Teetasse, die Farm, ihre kleine Teetasse. Als sie schließlich mit ihrem türkisen Kleinlaster von der Eaton Hollow in den gelblichen Sandweg einbiegt und die wenigen hundert Meter an einem brombeerüberwucherten Wassergraben entlang bis zu ihrem Haus fährt, hat sie alle Gedanken an die Fabrik verscheucht. Sie denkt nicht mehr an kalte Gießformen, an winzige Sprünge, verzögerte Ladungen, Gießrinnenbeschickung oder zu Bruch gegangene Stielglasware, wenn sie hier in ihrer kleinen Teetasse eingekuschelt ist. Den Namen hat das Haus, weil es sich, anmutig von Bäumen umrahmt, so nett an die schöne Seite eines Hangs schmiegt. Auf diese Weise gegen Wind geschützt, ist die Teetasse von der Hauptstraße nicht einzusehen und fast märchenhaft friedlich. Die tiefste Einkerbung auf ihren neunundachtzig Hektar Land bildet der breite Wasserlauf, der sich dort eingegraben hat, wo sich normalerweise der Rasen vorm Haus befinden würde. Ihre Söhne haben ihr in den Ohren gelegen, sie soll den Bach aufstauen, der in den Graben fließt, und einen Teich daraus machen, aber Ruth hat Angst, daß ein kleines Kind hineinfallen und ertrinken könnte oder auch die Älteren, wenn sie im Dunkeln, den Bauch voll Bier, nach Hause schwanken, von der Straße abkommen und ins tiefe Wasser stürzen. Sie selbst kann nicht schwimmen, als Kind ist sie nur im Matsch herumgekrabbelt – in achseltiefem Wasser herumgewatet und hat geplantscht. Sie hat allerdings damit begonnen, den Wassergraben freizulegen und das dichte Gesträuch an der Straße abzubrennen. Allerzartestes Grau erhellt die verbrannten Stellen, als sie jetzt hinter einer Biegung auf ihr Haus zufährt. Immer noch der Sonne voraus, obschon von ihren Vorboten überholt.

Sie parkt zwischen Haus und Scheune – an letzterer sind draußen drei Geweihe angebracht, die taunaß glänzen und im schwachen Licht kaum wahrnehmbar leuchten – und schaut, ob Roberts 72er Chevelle Supersport dasteht. Die Zwillinge sind zweiundzwanzig, und Robert, der sieben Minuten Jüngere, hat sein Schlafzimmer hier, verbringt die Nächte aber häufig bei Freunden. Chris, der andere Zwilling, war etwas über zwei Jahre bei der Marine, seit kurzem ist er aus Korea zurück und jetzt unten in Camp Lejeune, North Carolina, stationiert. Timothy und Mark, die beiden Älteren, sind Ende Dreißig und haben eigene Familien. Timothy lebt in Columbus und Mark in einem kleinen Fertighaus knapp fünf Kilometer von Ruths Farm entfernt. Die hat sie heute morgen ganz für sich allein, da der Supersport nicht zu sehen ist. Als sie zur Tür geht, singen schon die ersten Vögel, bald werden sich die Finken vor ihrem Schlafzimmerfenster im Walnußbaum versammeln, wo ein Ball aus Talg und Erdnußbutter hängt. Vögel anlocken ist zwar in der Tat nicht gerade schlaffördernd, aber sie tut es einfach zu gerne. Ebensogern verstreut sie Maiskolben in ihrem Wald, damit die wilden Truthühner im

Winter Futter finden. Selbst wenn das Rotwild im Herbst an ihre Apfelbäume geht und sie von dem nächtlichen Geschmatze aufwacht, macht ihr das nichts aus.

Innen im graubraunen Haus wartet Shenandoah auf Ruth, ihre achtundneunzig Komma sechs Prozent reinrassige Wölfin. Ruth hat sie im letzten Sommer als Welpe aus einem Zwinger bekommen, eine Frau züchtet sie in Lucasville, fünfzehn Kilometer entfernt von hier. Shenna sieht wie ein sonnengebleichter deutscher Schäferhund aus, das einzig ausdrücklich Wölfische an ihrer Erscheinung sind kurze, steife Fellbüschel, die ihr vom Nacken über den ganzen Rücken reichen und aussehen, als mache sie eine Dauerbürste. Ruth nennt diesen Streifen einen Kuhkuß.

Ursprünglich wollte sie einen Wolf zum Schutz. Ihre Farm liegt nur gut einen Kilometer von einer Strafanstalt mit reduzierten Verschlußstandards entfernt. Die Umgebung ist dicht bewaldet und nur dünn besiedelt, und Ruth ist nicht blind für ihre altersbedingte und geschlechtsspezifische Verletzlichkeit. Ihre Jungen drängten auf die Anschaffung einer Pistole und kauften ihr eine 38er Spezial-Polizeiwaffe, die sie geladen auf ihrem Nachttisch aufbewahrt. Sie hat ein wenig geübt und könnte schießen, wenn sie müßte, aber sie mag die Pistole nicht. Sie verläßt sich lieber auf ihre Wölfin. Shen beschützt sie vor Schlangen, den einzigen Tieren, die sie haßt, aber auch vor aller menschlichen Bedrohung. Und natürlich ist sie inzwischen sehr viel mehr als nur eine Garantin ihres Seelenfriedens. Wenn Ruth nachts nicht schlafen kann, wenn ihr Körper hochfährt, da er völlig durcheinandergeraten ist – von Zwölfstundenschichten und Viertagerhythmen, von Nächten unter gnadenlos brennendem Neonlicht und von Morgenden, in denen sie die Sonne zu vergessen sucht –, dann unterhält sie sich mit Shen. Sie sitzt im Morgenrock in der mondhellen Küche, ißt eine Schale Haferbrei am kleinen runden Tisch vor dem Fenster, dessen lange blaue Vorhänge im Luftzug des Warmluftschachts leise wehen. Und Shen leistet ihr Gesellschaft, ist ihre Vertraute.

Shen und die Farm. Ihre Teetasse und ihre Wölfin. Sie sind ihr Leben. Es gibt so viel, worüber sie staunen muß, so viel, wofür sie dankbar ist. Nein, sie denkt nicht an die Fabrik, wenn sie zu Hause auf ihrer Farm ist. Aber Ruth ist überzeugt, daß die Fabrik all das möglich gemacht hat, was sie nun ihr Leben nennt, und das wird sie nie vergessen, dafür ist sie auf stille Art stets dankbar.

Anchor Hocking ist tief in Lancaster verwurzelt. Das Unternehmen stellt Glas her, seit es sich vor fast hundert Jahren hier in einer alten Karbonfabrik niedergelassen hat, die alle »Die schwarze Katze« nennen. Irgendwann brannte sie ab und wurde wieder neu aufgebaut. Anchor Hocking hieß ursprünglich Hocking Glass Company, nach dem Hocking River, an dem die Fabrik liegt. Der Fluß hat seinen Namen von den Wyandot-Indianern, die um 1700 aus Kanada nach Ohio kamen und den Fluß Hockshocking nannten. Das war ihr Wort für ein flächenartiges Behältnis, und eben diese Form hatte in ihren Augen ein Wasserfall am Oberlauf des Flusses. Der erste Teil des heutigen Namens bezieht sich auf die Fusionierung mit der Anchor Cap and Closure Corporation, die ihren Namen wiederum von dem Slogan

»Sicher verankert« herleitet. Zum Zeitpunkt seines fünfundsiebzigjährigen Jubiläums besaß Anchor Hocking einundvierzig Produktionsstätten und Verteilungszentren in den Vereinigten Staaten, in Kanada, den Niederlanden und in Puerto Rico, und seine Waren wurden in mehr als 125 Ländern verkauft. Der Konzern beschäftigte 18 000 Angestellte in fünfundzwanzig Mutter- und Tochtergesellschaften und produzierte Glas- und Plastikwaren, Steingut- und feuerfestes Geschirr, Keramik, Duschkabinen und dekorative Haushaltsartikel. Er besaß seine eigene Transportflotte und umwarb die Kunden mit dem Slogan »Wir sind Amerikas Nummer eins und machen fast alles / Sie laden uns ein, wir kommen vorbei / Anchor Hocking deckt den Tisch«.

In den Achtzigern erlebte das Unternehmen dann einen rapiden Niedergang. Es hatte mit einer Konkurrenz zu kämpfen, die ihr Glas in Teilen der Welt herstellen ließ, wo die Menschen für sehr viel weniger Geld arbeiteten. In seinen riesigen Verteilungszentren lagerten horrende Überkapazitäten. Man verlor viel Geld. Kurzarbeit wurde eingeführt. Ruth, die 1980 eingestellt worden war, kam mehrere Male zur Arbeit, nur um wieder nach Hause geschickt zu werden, mal für einen Tag, mal für mehrere Tage, mal für eine Woche. 1987 wurde Werk 2 endgültig geschlossen, und Ruth wurde erneut nach Hause geschickt – diesmal für immer, wie sie befürchtete. Bis dann eines dieser kleinen Wunder geschah und sie wieder eine Stelle in Werk 1 angeboten bekam.

Das war dasselbe Jahr, in dem Anchor Hocking für 350 Millionen Dollar von Newell gekauft wurde, einem an der

Börse gehandelten Mischkonzern, der in dem Ruf stand, rote Zahlen schreibende Unternehmen zu kaufen und sie drastisch umzustrukturieren, was ihm in fünfundzwanzig Jahren mit einunddreißig Firmen gelungen ist. Eine von Newells Methoden besteht darin, Betriebseinheiten zu verkleinern, weniger profitable Produkte nicht mehr herzustellen, Zweigwerke zu schließen und Arbeiter zu entlassen. Bei Anchor Hocking haben sie diese Strategien angewandt, und innerhalb von drei Jahren machte das Unternehmen wieder einen fünfzehnprozentigen Reingewinn. Heute ist neben dem ursprünglichen Werk nur ein weiteres in Betrieb – Nummer 44 drüben in Monaca, Pennsylvania –, und das Unternehmen konzentriert sich wieder auf die Herstellung von Glaswaren aller Art für Gastronomie und Privathaushalte. Trotzdem ist Anchor Hocking nach wie vor der größte Arbeitgeber in der Gegend und wirkt gelegentlich ebenso weitverzweigt und verschachtelt wie ein Familienstammbaum. Im Augenblick arbeiten zum Beispiel eine Schwiegertochter und eine Cousine von Ruth bei ihr im Werk. Und für kurze Zeit hat sogar ihre Mutter dort gearbeitet.

Vor langer Zeit – Ruth war damals zehn und konnte auf ihrem Haar sitzen – verkündete ihr Vater der Familie eines Samstagnachmittags, er gehe jetzt fort, und diesmal komme er nicht wieder. Er hieß Frank Jeffers und war ein Pächter, der offenbar nicht in der Lage war, ein Anwesen auch nur kurze Zeit in Pacht zu behalten. Irgendwann galt er überall, wo er hinkam, als der Saufbold der Stadt. Seit ihrer Geburt im Champagne County zog Ruths Vater mit der Familie ständig um, manchmal sogar alle drei Monate, und manchmal, wie Ruth sich erinnert, so plötzlich, daß sie morgens von der einen Farm aus zur Schule aufbrach und nachmittags im Schulbus erfuhr, daß sie zu einer anderen heimkehren sollte. Nach seinem Verschwinden wurde ihr Vater für eine Weile zwangsweise zur Arbeit auf einer Farm in London, Ohio, verpflichtet. Seine Familie wußte das, weil er sie in den neun Monaten, die er dort abzudienen hatte, mit zwölf Dollar im Monat unterstützen mußte. Nach seiner Entlassung versiegten auch diese Geldsendungen, und sie hörten neun Jahre lang nichts mehr von ihm. Bis dann die Nachricht zu ihnen drang, er sei in einen Rinderpferch gefallen und zertrampelt worden. In einem Krankenhausbett starb er einen langsamen, qualvollen Tod, da die Nerven seiner Wirbelsäule sich nach und nach zersetzten.

Frank Jeffers war ein Cherokee-Mischling. Ruth grübelte manchmal, ob es vielleicht sein indianisches Blut, das Blut der Enteigneten, war, das ihn so rastlos gemacht und bewirkt hatte, daß es ihn nirgends länger hielt. Als er noch ein Kind war, hatte er beide Eltern verloren. Ruth grübelte manchmal, ob *das* vielleicht der Grund für sein unstetes Wesen war, ob er auf der Suche nach etwas war, was er vor langer Zeit verloren hatte.

Als er an jenem Nachmittag auf und davon ging, ließ er Ruths Mutter mit vier Kindern zurück – ohne Land und ohne Geld. Ruths Mutter verdiente sich fünfundzwanzig Dollar pro Woche damit, daß sie anderer Leute Wäsche wusch und putzen ging. Sozialhilfe gab es nicht. Vielmehr halfen der apostolische Pfarrer und seine Frau der Familie aus ihrer Notlage. Sie erschienen auf der Farm, wo die Familie sich weiterhin aufhielt, und boten ihr ein kleines

Haus in Carroll an, das nur fünfzehn Dollar Miete im Monat kostete und wo Ruths Mutter für kurze Zeit bei Anchor Hocking und später dann als Hilfsschwester im Lancaster-Fairfield-Krankenhaus arbeitete. Sie schaffte es, gerade soviel zusammenzukratzen, daß alle zu essen hatten, und konnte so die Familie zusammenhalten.

Ruths Mutter Charlotte war eine geborene Lee Calle. Die Leute nannten sie Lottie. Sie war schon eifriges Mitglied der apostolischen Gemeinde der Stadt, bevor die überhaupt ein eigenes Kirchengebäude besaß. Als Ruth noch ein Baby war und die Gemeinde sich gerade gründete, gehörte ihre Mutter bereits dazu. So lange Ruth denken kann, hat ihre Mutter stets den Zehnten an die apostolische Kirche gezahlt. Und sie kann sich erinnern, wie ihre Mutter selbst in den elendesten Zeiten der Familie zwei oder drei Dollar plus eine haargenaue Anzahl Cents abzählte – jedesmal exakt zehn Prozent ihres entsprechenden Wochenlohns – und die Summe für die Kirche beiseite legte. Ruths Mutter ist deutscher Abstammung, und Ruth grübelt, ob das vielleicht der Grund für ihren starken Überlebenswillen ist.

Ruth selbst kommt sich manchmal wie eine Art Heinz-57-Sauce vor. Wie eine Mischung aus dem Blut ihrer verschiedenen Vorfahren – Cherokee, Deutschen, auch ein paar Iren und was immer sonst in die Familie ihres Vaters eingegangen sein mag. Und doch kann sie sich ihre beiden Elternteile – ihren Vater in seiner unsteten, betrunkenen Schwäche und ihre Mutter in ihrer strahlenden Zähigkeit – in kühnen, klar umrissenen Grundtönen ausmalen. Ihre Vorstellungen bezieht sie hauptsächlich aus dem Nationalcharakter, aus den Geschichten, die man sich über die

Deutschen und die Indianer erzählt, aus ihren speziellen Eigenschaften und dem, was jene Begriffe bedeuten. Vielleicht ist das in Ohio besonders naheliegend, weil hier der Osten und der Westen aufeinanderprallen, weil Industrie und Landwirtschaft sich hier begegnen und vermischen. Und selbst die Landschaft ist irgendwie ein Mittelding, eine Gegend, wo das Ganze die Teile zu verschlingen scheint, um sie dann als lauter gleichförmige Stücke wieder auszuspucken, und eine Gegend, in der die höchste Anerkennung dem Durchschnittlichen gilt. Vielleicht haben hier Geschichten, die von Unterschieden handeln, deshalb eine besondere Bedeutung: sie sind wie ein Talisman, eine Chiffre, eine Parabel oder ein Mythos.

Mag ihr Vater auch zu einer Art Chiffre für sie geworden sein, so trifft das für ihre Mutter kaum zu. In solch abstrakten Begriffen an ihre Mutter zu denken, die sie alle zwei Tage besucht, würde Ruth schwerfallen. Lottie Jeffers ist neunzig. Sie ist schmalgliedrig und leuchtet wie ein silberner Vogel. Sie lebt allein im ersten Stock eines kleinen Backsteingebäudes am South Broadway mitten in der Stadt, in einer Wohnung, die sich seit ihrem Einzug 1956 kaum verändert hat. Weil Lotties Enkel selbst schon wieder Kinder und Enkel haben, sind zu den Schwarzweißfotos oben auf dem Bücherregal auch farbige hinzugekommen, und der Fernseher ist jetzt an einen Videorekorder angeschlossen (seit sie voriges Jahr hingefallen ist und sich das Becken gebrochen hat, verfolgt sie die wöchentliche Predigt immer über Kassetten statt von der Kirchenbank aus). Doch die Religion, der sie anhängt, verurteilt weltliche Dinge, und alles in dieser kleinen Wohnung – die Luft, das Sofa, der

Herd, selbst die Obstschale – hat etwas von einer gelassenen Zeitlosigkeit und trotzt in fröhlicher Unbekümmertheit allen Veränderungen, die draußen stattfinden.

Die Veränderungen draußen sind allerdings bemerkenswert. Denn das Zentrum von Lancaster ist buchstäblich im Begriff zu verschwinden. Sogar Thimmes' Laden, den die Thimmes-Familie seit fünf oder sechs Generationen im Vorderhaus von Lotties Gebäude betrieb, mußte vor ein paar Jahren schließen. Das war natürlich traurig, aber kaum überraschend, wenn man sieht, wie alles im Zentrum niedergeht und zerfällt. Früher drängten sich die Geschäfte rings um den Zane-Park wie Speichen eines schwungvollen Rads, und man konnte sämtliche Einkäufe dort erledigen. Es gab Woolworth und J. C. Penney, Betty Gay und Jean Frocks, Luckoffs und Joos Shoes. In Gallaghers Drugstore mit seiner Safttheke teilten sich Ruth und Lottie manchmal als was ganz Besonderes eine hausgemachte Nudelsuppe; und bei Kresge leistete Ruth sich für ihre Puppen eine Flasche Blue-Waltz-Parfüm zu dreizehn Cents.

Keines dieser Geschäfte gibt es dort mehr. Einige sind im River-Valley-Einkaufszentrum wiedererstanden oder irgendwo in dem neuen Geschäftszentrum an der Haupteinfallstraße zur Stadt, wo Reklametafeln und Plastikschilder in dem Bestreben, die Aufmerksamkeit des endlosen Käuferstroms zu erregen, sich gegenseitig übertrumpfen. Andere haben einfach ihre Tore für immer geschlossen und verdunkelte geputzte Schaufenster hinterlassen, oder es folgte eine zunehmend kümmerlicher werdende Reihe von Kramläden, die eröffneten und wieder zumachten. Die breiten Straßen und Bürgersteige von Lancaster wirken in ihrer vergleichsweisen Kahlheit jetzt noch breiter, und Müll von undefinierbarer Farbe und Form treibt in den Rinnsteinen und setzt sich dort fest. So hat Ruth die Stadt ihrer Kindheit nicht in Erinnerung, aber die Zeiten ändern sich, wie die Leute sagen, und wer kann schon erwarten, daß ein Thimmes mit Mammutlebensmittelkarten konkurriert! Und wer kann erwarten, daß Straßen in einer Gegend saubergehalten werden, wo kein Geld ausgegeben wird!

Was Ruth angeht, so hält sie sich an Big Bear und Kruger, zwei rund um die Uhr geöffnete Supermärkte. Dort kauft sie ein, wenn sie am vierten Tag ihrer Schicht von der Arbeit kommt. Früh um fünf gleichen die Parkplätze riesigen Asphaltmeeren, und die Gänge sind leere, krankenhaushelle Schnellstraßen. Doch weil ständig die immergleiche Musik läuft und die Produkte zu jeder Stunde des Tages gleich schmecken und gleich viel kosten, merkt Ruth kaum, wieviel Uhr es ist. Auch wenn die Fleischtheke dunkel ist, kann sie einen Knochen für Shenna bekommen. Zerkleinerte, in Folie verpackte glänzende Suppenknochen liegen fertig zum Mitnehmen da, und Ruth wirft jedesmal ein Päckchen in ihren Wagen. Ebenso Gehacktes, einen ordentlichen Berg sogar, von dem sie stets ein kleines rosa Häufchen wegnimmt, es zu einer Kugel formt und sie Shen ins Maul steckt.

Alles was der Mensch sich wünschen kann, scheint es hier zu geben. Ein protziges Mosaik aus Pappkartons und Blechdosen umgirrt Ruth wie tausend stumme Sirenen, und wie die Kapitänin eines stählernen Schiffs rollt sie mit ihrem Wagen daran vorbei. Auf einigen der Kartons steht Anchor Hocking. Sie sind mit Bildern von Trinkgefäßen und Backformen bedruckt, außerdem mit dreisprachigen Beschreibungen des Inhalts, was darauf hinweist, daß diese Waren auch weit entfernt von Lancaster verkauft werden. Ruth bleibt stehen, um etwas aus einem Regal zu nehmen, eine große Dose Folger-Kaffee. Sie wird ihn sich erst aufbrühen, nachdem sie geschlafen hat und später am Tag wieder aufgewacht ist. Ein paar Tassen werden dann ihre Körperuhr wieder umgekehrt zur Sonne auszurichten helfen. An der Kasse wirft sie einen Blick auf die *Lancaster Gazette*, nimmt sie aber nicht mit. Sie kümmert sich nie um die Tagesereignisse, blättert die Zeitung allerdings zwei- oder dreimal die Woche bei ihrer Mutter durch. Dabei konzentriert sie sich auf die lokalen Geschichten und die Todesanzeigen und guckt, ob irgendeiner von den paar hundert Menschen darunter ist, die sie von der Arbeit bei Anchor kennt, achtet aber auch auf die Verkaufsangebote: Land, Farmen, Gerätschaften. Sie hat eine Schwäche für altes Werkzeug, eine alte Sichel oder ein Messer, die sie auf einem Basar ergattern kann. Meistens ist sie jedoch einfach neugierig und möchte wissen, was für Sachen angeboten werden und zu welchem Preis.

Mit den Tüten im Arm überquert Ruth die elektronische Schwelle des Ladens; hinter ihr schließen sich automatisch Glastüren und versiegeln die dünne Luft, die Zeit und Wetter gegen die kalte, leuchtende Silbrigkeit des Parkplatzes neutralisiert. Ohne Geschäfte wie dieses könnte sie sich ihren künstlichen Abend nicht so leicht herbeizaubern. Sie verleihen der Innenstadt etwas Geisterhaftes und Mystisches, Morgen und Abend werden austauschbar, illusionär. Dank ihnen kann Ruth zu jeder beliebigen Tageszeit arbeiten und einkaufen, die Stunden verlassen ihre festen Plätze auf der Uhr, sie wirbeln durcheinander wie lose Seiten, die man aus einem Buch schüttelt. Die ganze Nacht hindurch füllen die Geschäfte ihre Regale mit weltlichen Gütern, die Sonne geht auf, und Ruth geht nach Hause, gibt der Wölfin einen Knochen, schlüpft zwischen die Laken.

### *Pluma*

Land ist für Basilio Salinas nicht etwas, was er bearbeitet, um seinen Lebensunterhalt zu verdienen, es ist der Ursprung des Lebens. Den Anbau von Kaffee hat nicht er sich ausgesucht, um eine Familie zu versorgen, er ist das Gravitationszentrum, um das er und seine Familie sich drehen. Wenn er morgens aufwacht, sich von seiner *petate,* seiner geflochtenen Palmenmatte, erhebt und Sonne und Nebel frech und fröhlich durch sein Haus tanzen, dann erwacht er zu einer Welt, in der keine Grenze die Arbeit vom Leben trennt, den Job von der Familie, den Kaffee vom Heim. In seinem Haus und in Tausenden ähnlichen zünden die Frauen jetzt das Feuer fürs Frühstück an, und die Männer machen sich fertig, um hinaus in die Pflanzungen zu gehen.

Zehntausend Familien leben dichtgedrängt in dem Bergdorf Pluma Hidalgo oder haben sich in der näheren Umgebung angesiedelt, und buchstäblich 10 000 Familien pflanzen Kaffee an. Natürlich sind es der Samen und die Erde, die Sonne und der Regen, die den Kaffee wachsen lassen, Menschen helfen nur. Menschen ernten, Menschen entpulpen, trocknen und verkaufen die Bohnen, und Menschen rösten und mahlen und brauen sie und trinken das Gebräu. Im strengen Sinne besitzt Basilio den Kaffee nicht, den er verkauft, auch nicht das Land, auf dem der Kaffee wächst. Wie die meisten der 10 000 Familien betrachtet er das Land aus der traditionellen Sicht der Zapotec, das heißt als gemeinschaftlichen Besitz. Aber er hat das Nutzungsrecht auf drei Hektar guten Kaffeeboden. An das Land kam er über den Vater seiner Frau; dazu gehören ein Haus, ein Fluß und ein eigener Name: El Corozo. Ihren Namen hat die *parcela*, ebenso wie alle anderen, seit Generationen. Der Name einer *parcela* hat mit der jeweiligen Beschaffenheit des Geländes zu tun, in diesem Fall mit der speziellen hohen Palmenart, die überall an den steilen Hängen wächst. Ebensowenig wie Basilio dieses Land besitzt, hat er es selbst benannt. Aber es ist da, es existiert. Und solange er darauf arbeitet und lebt, ist es seins.

Mit zwanzig hat Basilio geheiratet und ist nach El Corozo gekommen. Die Umzugsstrecke von Los Naranjales (Die Orangenhaine), wo er aufwuchs, betrug ganze fünfhundert Meter. Los Naranjales ist größer als El Corozo. Es umfaßt acht Hektar mit einem betonierten Patio zum Trocknen des Kaffees und einem großen Garten mit fruchtbarer roter Erde, auf die, wenn sie reif sind, kleine harte Orangenkugeln knallen. Basilios Eltern leben weiterhin auf Los Naranjales, ebenso einige seiner Brüder, eine Schwägerin und Nichten und Neffen. Die Eltern seiner Frau dagegen sind an die Küste gezogen, um in der Kaffeemühle unten in Rincón Alegre zu arbeiten. Zurückgelassen haben sie ein leeres Haus und all die Kaffeepflanzen, die versorgt werden mußten. So ist er an El Corozo gekommen, als er vor sechs Jahren Genoveva Cortés Santos in der großen rosa Kirche in *el centro*, auf dem Dorfplatz, heiratete.

Jetzt teilen sie sich die *parcela* mit Genovevas jüngerer Adoptivschwester Isidra, die mit Basilios jüngerem Bruder Lucío verheiratet ist – und natürlich mit den Kindern. Basilios und Genovevas drei Kinder – Silvestre, Yolanda und Juan Diego – sind sechs, vier und zwei Jahre alt. Isidra und Lucío haben ein mondgesichtiges Baby mit Namen Enriquetta. Bis auf die zwei Kleinsten helfen alle irgendwie beim Kaffee mit, beim Düngen, Beschneiden, Pflanzen, Ernten, Entpulpen, Trocknen, Harken und beim Verpakken. Wenn die Bohnen fertig sind, werden sie zum Mahlen an die Küste geschickt.

Pluma Hidalgo ist nur dreißig Kilometer Luftlinie vom südlichsten Küstenzipfel Oaxacas entfernt, aber die Reise dahin kann zwei, drei oder mehr Stunden dauern. Das hängt davon ab, in wessen Lastwagen man mitgenommen wird, ob es geregnet hat oder nicht, ob man eine Panne hat, ob man einen Umweg macht, um andere Mitfahrer abzusetzen, oder ob man in Candelaria anhält, um eine Nachricht zu überbringen oder im Schatten schnell einen Ananas-Soda zu trinken, worauf man die Flasche wieder beim Verkäufer abliefert und zurück in den Lastwagen steigt. Allein die zwölf Kilometer, die Pluma mit der Hauptstraße verbinden, bedeuten fast eine halbe Stunde mühseligen Kurvens über einen schmalen, ungepflasterten Weg entlang dem Bergrücken. Und dabei sind ungewöhnliche Schwierigkeiten nicht einmal mitgerechnet. Alle Augenblicke scheint die Straße ins Leere zu führen, und man glaubt sich am Ende der Welt. In weiter Ferne sieht man das Meer, aschfarben und flackernd wie eine Luftspiegelung. Und auf halber Höhe tauchen hin und wieder matt ockerfarbene Rechtecke zwischen dem dichten Wald auf. Das sind die *fincas*, die plantagenartigen Kaffeefarmen: Manche sind an die 3000 Hektar groß, und Tagelöhner harken dort die goldenen Bohnen, die auf riesigen Betondächern trocknen.

Vor hundert Jahren gab es hier keine *fincas*. Die Zapotec-Vorfahren von Basilio und Genoveva haben das Land, das sie bewohnten, immer ohne Besitzurkunden bearbeitet. Gemeinden und Familien teilten sich das Land, und sie reichten es weiter, aber weder kauften noch verkauften sie es.

Um 1895 tauchten in Pluma und Umgebung – wie in den ländlichen Gebieten des gesamten Landes – plötzlich Leute aus der Stadt auf und wedelten mit Papieren, die sie Bodenrechtstitel nannten. Nach diesen Papieren waren die Menschen, die seit Generationen auf dem Land gelebt und es bearbeitet hatten, nicht dessen Eigentümer. Was sie natürlich auch nie behauptet hatten. Außerdem konnten nach diesen Papieren, die so vornehm in spanischer Sprache geschrieben und mit Regierungsschnörkeln und -siegeln bekräftigt waren, andere Menschen – Menschen, die Bodenrechtstitel besaßen – dieses Land beanspruchen und damit machen, was sie wollten. Sie konnten dort, wo viele Familien gelebt hatten, riesige *fincas* hinsetzen, und jene Familien konnten dort entweder bleiben und für die neuen *patrones* arbeiten, oder sie mußten von dem Land verschwinden. Wer von der einheimischen Bevölkerung

Widerstand leistete, wurde abtransportiert oder erschossen. Man erzählt sich Geschichten, daß Menschen bis zum Halse in eben die Erde, die sie zu verteidigen gesucht hatten, eingegraben wurden, und Männer auf Pferden galoppierten über sie hinweg. Um 1910 waren auf diese Weise mehr als 95 Prozent der mexikanischen Bevölkerung landlos geworden.

Dann kam die Revolution und 1917 auch eine neue Verfassung, die ausdrücklich eine Bodenreform versprach. Sie wurde auch in den folgenden Jahrzehnten vollzogen, das heißt gewissermaßen. Das Land, das wieder umverteilt werden sollte, wurde langsam und in kleinen Portionen und mit großer Verzögerung zurückerstattet – manchmal lagen vierzehn Jahre zwischen dem Zeitpunkt der offiziellen Enteignung und dem Tag, an dem die Bauern tatsächlich zurückkehren durften. Ein Großteil des umverteilten Landes war nicht zu bewirtschaften. Familien, denen es gelang, das zugesprochene Land auch wirklich zu erhalten, besaßen dann immer noch keine Samen, keinen Dünger, keine landwirtschaftlichen Geräte, kein Werkzeug. Und mancher Boden gelangte nie mehr in die Hände der Menschen, denen er weggenommen worden war: teils wegen einiger Änderungen in der offiziellen Definition von geringfügigem Grundbesitz, teils weil große Plantagen auf dem Papier als mehrere kleine Landstücke ausgewiesen waren, die verschiedenen Besitzern gehörten, und teils wegen der langwierigen Verhandlungen über Bodenrechtskonflikte und ihre Beilegung, die bis zum heutigen Tag andauern.

Überall im Land sind die Ureinwohner – die inzwischen

nur noch zehn Prozent der Gesamtbevölkerung ausmachen – bei der Bodenverteilung am schlechtesten weggekommen. Die Zapotec und Mixtec von Oaxaca bilden die größte Gruppe von Ureinwohnern in sämtlichen einunddreißig Staaten Mexikos. Ein dreiviertel Jahrhundert nachdem die Landreform in der Verfassung festgeschrieben wurde, besitzen 35 Prozent von Pluma Hidalgos 10 000 Familien 80 Prozent des Landes. Die Besitzungen dieser 35 Prozent wiederum sind eben die *fincas*, die man von bestimmten Bergvorsprüngen aus als mattgoldene Tafeln hier und da zwischen dem dunklen, verschlungenen Grün des Waldes aufblitzen sehen kann. Obwohl sie aus solcher Ferne nicht zu erkennen sind, weiß jeder, daß dort unten Zapotec- oder Mixtec-Männer dabeisind, Bohnen zu entpulpen und zu harken, und jeder weiß, daß sie dafür einen Hungerlohn kriegen: acht oder zehn oder zwölf Pesos am Tag.

Sonst ist von dieser Straße aus nicht viel zu sehen: ein kleiner Altar am Berghang, um den die Leute rote Kerzen und getrocknete Blumen und metallisch glänzende Papierschnitzel als Gaben für die Jungfrau aufgebaut haben, oder Adler und Geier, die hoch oben auf Luftströmungen ihre Kreise ziehen und mit ihren Schwingen weiche, schwarze Bögen in den Himmel schneiden. Vielleicht auch, kaum sichtbar, die Köpfe einiger Frauen unterhalb der Straße, wo der Berg sanfter abfällt und ein Fluß fließt, der so breit ist, daß man Wäsche darin waschen kann. Wenn einem ein Lastwagen entgegenkommt, muß einer von beiden nach einer Ausbuchtung Ausschau halten, die groß genug zum Ausweichen ist – manchmal muß man mehrere Minuten rückwärts fahren, bis man an eine solche Stelle kommt –, und dann schrammt der Laster auf der Innenseite vorbei, während der andere auf der schmalen Ausbuchtung fast über dem gähnenden Abgrund hängt. Schließlich führt die Straße in vielen Windungen zum Dorf Pluma Hidalgo. Ein kurzes Stück ist sogar gepflastert: Der Gußbeton endet abrupt fünfzig Meter hinter *el centro*, dort, wo in die körnige Fassade des letzten Häuserblocks »Solidaridad 1994« eingemeißelt ist – als Hinweis auf die Gruppe von Einheimischen, die die Straße gebaut hat, und die Stelle, wo ihnen der Beton ausgegangen ist.

Alles, was nicht hier in Pluma hergestellt oder gewachsen ist, muß diese zwölf Kilometer von der Hauptstraße transportiert werden. Jede Maishülse, jede Bierdose, jedes Christusbildchen, jedes Fläschchen Medizin, jedes Schulbuch und jeder Bleistift. Manche Dinge schaffen es kaum bis nach Pluma. Elektrizität zum Beispiel kam erst vor weniger als zehn Jahren hier an, und noch sind nicht alle Häuser angeschlossen. Kaum jemand hat fließendes Wasser, es gibt nur drei Telefone und überhaupt keine Zeitungen. Oder doch, ein paar, die aber als vereinzelte, völlig veraltete Seiten in Form von Einwickelpapier für andere, nützlichere Güter, wie etwa Kerzen oder Käse, ankommen.

Deshalb summen die Dinge, die von außerhalb kommen, wenn auch unhörbar, oder sie leuchten unsichtbar: Sie sind auf unterschiedliche Weise hervorgehoben und besonders. Das Wissen um eine Reise ist in sie einkodiert. Sei es die schlichte Reise von der Küste, wie etwa bei der Maishülse, aus der *tamale* gekocht wird, oder – wie bei einem Bild von John F. Kennedy, das aus einem alten Kalender gerissen und an eine Hauswand geklebt ist – die Reise aus einem anderen Land, einer anderen Kultur oder sogar einer anderen Zeit. Basilios Lieblingsstücke von außerhalb Plumas sind zwei Vogelnester, die von deer Küste stammen. Sie hängen, ausgeleiert wie zerzauste Füllhörner, an Nägeln draußen an seinem aus, wo sie jeder sehen und in ihrer Einzigartigkeit bewundern kann: Nester wie diese gibt es in Pluma nicht.

Wenig sonst ist an El Corozo besonders auffällig. Das Frühstücksfeuer, das Genoveva entfacht, wird mit Holz unterhalten, das sie, Isidra und die Kinder auf der *parcela* sammeln. Die Palmblätter-*petate*, die Basilio jetzt zusammenrollt und in einer Zimmerecke verstaut, sieht aus wie all die anderen, die in diesem Augenblick in den Häusern von Pluma aufgerollt und weggepackt werden. Die Hängematte draußen vorm Haus, in der Enriquetta gerade sanft von Yolanda geschaukelt wird, ist die Sorte, die von den Einheimischen gewebt wird und in der die Babys überall auf den Berghängen geschaukelt werden. Die Mais-*atole*, die Basilio zum Frühstück trinken wird, und die Tortillas, die noch vom Vorabend stammen und die er aufgebacken dazu essen wird, bilden die Mahlzeit für die Familien überall in der Sierra Madre del Sur, so wie sie schon Hunderte von Jahren vor der Geburt Christi die Mahlzeit für die Menschen in dieser Region bildeten. Selbst der Hund, der namenlose kleine Hund, dessen kahler, vereiterter Hals wie ein wuchernder Bart beutelt, ist von derselben Sorte, wie sie schon immer, von Inzucht geprägt, in zänkischen, rauflustigen Rudeln durchs Dorf gestromert sind.

Doch die Vogelnester sind etwas anderes, etwas Besonderes. Basilio hat sie selber gefunden auf einer Fahrt nach Rincón hinunter. Drei hat er seiner Mutter geschenkt, sie hängen draußen an ihrem Haus in Los Naranjales, und zwei hat er nach El Corozo mitgebracht und sie während der ganzen holprigen Fahrt hinten auf einem Lastwagen vorsichtig in der Hand gehalten. Das kleinere, so glaubt er, gehörte mal einem Kolibri.

Nach dem Frühstück verabschiedet Basilio sich von seiner Familie. Ein bißchen später wird Lucío den Bergpfad hinunter in den Kaffee gehen, Genoveva und Isidra werden die Tortillas für den Teig machen, und die Kinder werden zur Schule aufbrechen. Im Augenblick hat Yolanda, in weißem Höschen, aber noch ohne Kleid, ein Spiel erfunden, bei dem sie ihrer kleinen Cousine die Fliegen wegfächelt. Und Juan Diego, mit getrockneter *atole* bekleckert und nur mit einer Tuchwindel bekleidet, zottelt umher und glaubt vielleicht, daß er ihr hilft. Silvestre oder Chive, wie sie ihn in der Familie nennen, und der Hund folgen Basilio über den Hof bis an die Straße und bleiben dort stehen. Mit seiner bloßen Brust, dem dichten schwarzen Schopf und den großen, spitzbübischen Augen hat das Kind etwas rührend Männliches. Jetzt schmettert er seinem Vater ein »¡Ciao!« hinterher, während der Hund sich für eine Eidechse interessiert.

Basilio wandert zwischen den bunten Kreuzen und den Kletterpflanzen des Friedhofs hindurch und grinst verstohlen hinter seinem dichten Schnauzbart. Mit sechs Jahren ist Chive schon wie seine Mutter: geradeaus und strotzend vor Selbstbewußtsein. Basilio selbst hat eher etwas Zurückhaltendes, so als liege, trotz seiner wendigen, drahtigen Statur, eine dauernde Last auf ihm, als drücke ihn die gar nicht einmal unangenehme Bürde seiner Pflichten, für die er seine Kräfte aufspart. Wenn er redet, öffnet er den Mund gerade so weit, daß oben zwei sauber silbern eingefaßte Schneidezäne sichtbar werden, und seine Stimme hüpft wie Bohnen, die eine Holzrutsche hinunterpurzeln, leise und schnell und trocken. Wenn die Leute ihn bei einem Gang durchs Dorf ansprechen, wenn sie »*¡Chilio! ¡Buenos Chilio!*« rufen, reagiert er mit sichtlicher Schüchternheit. Eine dichte Haartolle verbirgt fast seine Augen, wenn er sich grüßend an den Kopf tippt. Im Augenblick ist es allerdings noch zu früh, um irgend jemanden zu grüßen. Ganz allein wandert er durch die Wolkensuppe, die über der Straße liegt, unterwegs zu seinen Pflichten.

Jeden zweiten Morgen geht Basilio nicht auf die eigene *parcela* zur Arbeit, sondern kümmert sich um La Palma. La Palma liegt ganz in der Nähe, fünfzehn Minuten den Berg hinter dem Friedhof hoch. Bei der *secundaria,* wo die älteren Kinder zur Schule gehen, muß man dann abbiegen und wieder ein Stückchen bergab laufen. Das Stück Land rückt hier so plötzlich ins Blickfeld, daß die Entfernung zwischen Pluma und dem Pazifik beinah zu nichts zusammenschrumpft. An diesem Morgen wird der Effekt noch dadurch verstärkt, daß es viel zu neblig ist, um die Küste zu sehen. Eine vorgelagerte, niedrigere Gipfelkette aber sieht aus wie die Wellen eines gefrorenen Ozeans, blau und schaumig geschlagen, und nur Pluma scheint auf dem Festland zu liegen.

Zu so früher Stunde ist die Straße menschenleer. Basilio hört nur das Nebelhorn-Klagen unsichtbarer Esel und das

Scharren von Hühnern und Puten der nahegelegenen Häuser. Er riecht den Rauch von den Frühstücksfeuern der Menschen, der das Dorf in sein angenehmes, leicht bitteres Aroma taucht. Es erinnert an die verbrannte Schale von geröstetem Ziegenpfeffer. Rauch vereint sich mit Nebel, gemeinsam streifen und umhüllen sie ihn, duftend und feucht und farblos wie Knochen. Manche Leute sagen, daß Pluma Hidalgo den ersten Teil seines Namens von den fedrigen Nebelschwaden erhalten hat, die fast täglich wie riesenhafte Geister durch Dorf und Wälder patrouillieren. Pluma ist auch der Name der Kaffeesorte, die in dieser Region angebaut wird, und es ist kein Zufall, daß die Kaffeepflanzen in diesem Nebel gedeihen. Basilio taucht in den Wald hinter der *secundaria*, biegt bei dem alten Mangobaum (dessen dicke Wurzeln reichlich Platz für kleine Hintern bieten und deshalb ein beliebter Treffpunkt der Schulkinder sind) rechts ab, geht an dem langen Schuppen vorbei, in dem die Kaffeesäcke aufbewahrt werden, bevor sie den Weg zur Mühle antreten, und wo Pflücker, die von weither kommen, übernachten können, und gelangt schließlich auf den Basketballplatz von La Palma.

Wenn Basilio an La Palma denkt, dann nicht in Form von Besitz, obwohl die *parcela* in gewisser Weise ihm gehört. La Palma ist in ganz Pluma Hidalgo ein Sonderfall. Dieses Gelände wurde erst vor einem Jahr gekauft, und doch wirkt es wie das älteste, traditionellste Stück Land des Dorfes, denn es gehört keiner bestimmten Person, sondern allen gemeinsam: Es ist die *parcela* der UCI.

UCI steht für Unión de Comunidades Indígenas, doch alle benutzen nur die Abkürzung und sprechen sie »Uhssie«

aus. Sie wurde vor fünfzehn Jahren von Ureinwohnern aus allen Teilen des Staates Oaxaca gegründet, und zwar zur selben Zeit, als sich eine Reihe ähnlicher Organisationen in den ländlichen Gebieten des ganzen Landes bildeten, alle mit dem Ziel, die Lebensbedingungen zu verbessern. Die Hauptaufgabe dieser Organisationen bestand anfangs darin, überschüssige staatliche Güter in abgelegene, verarmte Regionen zu transportieren, wo sie dann in Läden, die die jeweilige Gemeinde betrieb, zu Großhandelspreisen verkauft wurden.

Der Gemeindeladen, der die Menschen von Pluma Hidalgo versorgt, heißt, nach dem verbissenen Nützlichkeitsprinzip seiner Geschwisterläden, Tienda Rural No. 11. Er befindet sich zweihundert Meter hinter *el centro* weiter oben am Berg, in der winzigen Kolonie La Pasionaria, wo die UCI ihre örtliche Zentrale hat. Eine Zeitlang schauten sich die Leute von den umliegenden *tiendas rurales* an, wie die Regierungslastwagen sich schwerfällig über die schlechten Straßen in ihre abgelegenen Ortschaften quälten, Ladungen von Maismehl, getrockneten Bohnen, Seife und Lollies abwarfen und leer in die Städte zurückfuhren. Es dauerte nicht lange, da erkannten die Menschen vom Land die unvollkommene Logik dieses Systems. Und so entwickelte sich das zweite Ziel der Organisationen: Produkte dieser Gegenden sollten auf eine Weise exportiert werden, die den Kleinbauern mehr Kontrolle über den Verkauf sowie einen höheren Gewinn garantierte.

Bis dahin hatten die Kleinbauern in Pluma keine Wahl. Da sie vom direkten Zugang zum Markt abgeschnitten waren, mußten sie ihren Kaffee zu niedrigen Preisen an

Zwischenhändler verkaufen, die ihn mit hohem Gewinn an riesige Multis weiterverkauften. Nun sollte die UCI die Funktion der Zwischenhändler übernehmen. Dadurch könnte sie einen größeren Anteil vom Gewinn an die Bauern und ihre Gemeinden weiterleiten. Natürlich hing diese Idee davon ab, daß es überhaupt Gewinne gab, und die wiederum setzten die Existenz eines Markts voraus. Den aber gab es, wie die Leiter der UCI und ähnlicher Kooperativen bald entdeckten, nur in geringem Maße: Mexikanischer Kaffee hatte auf dem Weltmarkt schlicht keinen sehr guten Ruf und auf dem Feinschmecker-Kaffeemarkt noch weniger. Doch da der Kaffee von Pluma biologisch und in sehr großer Höhe angebaut wurde, lag es nahe, ihn auf dem »Spezialitätenkaffee«-Markt anzubieten. Und das führte 1989 zu der Erfindung von Aztec Harvests.

Aztec Harvests ist der Markenname, unter dem die Bohnen von Pluma in den Vereinigten Staaten verkauft werden. In Wirklichkeit wird der Kaffee natürlich von den Zapotecs geerntet. Aber kaum jemand in den Vereinigten Staaten könnte sich unter Zapotec Harvests irgend etwas vorstellen. Als dann ein Amerikaner, der mit den Kooperativen der Kleinbauern zusammenarbeitete, den Namen Aztec Harvests vorschlug, waren die Mexikaner damit einverstanden. Der Name existiert noch gar nicht so lange; erst 1992 ließ Aztec sich formell als Gesellschaft eintragen und begann mit dem Verkauf von Kaffee auf dem amerikanischen Spezialitätenmarkt. Aber die Speiseeis-Firma Ben & Jerry hat ihre neue Eiskreation schon nach dem Kollektiv benannt und die Aztec-Harvests-Bohnen mindestens ebensosehr wegen ihres Geschmacks wie wegen des sozialen

Renommees gewählt. Im Informationsmaterial der Firma wird ausdrücklich hervorgehoben, daß die Bauern der Kooperativen Aktienbesitzer und überwiegend Ureinwohner sind, die den Kaffee nach überlieferten Methoden anpflanzen und bearbeiten, der Kaffee somit aus organischem Anbau stammt. Allmählich bekommt die Phantasiebezeichnung Aztec Harvests tatsächlich einen Inhalt, sie schafft ein Image, eine Identität.

In Pluma Hidalgo hat der Name allerdings immer noch etwas Rätselhaftes. Etliche Bauern wissen nicht einmal, daß ihre Kaffeebohnen unter dem Namen Aztec Harvests verkauft werden. Und jene, die es wissen, bringen diesen Begriff nicht mit sich selbst in Verbindung. Falls sie sich überhaupt darüber Gedanken machen, halten sie ihn für das Produkt einer unergründlichen amerikanischen Laune, für eine Angelegenheit, die weit weg und ohne große Bedeutung für sie ist. Von Belang hingegen sind die Veränderungen, die die UCI erwirkt hat. Die Bauern können ihre getrockneten Kaffeebohnen jetzt zu Marktpreisen verkaufen. Sie können sich über Pflanztechniken, über Dünge- und Erntemethoden informieren, und sie können einen UCI-Kredit zu nur zwei Prozent beantragen, den sie zur Erntezeit auch in Form von Kaffeebohnen zurückzahlen können.

Außer Pluma Hidalgo hat noch rund ein Dutzend der Gemeinden, die Kaffee anbauen, eine UCI-Zweigstelle. Über 1000 Bauern der Sierra Madre del Sur schicken jetzt ihren Kaffee nach Rincón Alegre, zur neuen UCI-Zentrale mit angeschlossener Mühle. Dort werden die Bohnen weiterverarbeitet, verpackt und direkt an die Käufer und Röster in den Vereinigten Staaten und Europa (wo er als Pluma Harvests verkauft wird) geliefert. Ein eher ambivalentes Indiz für den Efolg von UCI ist die Tatsache, daß die ursprüngliche Mühle zusammen mit der Zentrale vor einigen Jahren unter ungeklärten Umständen abbrannte (eine staatliche Untersuchungskommission kam zu keinem schlüssigen Ergebnis, was bei UCI niemanden verwunderte). Daß die Zwischenhändler der Region den Bauern inzwischen höhere Preise für ihren Kaffee bieten, kann als weiteres – ebenso ambivalentes – Indiz gelten. Aztec ist immer noch ein kleines Unternehmen, das sich am Markt zu behaupten versucht. Und da es seinen Mitgliedern bisher keine Dividende zahlen konnte, läuft es Gefahr, sowohl das Vertrauen der Bauern als auch ihre Kaffeebohnen an einen höheren Bieter, einen freigebigeren *patrón*, zu verlieren.

Denn die Urbevölkerung hier hat so lange unter feudalen oder quasi-feudalen Verhältnissen leben müssen, daß viele Kleinbauern gar nicht umhin können, die UCI nur als einen weiteren Boß zu betrachten, obzwar vielleicht einen ungewöhnlich wohlwollenden. Und selbst wenn zu den UCI-Oberen Leute ähnlicher Herkunft wie sie selbst gehören, so unterscheiden sie sich ihrer Ansicht nach am Ende kaum von den spanischen Konquistadorn, den Adligen mit Bodenrechtstiteln, den Besitzern der *fincas*, den korrupten Regierungsbeamten und den Ausländern mit ihren multinationalen Konzernen. Die Vorstellung von gemeinschaftlichem Landbesitz mag tief in der Zapotec-Kultur verankert sein, aber die Vorstellung vom gemeinschaftlichen Besitz eines Unternehmens ist ausländisch. Mit einem Unternehmen verbinden sie nach wie vor einen *patrón*, der die dicken Gewinne einstreicht, während die Arbeiter kaum etwas verdienen. Und da die meisten in der UCI organisierten Kleinbauern tatsächlich noch sehr wenig Geld verdienen, ist es nur natürlich, daß sie die UCI in die Rolle des *patrón* zwängen. Viele UCI-Mitglieder begreifen gar nicht, daß sie es sind, denen Aztec Harvests gehört. Viele haben keine Ahnung, welchen Weg ihr Kaffee nimmt, wenn er die Berge verläßt, in welchen Ländern er landet, unter welchem Namen und in welchen Währungen er verkauft wird.

Erst ganz allmählich ändert sich die Einstellung der Bauern gegenüber der Rolle der UCI. Seit immer mehr hinunter nach Rincón Alegre kommen, um die Mühle aufzusuchen und an Seminaren über Pflanz- und Düngetechniken teilzunehmen, und seit sie die UCI-Kredite häufiger in Anspruch nehmen, um ihre *parcelas* zu verbessern, begreifen die Bauern zunehmend, was mit ihrem Kaffee geschieht. Und vielleicht gibt es eines Tages auch echten Gewinn auszuteilen, echte Dividendenschecks und dicke Stapel zerknitterter Pesos, die man in die Hand gedrückt und in die Taschen geschoben kriegt. Vielleicht wird das die Bauern schließlich davon überzeugen, daß Aztec ihnen gehört, daß sie die Besitzer sind. Das wird zugleich das entscheidende Indiz für den Erfolg sein: nicht die Pesos als solche (doch, sicher, auch die Pesos als solche), sondern vor allem, was sie bedeuten, welche Geschichte sie erzählen. Die Geschichte nämlich, die so beginnt: *Du und nur du bist dein Boß.*

Basilio landet auf dem Basketballplatz von La Palma, und die Hunde heben ihre Augenbrauen, gehen aber nicht auf ihn los. Die Hundemeute, die in La Palma lebt, gehört im Grunde ebensowenig irgend jemandem wie der Hund, der in seinem Haus lebt, und sie alle sind namenlos. Nur einer nicht, und dessen Name scheint eher seinem Wesen entsprungen als nach Gutdünken zugewiesen zu sein. Er heißt Tiger, nicht wegen seines gestreiften Fells, sondern weil er so erregbar und eingebildet ist. Heute schaut er Basilio verstohlen an, streift mit offenem Maul ziellos über den Platz, verschwindet in den dünner werdenden Nebelschwaden und taucht wieder auf, bis er schließlich den Berg hinunter abzieht. Nach einer Weile folgt ihm die ganze Meute bis auf den lahmen Hund, der kleinlaut auf seinen ewig zitternden Pfoten im Schatten steht und sich das Maul leckt. Basilio beachtet ihn nicht.

Der Basketballplatz von La Palma ist nicht in erster Linie ein Sportplatz. Er verfügt zwar über zwei Korbringe ohne Netz und die dazugehörigen hölzernen Korbbretter, die an dicke Betonsäulen montiert sind. Die Männer und Jungen von Pluma lieben diesen Sport durchaus und spielen dort auch bei Sonnenuntergang mit einem schlaffen roten Ball, den einer der *secundaria*-Schüler angestochen hat, oder mit einem Tennisball, gelegentlich sogar mit einer Limone. Während der Erntezeit aber dient dieses betonierte Feld in den hellen und heißen Stunden zuallererst als Trockenfläche. Hitze und Licht brennen jetzt endgültig durch den Nebel, als Basilio den Trockenplatz überquert, um die rupfleinernen Säcke mit *pergamino* heranzuschleppen, den entpulpten Bohnen, die noch in ihrer feinen Pergamenthaut stecken, der sogenannten Silberhaut. Sie müssen tagelang geharkt und getrocknet werden, bis sie so weit sind, daß sie zur Küste können.

Die UCI hat diese *parcela* vor etwas mehr als einem Jahr

von einem *patrón* gekauft, der sie aufgegeben hatte und in die Stadt gezogen war, als die Kaffeepreise in den späten Achtzigern verfielen. Mit ihren vierzehn Hektar ist La Palma, gemessen an den *fincas*, zwar winzig, für UCI-Verhältnisse aber groß. Keines der Mitglieder hat eine mehr als zehn Hektar große *parcela*. Der Großteil von La Palma wird für den Kaffeeanbau genutzt, aber dort, wo das Gebirge sich abflacht, ist ein ebenes, schattiges Gelände vor sieben Monaten in eine Baumschule umgewandelt worden. Und daneben wird in zwei riesigen Betontonnen organischer Dünger kompostiert. Im vergangenen Jahr hat die UCI einen landwirtschaftlichen Berater nach Pluma geschickt, der eine Zeitlang auf der Gemeinschafts-*parcela* mit den Mitgliedern zusammengearbeitet hat. Er sollte bei der Errichtung der Baumschule helfen und ihnen Techniken zur Steigerung der Ernte beibringen. Erst vor zwei Monaten sind UCI-Mitglieder mit dem Bau einer brandneuen Schlafhütte aus Palmblättern und Beton fertig geworden. Sie steht am Rand des Basketballplatzes, hat Fensterscheiben aus Glas, bestickte Vorhänge, gefließte Böden und eine große, granatapfelfarbene Plüschcouch im mittleren Zimmer, wo man sich um einen Holztisch zu Sitzungen versammeln kann. An der Wand über dem Tisch hängt unter Glas, gerahmt, ein Poster mit einem blaugefiederten Adler, der eine Kaffeebohne im Schnabel trägt. Und darunter steht »Pluma Harvests«. Alles an dieser Hütte sieht verheißungsvoll aus: sauber und unbenutzt, bereit, Wirklichkeit zu werden.

In diesem Herbst hatte Basilio sich beworben und ist zum offiziellen Landwirtschaftsexperten der hiesigen UCI-

Zweigstelle gewählt worden. Und das heißt für ihn nicht nur zusätzliche Fahrten zu Versammlungen und Seminaren in Rincón, sondern er trägt auch die Verantwortung für La Palma: er muß sich um die Baumschule kümmern, den Dünger mischen und darauf achten, daß der Kaffee auch wirklich trocken ist, bevor er zur Küste transportiert wird. Als Basilio die Jutesäcke unter dem vorspringenden Dach der Schlafhütte hervorzerrt, sind die Tagelöhner, die die Kaffeebohnen pflücken sollen, noch nicht erschienen. Er knotet die Nylonkordeln auf, mit denen die Säcke zugeschnürt sind, stellt die Säcke vorsichtig hochkant und schüttet dann den *pergamino* in Schlangenlinien auf die Trockenfläche. Er hat sich eine Menge aufgehalst. Und wenn er sich unter Druck fühlt, so ist das kein Wunder, da er sich jetzt nicht nur um El Corozo kümmern muß, sondern zusätzlich die Verantwortung für La Palma übernommen hat. Dabei hat die UCI noch nicht einmal entschieden, was er dafür bekommen soll. Im Augenblick arbeitet Basilio noch guten Glaubens und zum Nulltarif.

Er nimmt die *pala*, eine Art zahnlosen Rechen oder flaches Holzpaddel, von der Wand der seltsam aufwendigen Schlafhütte und verteilt die Bohnen über die rissige Betonfläche. Die raschelnde Melodie, die dabei entsteht, klingt gemächlich und rhythmisch wie Brandung. Holz und Bohnen stoßen aneinander. Baumwipfel werden golden. Letzte Nebelstreifen schwingen sich plötzlich empor und verschwinden. Basilio schiebt den *pergamino* so lange hin und her, bis eine einlagige Schicht entsteht und jede Bohne der Sonne ausgesetzt ist, die nun endlich erscheint.

ZWISCHENSPIEL

# Objekt

Im Studio verbietet die Schauspiellehrerin uns Anfängerschülern die Sprache. Vor allem die großen Wörter. Unter keinen Umständen dürfen wir *Mutter* sagen oder *Himmel* oder *Verrat* oder *Verlangen.* Wir müssen uns das Recht, die einzelnen Wörter zu gebrauchen, erst von Grund auf erarbeiten. Sie läßt uns mit einem leichten beginnen. Einer nach dem anderen sollen wir lernen, *Flasche* zu sagen.

Ich bin siebzehn, nicht unängstlich. Wir brennen alle darauf, ihr zu zeigen, daß wir begriffen haben.

Einer nach dem anderen stehen wir auf. Wir versuchen, Flaschen zu beschreiben – Bierflaschen, Milchflaschen, Sprudelflaschen, Babyflaschen –, skizzieren sie nach dem Gedächtnis oder aus der Phantasie. Sie unterbricht jeden einzelnen von uns: *Setz dich. Nein, setz dich.*

Wir stammeln, schwitzen, werden rot vor Enttäuschung. Sie schnippt uns mit dem Finger weg, blickt finster. *Nein, nein, schrecklich. Hör auf, setz dich.*

*Wie könnt ihr euch anmaßen, Sätze zu deklamieren,* fragt sie unhöflich, *wenn ihr nicht wißt, was die Wörter bedeuten?*

Sie macht es uns vor. Sie steht da wie die Schauspielerin, die sie in ihrer Jugend gewesen ist, und senkt ihren Blick mit verblüffender Zärtlichkeit auf ein Stück schmutzigen

Fußboden. Nach einem Augenblick entströmt ihr Sprache. Die Flasche ist grün und liegt in einem Rinnstein, und jemand hat das Etikett auf ihrer bauchigen Mitte halb abgespult ... Sie hat die Durchsichtigkeit und die Farbe eines Limonenlutschers ... Schwarze Schmutzringe verkleben die Rillen am Flaschenhals ... Dann wird sie zur Bildhauerin: ihre Stimme, ihre Finger, ihre Augen und ihre Schenkel schlingen sich um die Flasche, die Flasche steckt in ihr, sie hat sie verschluckt und ist angeschwollen von den vielen Geschichten der Flasche, von diesem ganz dicken Bauch voller Wissen.

Als sie fertig ist, haben ein paar von uns feuchte Augen, nicht weil uns ihre Vorstellung bewegt hat, sondern weil wir wütend, empört sind: Was fällt ihr ein, von uns zu verlangen, daß wir mit jedem einzelnen Wort so intim werden!

Sie beantwortet die unausgesprochene Frage mit unnachgiebiger Entschiedenheit: *Das ist eure Pflicht.*

Wir sind entlassen und marschieren aus dem Studio.

Die ganze folgende Woche sehe ich Flaschen mit neuen Augen.

ZWEI

# Geheimnisse

Eine weitere Grenze, die die Sonne nicht beachtet, ist die der Zeit.

Wir sehen uns selbst als zeitliche Wesen an, für uns ist diese Grenze absolut. Sie scheint nicht nur außerhalb von uns zu existieren und unseren Gang durchs Leben wie etwa ein Tunnel einzufassen, sondern beherrscht uns obendrein von innen: Zeit ist eine Bedingung, mit der wir geboren sind, sie ist unauflöslich mit dem Pulsieren unseres Bluts verknüpft, mit der fortwährenden mikroskopischen Erneuerung unserer kleinsten Teile. Und das zentrale Objekt, auf das hin wir unsere Vorstellung von der Zeit ausrichten, ist die Sonne. Sie ist unser Hauptindiz für das unsichtbare Vorhandensein der Zeit. Aus dem Verhältnis von unserer Bewegung zur Unbeweglichkeit der Sonne haben wir ein ganzes System von akribisch abgegrenzten Unterteilungen abgeleitet, die zusammengesetzt Minuten, Stunden, Tage, Wochen, Monate, Jahre, Jahrhunderte ergeben. Nach Gesetzen, die wir uns ausgedacht haben, stapeln sich diese gleichlangen Einheiten regelmäßig zu den je höheren und fügen sich paßgenauer ineinander als russische Puppen. Sie sind standardisiert, identisch. Dennoch ist jede auch einzigartig und unwiederholbar. Und jede hat als Bezugspunkt die Sonne.

Ist der Sonnenkörper aber selber an derartige Grenzen gebunden? Die Sonne – mit ihrem täglichen Lauf über den Himmel, mit ihrem sich monatlich ändernden Einfallswinkel und ihrer unterschiedlichen Strahlungsdauer, mit ihrem wechselnden Standort, der, wie die Menschen lange glaubten, ebenso zeitverfallen wie alles andere auch sei –, wir kennen sie nicht. Wir wissen nur, daß *wir* dem unterworfen sind, was wir ersonnen haben: einem unanfechtbaren, unerbittlichen Ablauf von Minuten.

Das jedenfalls ist die eine Ansicht. Wissenschaftler, Propheten, Dichter, Heilige, ganze Kulturen haben sich erlaubt, anderer Meinung zu sein. Für den griechischen Mathematiker Pythagoras, der glaubte, der innerste Kern eines Dings sei nicht Materie, sondern eine Zahl, war die Zeit die Seele und das schöpferische Element des Universums. Der römische Philosoph Plotin erklärte, die lineare Vorstellung von Zeit, die geläufige Illusion von Wechsel und Aufeinanderfolge, sei nur das Resultat der menschlichen Unfähigkeit, alles auf einmal zu erfassen. Der französische Philosoph René Descartes betrachtete die Zeit als eine Abfolge von jeweils sterbenden Augenblicken und die Welt infolgedessen als eine fortwährende göttliche Neuschöpfung – ein atemberaubend charmanter Glaube. »Bewußt sein heißt, nicht in der Zeit sein«, schrieb T. S. Eliot in den *Vier Quartetten*:

*Doch ohne Zeit kann jener Augenblick im Rosengarten,*
*Der Augenblick in der Laube bei prasselndem Regen,*
*Der Augenblick in der zugigen Kirche am Abend*

*Nicht erinnert werden; einbezogen in Vergangenheit*
*und Zukunft.*
*Nur durch Zeit wird Zeit überwunden.*

Theologen von Origines bis Thomas von Aquin haben relative und absolute Modelle der Zeit ersonnen – mit ihren jeweiligen Implikationen für den göttlichen und den menschlichen Willen. Im Altgriechischen sowie in einigen indianisch-amerikanischen Sprachen bedeuten die Wörter für »Vergangenheit« gleichzeitig »Zukunft«. Aus all den unendlich vielen Vorstellungen über die Zeit erfahren wir weniger etwas über das innerste Wesen der Zeit (falls man überhaupt davon sprechen kann) als vielmehr über uns selbst.

Seit Tausenden von Jahren wird Zeit auf verschiedenste Weise und in den verschiedensten Graden von Präzision gemessen, aber immer dem konkreten Bedürfnis der jeweiligen Kultur entsprechend. Australische Aborigines legten keinen Wert darauf, den Lauf eines Tages durch Stunden zu skandieren, aber den Beginn eines bestimmten Ereignisses (eines Tauschmarkts zum Beispiel oder einer Versammlung) pflegten sie dadurch festzulegen, daß sie einen Stein in die Astgabel eines Baums legten. Wenn die Sonne den Stein erreichte, war es »Zeit«. Die Mayas entwickelten einen äußerst genauen astronomischen Kalender mit einer eingebauten Korrektur für das Schaltjahr. Und auf hundert Jahre bezogen, erweist er sich als präziser als der, den wir heute benutzen. Sie bauten Monumente und Altäre, die auch die Funktion der Zeiteinteilung hatten. Sie stellten sich die Zeit als eine Reihe von Päckchen vor, die verschiedene Götter auf ihrem Rücken trugen, und jedes Päckchen war selbst wieder ein göttliches Ding. Viele frühe Kulturen teilten die Zeit lediglich in Perioden von Licht und Dunkelheit ein. Die Stunden mit Tageslicht ließen sich, je nach Bedarf, mit Sonnen- oder Wasseruhren noch weiter unterteilen, Nachtstunden brauchten nicht erfaßt zu werden. Die Menschen auf der Andamanen-Inselgruppe führten eine Art Kalender, der auf der Abfolge unterschiedlicher Düfte basierte. Sie wußten, welche Pflanzen wann aufblühten und vergingen, und kennzeichneten die Jahreszeiten nach Gerüchen. Bis zu einem gewissen Grad scheint der Drang, die Zeit zu messen und zu benennen, in der Natur des Menschen zu liegen. Selbst antike Tempel, Pyramiden und Steinmonumente, die ihrer Anlage nach ganz offensichtlich zu Ehren der Sonne errichtet worden waren, sind, auf subtile Art, Uhren.

In unserer Gesellschaft sind die Grenzen der Zeit unausweichlich mit der individuellen Sterblichkeit verknüpft. Nirgendwo sonst läßt sich ihr Fortschreiten so gut ablesen wie an der ständigen Veränderung unserer Körper und schließlich an unser aller Tod. Doch herrscht auch Ungewißheit. In Hochhäusern und Souterrains, in Zirkuszelten und Vorstadtbüros gibt es Menschen, die ihrer Kundschaft zu einem Blick in die Zukunft verhelfen oder sie Vergangenes wiedererleben lassen wollen. In engen Wohnschachteln oder Villen mit Meeresblick, in alten Bauernhäusern und neuen Wohnkomplexen gibt es Menschen, die behaupten, sie hätten gehört, wie irgendein Vorfahr gegen den Kronleuchter gestoßen ist oder Bigband-Melodien gepfiffen oder nachts in der Speisekammer Suppendosen umgeworfen hat. Und an einem bestimmten Tag im Jahr, im März oder April, schließen rational denkende Geschäftsleute ihre Läden aus Respekt vor einer Auferstehung des Lebens.

Tatsächlich waren Geschäftsleute mindestens ebenso verantwortlich für das moderne Konzept der linearen Zeit wie die Wissenschaftler. In Feudalgesellschaften verstanden die Menschen die Zeit nicht als ununterbrochene Linie, die nur in eine Richtung führte. Sie bestand vielmehr aus einzelnen, separierbaren Segmenten, die zyklisch wiederkehrten und an die Wiederkehr der Jahreszeiten und die mystischen Tierkreiszeichen gebunden waren. Die Zeit wurde an Ereignissen gemessen und mit ihnen verbunden – seien es Geburten, Todesfälle, Regen, Vollmond oder Sonnenuntergang. Von Astronomie und Astrologie beeinflußte Wissenschaftler und Gelehrte unterstützten diese Ansicht, die zufällig genau zu jenem anderen System paßte, in dem der Boden die Grundlage der Macht bildete: Beide, Zeit und Erde, waren zyklisch, unveränderlich, immerwährend. Diese Vorstellung implizierte die Verheißung von ewiger Unveränderlichkeit. Der soziale Status war ebenso unentrinnbar festgelegt wie die immergleiche Wanderung der Sternbilder und die unvermeidliche Ernte im Herbst.

Der neu aufkommende Merkantilismus und die Geldzirkulation lösten dann die Vorstellungen über Wert und Macht von der beständigen Erde ab und machten sie vergänglich und übertragbar. Mit der Heranbildung einer Kaufmannsschicht erlangten Mobilität, Wechsel, und linearer Fortschritt Bedeutung. Die Zeit selber wurde zu einem Warenwert. Sie konnte verschwendet, verbraucht oder gespart werden. Die Vorstellung, daß Zeit Geld sei, begann sich durchzusetzen, und das magische Bild vom Universum wurde nach und nach ersetzt durch die Metapher einer riesigen mechanischen Uhr mit Himmelskörpern anstelle von Zahnrädern: den Sternen, der Sonne und dem Mond.

Seither ist es die Ökonomie, die unsere Vorstellungen von der Zeit diktiert. Schon seit Mitte des 14. Jahrhunderts waren Stunden in jeweils sechzig Minuten unterteilt worden und diese Minuten wiederum in Sekunden. Doch erst als die Industrialisierung eine stärkere Synchronisierung der Arbeit erforderte, wurde die verbindliche Einführung einer strikten Standardzeit unumgänglich. Uhren wurden zum Gebrauchsgegenstand. In dem Maße wie Dollars sich in Stundenlohn übersetzen ließen, wurde Zeitknappheit gleichbedeutend mit Geldknappheit. Einen Tag gearbeitet, einen Dollar verdient, *tempus fugit*, und der ganze Rest: Zeit wurde zu etwas, was weniger wird und schließlich unwiderruflich ausläuft, so wie Sand durch ein Glas mit einem Loch im Boden rinnt. Alles, was sie berührt, zieht sie in ihren Bann: Treibsand. Die Zeit selber mag unendlich sein, doch die Parameter, mit denen sie unser Leben umstellt, sind das Endlichste, was wir kennen.

Und – was heißt das für die Sonne, diesen Prüfstein der Zeit, und ihren Uhrzeiger? Die Sonne, die mit ihrem Lauf eine gelbe Grenzlinie über die Erdkruste legt, die uns erbarmungslos die Begrenzungen unseres Alltags auf diesem Planeten vorbuchstabiert, ist auch sie den Beschränkungen durch die Zeit unterworfen? Nach unserem derzeitigen Verständnis hat die Zeit nicht die Macht, auch nur einen ihrer Strahlen zu verkürzen. Die Sonne mag eines Tages vergehen, so sagt man uns, aber das Licht nicht. In eben diesem Augenblick arbeiten sich irgendwo Lichtwellen, so alt wie die Erde selber, weiter vor in die Tiefe des Raums. Sie leuchten immer noch und erzählen fernen Galaxien ihre Bildergeschichten – während wir auf diesem Planeten sagen, wir näherten uns einem neuen Jahrtausend, und unerbittlich einen weiteren Tag von unserer Ration abhaken.

Geheimnisumwittert und unergründlich ist die Zeit und beherrscht uns immer noch. Sie beherrscht die Art und Weise, wie wir über das Leben denken und über alles, was damit zusammenhängt. Wir verehren jene beiden Totems, den *Kalender* und die *Uhr* – wir hängen sie an unsere Wände, binden sie uns um die Glieder, tragen sie tagsüber mit uns herum und träumen nachts an ihrer Seite. Im Grunde beziehen wir unser Verständnis der gesamten Welt aus jener Ausdrucksform der Zeit, die wir Geschichte nennen. Mit Hilfe der Geschichte suchen wir Kunst und Krieg zu begreifen, in ihr verfolgen wir die Spuren von Überzeugungen und von Genen. Wir bringen sie mit religiösen Ritualen in Verbindung, mit Milchwirtschaft und mit Rocksäumen. Auch Glas, Kaffeebohnen und Papier bieten sich dafür an. Geschichte leitet uns an einem Faden zurück, dessen schimärischer Charakter seiner Bedeutung keinen Abbruch tut: Das Flechtwerk der Geschichte ist ebenso unanfechtbar und gebieterisch verknüpft wie die schweren Samtkordeln, mit denen der Menschenstrom in Banken und Museen reguliert wird.

Auch wenn die Geschichte zu zwei Dritteln aus Einbildung besteht, so besitzt sie doch die Patina von etwas Wirklichem, etwas Feststehendem und Gewichtigem – so, wie Dinge, die in der Vergangenheit geschehen sind, ganz von allein den Anschein großer Bedeutung annehmen. Geschichte verleiht Schwerkraft, knotet ein Ereignis an das andere, bürgt für Verbindung, Erklärbarkeit, Vernünftigkeit. Das Geflecht der Geschichte bildet den Kern eines jeden Gegenstands. Es erzählt ihn, und in gewisser Weise formt es das Gerüst für seine Identität: Man fahre mit der Hand über das bucklige Rückgrat der Zeit, und man wird das Wesen des Gegenstands ertasten.

Glas, Kaffeebohnen, Papier. Was verrät die Geschichte über sie? Dieses: Alle drei waren wie Gold – nur seltener, begehrter und fast unerreichbar. Das ist wahr. Heute gehen diese drei Dinge in Lumpen, sind abgegriffen und speckig wie allzu lang kursierende Münzen und haben schon derart viele wechselnde Verkleidungen hinter sich, daß jede neue Maske die Geisterbilder ihrer Vorgänger wie ein vielschichtiges Palimpsest in sich birgt. Einst aber waren diese allgegenwärtigen drei Dinge – Glas, Kaffeebohnen, Papier – Kostbarkeiten, die bestaunt wurden. Nur hohe Würdenträger und Männer und Frauen königlichen Geblüts besaßen sie – Kirche und König wachten über ihren Alleinanspruch. Und solange diese Dinge selten waren, schimmerten sie im Feuer ihrer erhabenen Einzigartigkeit.

Ganz anders als Gold ist keines dieser Objekte von Natur aus tatsächlich selten. Jedes kann hergestellt oder gezogen werden. Nichts spricht dagegen, daß es – Kenntnis und Sorgfalt vorausgesetzt – im Überfluß produziert wird. Die Seltenheit dieser Objekte war vielmehr eine Maske, die konstruiert und verordnet werden mußte. Das geschah dadurch, daß Information zurückgehalten, Wissen verhindert wurde – dadurch, daß man die Dinge in ein Geheimnis hüllte. Solange das Wissen darum, wie diese Dinge herzustellen und anzupflanzen sind, verborgen blieb, war ihr Wert gesichert. Und es dauerte auch Jahrhunderte, bis all die Geheimnisse enthüllt wurden – durch Liebe und durch Krieg. (Danach mußten neue Kostümierungen angelegt, neue Werte erfunden und zugeschrieben werden.)

Läßt man aber die Hand noch tiefer an der Samtkordel hinabfahren, so entdeckt man: weder Glas noch Kaffeebohnen noch Papier haben ihren Ursprung im Geheimnis. Jedes der drei hatte schon Gestalt angenommen, bevor menschlicher Erfindergeist eine Ware daraus machte. Am Anfang existierte jedes in Freiheit, jenseits von menschlicher Kenntnis und Verwertbarkeit. Bevor sie Geheimnisse wurden, waren diese Dinge Rätsel: fest verschlossen hinter der sich stets wandelnden Natur, wie die Zeit. Am Anfang waren es gar nicht die Menschen, die diese Dinge herstellten oder nutzten. Ihre wahren Entdecker, so erzählt man, waren Blitz, Wespen und Ziegen.

## *Glas*

Der älteste und kälteste unter den drei Stoffen. In seiner azoischen Form auf nichts Menschliches angewiesen, auf kein lebendiges Wesen, auf nichts, was wächst, lebt und stirbt. Nur auf Mineralien, Hitze und Zufall:

Ein Blitz fährt auf einen Strand nieder. Er entsteht und vergeht in der denkbar kürzesten Zeitspanne. Und hinterläßt eine gezackte Spur versengten Sands. In dieser Spur liegt ein versteinerter Blitz: ein dünnes Glasröhrchen, die unverzügliche Nachkommenschaft aus dieser blitzartigen Vereinigung.

Oder: Ein Meteorit durchbohrt die Erdatmosphäre und verglüht nicht, sondern stürzt brennend weiter. Bei seiner Kollision mit der mineralischen Oberfläche des Planeten springen glühennde Stückchen in die Luft. Wenn sie erneut landen, haben sie sich schon zu Tektiten verhärtet, zu kugelartigen Gebilden aus grünlichbraunem Meteoritenglas.

Oder: Ein Vulkan bricht aus. Lava wälzt sich über den Boden, und in der auskühlenden Asche entsteht schwarzes, glänzendes Obsidianglas, das in scharfkantige, schalenförmige Täfelchen zerspringt.

Das waren die ersten Formen von Glas; sie wurden nicht für den Gebrauch, für Begehrlichkeiten oder für den Handel erschaffen. Menschen fanden dieses natürliche Glas und begannen es zu benutzen – vor allem den Obsidian, den sie geschickt zu Messern und Pfeilspitzen bearbeiteten. Das war vor mehr als einer Million Jahren. Es ist jedoch erst 4000 oder 5000 Jahre her, daß die Menschen selber Glas herzustellen begannen. Und als ihnen das gelang, als sie schließlich das Rätsel lösten, hatte ihr Tun anfangs kein praktisches Ziel. Sie setzten ihre Energie nicht daran, aus dem Glas ein nützliches Werkzeug zu machen. Statt dessen wollten sie mit seiner Bearbeitung die Wunder der Natur nachahmen und schufen Gemmen und Edelsteine – nur als persönlichen Schmuck, rein um der Schönheit willen.

Doch mag auch dies schon Legende sein.

Niemand weiß genau, wie und wann die Menschen die Kunst der Glasherstellung entdeckten. Weder ist es ein fester Körper, noch gehorcht es den Regeln, die wir für Flüssigkeiten festgelegt haben: Wie mag es uns je gelungen sein, die Hand auf das Geheimnis dieser unwahrscheinlichen Substanz zu legen? Dazu gibt es die unterschiedlichsten Theorien. Eine nennt als Erfinder des Glases Tubal-Kain, den Ur-Ur-Ur-Ur-Ur-Enkel von Adam, der in 1. Mose 4, 22 als »der Meister aller Erz- und Eisenschmiede« erwähnt wird. Eine andere spricht von einer zufälligen Entdeckung antiker Töpfer, die mit neuen Keramikglasuren experimentierten und verschiedenste Mixturen sehr hohen Temperaturen aussetzten. Der jüdische Historiker Flavius Josephus, der kurz nach Christus lebte, berichtet, es sei von Israeliten entdeckt worden, die einen Bergwald in Brand steckten. Die Hitze sei schließlich so stark gewesen, daß der Sand in der Erde schmolz und den Abhang hinunterfloß.

Von Plinius dem Älteren, der zur selben Zeit lebte, stammt jene Geschichte, die später am häufigsten wiedererzählt wurde. Eine Gruppe phönizischer Kaufleute war auf dem Meer unterwegs und ankerte eines Nachts im Fluß Belus in der Nähe des Karmel-Bergs. Die Seeleute wollten nun auf dem Sand ihr Abendessen zubereiten und sahen sich nach ein paar Steinen um, auf die sie ihre Töpfe stellen konnten. Doch sie fanden keine. Deshalb nahmen sie aus ihrer Ladung einige Stücke Salpeter (ein Alkali, das damals zur Einbalsamierung der Toten benutzt wurde) und legte diese statt dessen in ihre Feuerstellen. Als der Salpeter sich erwärmte, schmolz er und fungierte als Schmelzmittel für den erhitzten Sand. Dieser veränderte darauf seine Gestalt, wurde flüssig und bildete kleine Pfützen. Am nächsten Morgen entdeckten die Seeleute, daß diese seltsamen Pfützen sich zu etwas Glänzendem, Festen verhärtet hatten. Experten bezweifeln heute, daß die Seeleute von Plinius ein derart heißes Feuer zu machen verstanden, das diese chemische Reaktion hätte bewirken können. Doch die Geschichte ist schön und lebt deshalb fort.

Nicht nur in überlieferten Geschichten, sondern auch in Kunstwerken wird nach den Anfängen der Glasherstellung geforscht. So verweist man häufig auf das Mesopotamien von 2500 v. Chr. Aus dieser Periode stammen kleine Glasobjekte, die wie Edelsteine aussehen. Tausend Jahre später (nach dieser Datierungsmethode) lernten Handwerker, geschmolzenes Glas in Metallformen zu gießen oder um einen Kern aus Dung und Ton herum zu formen. So entstanden die frühesten Fundstücke kunstvoll gestalteten Schmucks sowie Statuetten von Pharaonen und Göttern, aber auch verschiedene Vasen und Tassen werden auf 1500 v. Chr. datiert.

Die Glasbläserpfeife wurde dreißig oder fünfzig, dreihundert oder 2000 Jahre vor Christus erfunden. Auch hier differieren die Historiker ganz erheblich, oder sie rücken das Datum von vornherein ins Reich der unlösbaren Rätsel. Die früheste Schätzung basiert auf Zeichnungen in ägyptischen Gräbern, die um 2000 v. Chr. errichtet wurden. Die Zeichnungen sollen zur Zeit des Königs Sesostris I. entstanden sein. Auf ihnen sind Figuren zu sehen, vermutlich alte Thebaner, die geschmolzenes Glas aus einem Ofen holen und es mit langen Pfeifen zu Gefäßen blasen. Moderne

Experimente mit Keramikpfeifen haben ergeben, daß sie durchaus zum Glasblasen taugen. Es finden sich keine Belege dafür, daß das Glasgießen oder Glasblasen zu dieser Zeit geheimgehalten wurde. Was den Gebrauch angeht, so finden sich die widersprüchlichsten Hinweise. Einerseits soll Glas nur ornamental – zum persönlichen Schmuck oder als Opfergabe für sterbliche und unsterbliche Herrscher – benutzt, andererseits sollen nützliche Haushaltsgefäße daraus gemacht worden sein. Aber auch als eine Art Währung in Form von billigem Schmuck sei es in Umlauf gewesen. Und schließlich soll es gegossene Münzen gegeben haben, in die Hieroglyphen gestanzt waren und die als echtes Geld benutzt wurden.

All dies ist ebenfalls irgendwo zwischen Hypothese und Märchen anzusiedeln.

Im Jahre 31 v. Chr. eroberten die Römer Ägypten, und die Geschichte des Glases bekommt einen neuen Glanz. Einen Glanz, der uns besonders ins Auge sticht – vielleicht weil er uns merkwürdig bekannt vorkommt: den Glanz des Warenwerts. Anfangs begnügten die Römer sich damit, ihren neuen Untertanen diese unbekannten Gegenstände abzukaufen. Doch bald lernten sie, das Glas selber herzustellen und gründeten die ersten eigenen Glashütten. Und indem sie aus der Herstellung ein Gewerbe machten, nahmen sie dem Glas etwas von seiner geheimnisvollen Aura. Sie bliesen und gossen es zu Gebrauchsgegenständen wie Flaschen, Bechern, Vasen und Toilettenartikeln und schufen damit eine große Nachfrage.

Einer der Gründe, weswegen die Römer ein Interesse daran hatten, Glas zu einem notwendigen, fast gewöhnlichen Haushaltsartikel zu machen – und ihm nicht den Status von etwas wesenhaft Besonderem und Erhabenem beizumessen –, war ihre Sorge, ein kostbares Material, das sich massenhaft herstellen ließ, könne mit Gold konkurrieren, die Goldwährung des Imperiums bedrohen und mithin seine Macht untergraben. Ein weiterer Grund lautete schlicht: Je größer die Nachfrage, desto größer der Gewinn. Insofern war die Zerbrechlichkeit ein entscheidendes Merkmal des Glases: Sie sicherte den ständigen Bedarf an Nachschub. Bezeichnend ist die Geschichte von einem römischen Architekten, der die Formel für biegsames Glas entdeckte: wenn es zu Boden fiel, würde es eine Delle bekommen, aber nicht zerbrechen. Der Architekt brachte dem Kaiser Tiberius ein Muster dieses erstaunlichen Glases in der Erwartung, er werde für die Entdeckung belohnt. Nachdem Tiberius sich die speziellen Eigenschaften hatte vorführen lassen, fragte er besorgt, ob sonst noch jemand die magische Formel kenne. Der Mann versicherte stolz, er sei der einzige. Tiberius war erleichtert und ließ ihn auf der Stelle enthaupten.

Auch diese Geschichte ordnen die Geschichtsbücher der Legende zu:

Als die Hunnen an die Macht kamen – die barbarischen Hunnen, wie die Geschichtsbücher nicht müde werden zu betonen –, zerfiel das römische Imperium in zwei Hälften. Im Osten, das heißt im gesamten Byzantinischen Reich, überlebte die Glasherstellung, sie blühte und gedieh. Im Westen dagegen geriet das Wissen um sie in Vergessenheit und ging gänzlich verloren, um erst nach fast tausend Jahren neu entdeckt zu werden. Was bis zum Mittelalter dennoch an Glaswaren existierte, galt als seltener Luxusartikel und war dem Adel vorbehalten.

Seine Renaissance erlebte das Glas in Venedig, im elften, im 13. oder im 14. Jahrhundert. Die Historiker nennen unterschiedliche Daten. Auf jeden Fall waren die Glashütten um 1291 in der Stadt so zahlreich, daß sie eine ernste Brandgefahr darstellten und die Glasproduktion auf die Insel Murano ausgelagert wurde. Oder: Den Stadtoberen war so daran gelegen, ihr Glasmonopol aufrechtzuerhalten, daß sie eilig alle Produktionsmittel auf die abgelegene Insel Murano schafften. Welche Version auch der Wahrheit näher kommen mag, fest steht, daß um die Mitte des 15. Jahrhunderts die adligen Herren der Glasindustrie dem Stadtrat von Venedig einen Erlaß abringen konnten, der es den Glasarbeitern bei Todesstrafe untersagte, Murano zu verlassen oder die Geheimnisse ihres Handwerks einem Fremden zu verraten. Für ihre treuen Dienste wurde ihnen andererseits der Titel »Edelmann« verliehen; auch waren sie die einzigen Handwerker, denen es gestattet war, Töchter aus dem Adel zu heiraten, ohne daß deren Familien dadurch an Ansehen verloren.

Murano, eine Insel des Glases in der venetianischen Lagune. Genauer gesagt eine Reihe winziger Inseln, die durch Brücken miteinander verbunden waren. Dort standen die Glashütten und die Baracken der Arbeiter und waren umwoben vom Geheimnis des Ätherischen. Denn hier im Lichte der Adria wurde das Glas von neuem erschaffen, und diesmal als alchemistisches Wunder. Es kursierten Geschichten über die seltsamen Dinge, die auf Murano getrieben wurden: Männer zerstießen und schmolzen Edelsteine in einem magischen Prozeß und formten sie zu allen nur denkbaren Gegenständen, Farben und Größen. Rotes Glas aus Rubinen, grünes aus Smaragden und so weiter. Der einzige Edelstein, der sich einer Umformung widersetzte, war, so hieß es, der härteste von allen, der Diamant: Zu jener Zeit existierte noch kein durchsichtiges, farbloses Glas. Selbst fern von Murano erzählte man sich Wunderdinge über die Insel. Nach einer weitverbreiteten Geschichte soll ein Räuber ein farbiges Fenster aus einer Kirche gestohlen und ins Feuer gelegt haben, um es wieder in seine ursprüngliche Edelsteinform zurückzuschmelzen. Um so enttäuschter sei er dann über die schwarze, wertlose Masse gewesen, die schließlich übrigblieb. Marco Polo fand in Indien und China einen begierigen Markt für die falschen Juwelen aus Murano. Das Geheimnis dieser Insel leuchtete edel und kostbar, und die filigranen Gefäße, die auf Murano hergestellt wurden, bargen das Parfüm von Gräfinnen und das heilige Öl von Priestern.

Kurios ist allerdings folgende Tatsache: Obwohl die Venetianer ihre Glasgießereien auf einer Insel versteckt hatten und obwohl die Drohung, jeder Arbeiter, der nicht schweigen könne, werde getötet, absolut ernst gemeint war, stellte im 16. Jahrhundert fast das gesamte übrige Europa ebenfalls Glas her. Der Frage, wie diese sprunghafte Vermehrung zustande kam, begegnen die Historiker erstaunlich gleichgültig. Sie behandeln die Verbreitung des Glases fast schon mit Nachlässigkeit, so, als wäre sie unvermeidlich, gewissermaßen ein natürlicher Vorgang gewesen, als wäre das Geheimnis des Glases ein Stück Eis, das Murano, um es zu bewahren, mit seiner heißen Faust festzuhalten suchte.

Vielleicht. Vielleicht ist es tatsächlich eine natürliche Neigung der Menschheit oder der Zivilisation oder der Lenker der Zivilisation, Wissen zu horten, zurückzuhalten und zu verheimlichen – und vielleicht ist ein entgegengesetzter Impuls ebenso stark, denn immer wieder im Laufe der Geschichte sickern Geheimnisse durch, unbeirrbar und unaufhörlich.

### *Papier*

Papier wurde zuallererst von der Gattung der Vespidae erfunden, deren Mitglieder normalerweise als Wespen und Hornissen bekannt sind. Einige von ihnen bauen ihre Nester aus Lehm, doch die fortgeschrittenen bilden Nester aus Papier und sind im Englischen auch als »paper wasps«, als Papierwespen bekannt. Diese Wespen suchen sich Pflanzenmaterial und verrottetes oder zumindest verwittertes Holz, zerkauen es mit ihrem scharfen Kiefer, vermischen es mit Speichel und setzen es in kleinen Häufchen an der Stelle ab, wo sie bauen wollen – entweder versorgt ein morscher Baumstamm oder ein nahegelegenes Gebüsch oder ein Gartentor sie mit Rohmaterial. Sie gehen gemeinschaftlich und äußerst sorgfältig vor und konstruieren bemerkenswert stabile, elegante Nester. Manche produzieren sogar verschiedene Papiersorten: eine Art schwerer Pappe für die Außenwände, dünnes Pergament für die Waben und hin und wieder auch Streifen für Fenster, die durchsichtig wie Zwiebelhäute sind.

Die frühesten menschlichen Schreibunterlagen waren Tontafeln, Borke, Palmblätter und, seit mindestens dem vierten Jahrtausend v. Chr., Papyrus. Das Stengelmark dieser Staude wurde in sehr dünne Streifen geschnitten und zu zwei Schichten übereinandergepreßt, die aufgrund des stärkehaltigen Zellsafts fest miteinander verklebten. Getrocknet und poliert, wurden die Streifen zu langen Bahnen aneinandergeleimt. Bambus und Seide wurden seit dem sechsten beziehungsweise fünften Jahrhundert v. Chr. benutzt und Pergament und Velin, beides aus abgeschabten, getrockneten Tierhäuten hergestellt, seit dem zweiten vorchristlichen Jahrhundert. Doch erst im Jahre 105 n. Chr. fand ein menschliches Wesen heraus, wie man Papier nach Art der Wespen macht, und lernte so, was den Tieren angeboren ist. Dieser Mensch war Cai Lun, ein chinesischer Beamter am Hofe eines Han-Kaisers.

Cai Luns Papier bestand aus Maulbeerbaumrinde, Hanf, Lumpen und Fischernetzen. Er zerkleinerte alles, damit die Fasern sich voneinander lösten, verrührte es mit Wasser zu einem Brei und strich ihn zum Trocknen auf flache Tafeln. Was daraus entstand, waren dünne, trockene, relativ glatte Bögen, die aus zarten, ineinanderverwobenen oder verfilzten Fasern bestanden. In den fast zweitausend Jahren, die seitdem vergangen sind, haben die Papierhersteller mit einer unvorstellbaren Menge von Zutaten experimentiert, die die Fasern liefern sollten. Unter anderem waren das Kiefernzapfen, Kartoffeln, Disteln, Froschspucke, Sumpfgras, Zuckerrohr, Algen, Spargel, Maishülsen, Kohlstrünke, Bananen, Dung, geraspeltes Elfenbein, Brauereiabfälle, Fische und Staub. Dennoch hat sich über die Jahrhunderte die Methode Cai Luns und der Wespen im Grunde nicht geändert.

Nachdem Cai Lun seinem Kaiser diese Methode vorgetragen hatte, erklärte der chinesische Hof sie zum Staatsgeheimnis; damit blieb sie der Öffentlichkeit 500 Jahre lang verborgen. Irgendwann gelangte sie dann nach Japan, und zwar durch einen buddhistischen Mönch namens Dokyo, der ein enger Berater der Kaiserin Shotoku war. Auf Geheiß der Kaiserin wurde die erste Massenpublikation vorgenommen: eine Million handgedruckter Gebete auf Papier. Die Daten, die gemeinhin für diese Ereignisse angegeben werden, sind verwirrend: die Papierherstellung begann in Japan vermutlich um 610 oder 615 n. Chr., die eine Million Gebete wurden aber im Jahre 770 gedruckt.

Auf jeden Fall wurde Papier durch die Handelsbeziehungen Chinas mit Turkestan im siebten und achten Jahrhundert immer bekannter. Doch seine Herstellung blieb weiterhin ein Geheimnis, außer vielleicht in Japan. Keine andere Kultur lernte vor Mitte des achten Jahrhunderts, Papier zu erzeugen. Gelüftet wurde das Geheimnis schließlich im Jahre 751, als chinesische Soldaten, die die Stadt Samarkand angriffen, gefangengenommen wurden. Unter ihnen waren einige erfahrene Papiermacher, und die Sieger zwangen sie, eine Papiermühle zu bauen und zu betreiben. Von dort drang die Kenntnis allmählich nach Bagdad und Damaskus, nach Ägypten und Marokko, nach Spanien und Italien und so weiter. Es dauerte 500 Jahre, bis sie von Samarkand nach Europa gelangte, und dort faßte sie zunächst nur zögernd Fuß. Zum einen hielt man Papier für empfindlicher und teurer als Pergament, zum anderen betrachtete man es mit Mißtrauen, da Juden und Araber es eingeführt hatten.

Was als nächstes, nach den Gebeten, in Massen auf Papier gedruckt wurde, war Geld. Das älteste Papiergeld allerdings wurde weder massenhaft gedruckt noch als Währung benutzt. Es wurde im ersten Jahr nach Cai Luns Entdeckung ausschließlich zu symbolischen Zwecken hergestellt und Geist-Geld genannt. Außerdem gab es handgedrucktes Geist-Papier, das alle möglichen weltlichen Güter zu repräsentieren hatte: Hüte, Schuhe, Pferde, Wagen oder Schatztruhen mit silbernen Papierschlössern. Und beides, Geist-Geld und Geist-Papier, wurden bei chinesischen Beerdigungen *in effigie* verbrannt, auf daß die entweichenden Geister Glück und Reichtum mit in die andere Welt nähmen.

Gedrucktes Papiergeld, wie wir es kennen, tauchte in China um die Wende zum zehnten Jahrhundert auf. Es wurde fliegendes Geld genannt. Es war zweifellos beweglicher als metallene Münzen oder Schweine, Reis oder Stoffe. Ohne greifbare Verbindung schwebte es seltsam frei über den Gütern, die es repräsentierte. Es war Marco Polo, der im Jahre 1298, nach seinen Handelsreisen in den Orient, von diesem Phänomen, diesem Triumph der Abstraktion, berichtete: Geld war das erste gedruckte Papier, das ein europäischer Reisender je zu Gesicht bekam. Es dauerte jedoch vermutlich einige Zeit, bis die Papierwährung gänzlich dem Reich der Abstraktion zugeordnet wurde. Dazu gibt es ebenfalls eine Geschichte, und zwar über den Kaiser Hung Wu, der China von 1368 bis 1398 regierte. Hung Wu wünschte, das Geld solle auf entsprechend würdigem Papier gedruckt werden und dieses Papier müsse fälschungssicher sein. Einer seiner Ratgeber schlug vor, man solle die Herzen großer Dichter unter den üblichen Maulbeerrindenbrei mischen. Zum Glück beschied die Kaiserin, daß das Herz eines wahren Dichters in seinen Schriften zu finden sei, weshalb nur ihre Manuskripte, nicht ihre Organe für jene Mischung geeignet seien.

Auch als das Papier Eingang ins tägliche Leben fand (und es erwies sich schon bald als tauglich für alle möglichen Dinge, von Fensterscheiben über Schirme bis zu Toilettenpapier, das in China schon mindestens seit dem neunten Jahrhundert existiert), war es im Orient noch mit einer Aura umgeben. Seit seinem ersten Auftauchen war es mit dem heiligen Unbekannten verbunden. Daß auf den frühesten Bögen Sätze von Konfuzius gedruckt waren und daß das verbrannte Geist-Papier als Rauch Einzug in jene andere Welt hielt, war der angemessene Tribut an eine Kunst, die ohne Zweifel eine Gabe des Himmels war. Und wo die Historie der spirituellen Wahrheit keinen Raum läßt, wird sie sanft beiseite geschoben und ignoriert.

Im japanischen Echizen, das heute für seine Papierherstellung bekannt ist, wird die Geschichte einer Gottheit überliefert, die vor Urzeiten in der Gestalt einer Sterblichen an einem Flußufer erschien. Die Frau befestigte ein Stück ihres Kimonos an einem Bambusstab, tauchte ihn dann wie eine Art Sieb ins Wasser und schwenkte ihn hin und her, als forme sie einen Bogen Papier. Als die Dorfbewohner sie fragten, was sie da tue, erklärte sie, sie bringe ihnen bei, wie man Papier macht, damit sie von dieser Kunst leben könnten. Als sie sie nach ihrem Namen fragten, antwortete sie: »Mizuha-Nome-no-Mikoto« und verschwand. Mögen die Historiker von Cai Lun einerseits und von Dokyo und

Kaiserin Shotoku andererseits berichten – in Japan gibt es einen Shinto-Schrein, der der Göttin Mizuha-Nome-no-Mikoto gewidmet ist, der Gründerin der Papierproduktion in Echizen.

Wenngleich Papier im Westen nie ausdrücklich verehrt wurde, entwickelten die Menschen immerhin einen gewissen Respekt vor dem Produkt, als die Nachfrage im 17. Jahrhundert ständig stieg und das Papier zur Mangelware wurde. Das hing mit der wachsenden Bildung und dem Hunger nach dem gedruckten Wort zusammen. Nachdem das Papier der Verbreitung von Gebeten und Geld gedient hatte, erhielt es nun seine dritte wichtige Funktion: als Material für Lesestoff. Das erste gedruckte Buch, *Das Diamanten-Sutra*, erschien 868 in China. In Europa begann der Buchdruck Mitte des 15. Jahrhunderts mit der Gutenberg-Bibel und läutete die Ära eines relativ hohen Papierverbrauchs ein. Im 17. Jahrhundert erschienen auch die ersten regelmäßigen Zeitungen, was mit einer Verknappung der Rohstoffe einherging.

Abgesehen von der erwähnten imponierenden Liste von Rohmaterialien, mit denen Papierhersteller experimentierten, bildeten Baumwoll- und Leinenlumpen bis in die zweite Hälfte des 19. Jahrhunderts den Hauptbestandteil der meisten Papiersorten. Das Erscheinen von Zeitungen und Büchern, ja überhaupt von allem Gedruckten, hing daher in zunehmendem Maße von der Bereitschaft der Menschen ab, ihre alte Kleidung wiederverarbeiten zu lassen. Und Gedrucktes wiederum wurde um so beliebter, je mehr Dinge gedruckt in Umlauf kamen. Das heißt, die wachsende Bildung und das Erscheinen von immer mehr Zeitschriften würde so lange zu Rohstoffknappheit führen, wie die Hersteller nur Lumpen für die Papierfasern benutzten.

Der französische Biologe und Technologe René-Antoine Ferchault de Réaumur unterbreitete 1719 der königlich-französischen Académie des Sciences eine Alternative, die schließlich das Problem der Rohstoffe lösen und die moderne Papierproduktion einleiten sollte. Die Idee, so erklärte er der Akademie, sei ihm gekommen, als er einige Wespen beobachtete.

### *Kaffeebohnen*

Der Kaffee kam spät zu den Menschen, im fünften, im neunten oder elften Jahrhundert, und vor seinem Erscheinen hat niemand ihn vermißt oder sich erträumt. Als er dann aufkam, glaubten die Menschen, er sei eine Frucht des Teufels – bis sie davon kosteten und ihre Meinung änderten.

Die Menschen lernten ihn auf jeweils unterschiedliche Weise kennen: durch den Engel Gabriel oder einen kostbar gefiederten Vogel, einen vertriebenen Derwisch oder ein paar Ziegen.

Die Gabriel-Geschichte existiert in zwei Versionen. In der einen lehrte der Engel König Salomo, wie man Kaffee kocht, und zwar für die Einwohner einer Stadt, die allesamt an einer seltsamen Krankheit litten. Das Getränk heilte sie schließlich. Nach der anderen Version schickte der Engel einige Tropfen Kaffee aus dem Himmel zu Mohammed, der entweder krank oder zu müde zum Beten war.

Die Vogel-Geschichte erzählt, daß eines Tages ein prächtig gefiederter Singvogel irgendwo in der Nähe des Roten Meers auftauchte. Ein Mann entdeckte ihn und folgte ihm, als er langsam zu einem Baum mit weißen Blüten flog. Als der Mann den Baum erreichte, war der Vogel verschwunden, aber der heilige Mann sah die roten Früchte, die an dem Baum wuchsen. Daraus braute er eine Medizin, die kranke Pilger zu heilen vermochte.

Die Derwisch-Geschichte handelt von einem Geistlichen aus dem Jemen mit Namen Hadji Omer, der in die Wüste verbannt wurde, um dort elend zu verhungern. Doch er fand ein paar leuchtend rote Kirschen, die an kleinen Bäumen wuchsen, kochte und aß sie und begann sich wirbelnd zu drehen. Bürger der nahegelegenen Stadt Mokka kamen herbei, um ihm zuzusehen, und glaubten, sie seien Zeuge eines religiösen Ereignisses. Prompt sprachen sie den Derwisch und die Kaffeekirschen heilig. Laut einer abgewandelten Form benutzte Hadji Omer die Früchte, um die Städter von einer Seuche zu heilen, und aus Dankbarkeit erklärten sie die Pflanze für heilig.

Die letzte Geschichte ist die am häufigsten erzählte. Sie handelt von einem arabischen oder äthiopischen Ziegenhirten namens Kaldi, der seine Ziegen einmal recht nachlässig hütete. Als er sie plötzlich laut meckern hörte, ging er nachschauen, was passiert war. Seine gesamte Herde hüpfte und sprang wie verrückt auf den Hinterbeinen herum und naschte zwischendurch von einigen Büschen, an denen glänzende, tiefrote Beeren wuchsen. Kaldi pflückte ein paar, kaute sie, und bald tanzte auch er. In diesem Zustand fand ihn dann entweder ein Mullah, oder Kaldi selbst brachte einige Beeren zu einem Kloster. In beiden Fällen wurde Kaldi von einem Geistlichen erst dafür gescholten, daß er von einem Teufelsgebräu gekostet hatte. Dann probierte der Geistliche aber auch von den Beeren und hatte die Erleuchtung, daß sie ihm helfen könnten, bei seinen nächtlichen Gebeten wach zu bleiben.

Natürlich gibt es mehr als vier Geschichten oder Entdeckungsmythen. Man hat zahlreiche Hinweise auf den Ursprung von Kaffee gesichtet und darüber berichtet. So haben Gelehrte in verschiedenen Büchern der Bibel Anspielungen auf Kaffee entdecken wollen. Einige behaupten, Esau habe sein Erstgeburtsrecht nicht für ein Linsengericht an Jakob verkauft, sondern für eine Art Kaffeebrei. Andere glauben, das Manna, jenes Brot der Engel, sei keine Absonderung der Tamariske, wie die Überlieferung es will, sondern stamme vielmehr von einem Kaffeestrauch.

Der erste klare schriftliche Hinweis auf Kaffee geht entweder auf einen persischen Arzt des zehnten Jahrhunderts namens Rhazes oder auf den arabischen Arzt und Philosophen Avicenna aus dem elften Jahrhundert zurück. Die Historiker stimmen darin überein, daß Kaffee schon vorher in Äthiopien entdeckt und verwendet wurde. Er sei in dem alten Königreich Kaffa als wildwachsende Pflanze bekannt gewesen und sei die Hauptnahrung für die Nomadenkrieger des Galla-Stammes gewesen. Diese füllten Kugeln aus Tierfett mit gerösteten und zerkleinerten Kaffeebohnen und verpflegten sich damit auf der Jagd und bei räuberischen Streifzügen. Fast ebenso einhellig stimmen die Historiker darin überein, daß erst zu Anfang des ersten Jahrtausends mit dem Anbau von Kaffeepflanzen begonnen wurde, als arabische Händler die Pflanzen in den Jemen brachten.

Araber waren es auch, die dem Kaffee seinen Namen *qahwa* gaben. Und er ist ihm, in vielerlei Abwandlungen, durch die Jahrhunderte hindurch auf dem gesamten Globus geblieben. Seine Etymologie ist einigermaßen dunkel. Einige behaupten, das Wort *qahwa* sei noch vor der Entdekkung des Kaffees für Wein gebraucht worden. Das arabische Wort bedeutet: das Verlangen nach etwas nimmt ab. So wie Wein den Appetit auf feste Speisen verringert, mindert Kaffee das Bedürfnis nach Schlaf. Andere glauben, *qahwa* sei eine phonetische Abwandlung von Kaffa. Und wieder andere meinen, es sei mit dem arabischen Wort *quwwa* verwandt, das »Stärke« oder »Kraft« bedeutet, und spiele auf die belebende Wirkung von Kaffee an.

Die handelstüchtigen Araber machten aus dem Kaffee ein Geheimnis. Sie handelten zwar mit gekochten oder sonnengetrockneten (und deshalb nicht mehr keimfähigen) Kaffeebohnen, verboten jedoch, daß lebende Pflanzen über die Grenzen der muslimischen Welt gebracht wurden. So gelang es ihnen, mehrere Jahrhunderte lang das Monopol zu halten – sowohl über die Bohne selbst als auch über ihre Gewinnung.

Von Anfang an hielten die Menschen Kaffee nicht für ein beliebiges Nahrungsmittel. Es galt vielmehr als Hilfsmittel in spirituellen Dingen. Sufis benutzten ihn ähnlich wie Haschisch, nämlich um während ihrer nächtlichen Gebete in einen tranceähnlichen Zustand zu gelangen, der sie dem Göttlichen näher brachte. Und er galt als Medizin. Er reinigte die Haut, verlieh dem Körper einen angenehmen Geruch, unterdrückte Husten, vertrieb Windpocken und Masern, heilte Pellagra, Gicht und Pest und war ein Aphrodisiakum. Er galt als Symbol der Gastfreundschaft, diente zur Einleitung von Geschäften und war eine Ehebedingung (türkische Frauen konnten sich von ihren Männern scheiden lassen, wenn sie sie nicht mit der Bohne versorgten).

Um ihm all seine speziellen Eigenschaften zu entlocken – seien sie religiöser, stärkender oder sonstiger Natur –, probierten die Menschen die verschiedensten Rezepte aus. Sie zerkleinerten die Bohnen und machten einen Brei daraus. Sie zerstießen sie zu einer Paste, die sie mit Hammelfett vermischten. Sie droschen die getrockneten Früchte, vermischten das entstandene Mehl mit gesalzener Butter und buken Pfannkuchen. Sie ließen die Kirschen fermentieren und machten Wein. Sie weichten die Schalen ein und gewannen ein Getränk, das *kisher* genannt wurde. Sie weichten die Kerne oder die Bohnen ein und bereiteten ein Getränk namens *bounya*. Sie ließen die gesamte Frucht in Wasser ziehen, und es entstand eine Art Tee. Sie reichten die Frucht mit in Butter getunkten Datteln, mit Schokolade, mit kaltem Wasser, mit Honignougat, mit Sonnenblumenkernen und mit einem Schuß Alkohol. Und als sie sich erst mal auf eine Lieblingsmethode geeinigt hatten – die gerösteten und gemahlenen Bohnen wurden mit heißem Wasser überbrüht –, entwickelte jede Kultur daraus ihr eigenes charakteristisches Gebräu und verfeinerte es weiter. Die Araber fügten Safran hinzu, die Türken Nelken, Kardamon, Zimt und Sternanis, die Marokkaner Pfefferkörner und die Ägypter eine Prise Salz.

Von Anfang an spielte der Kaffee gewissermaßen auch politisch eine Rolle, zumindest waren säkulare ebenso wie religiöse Führer dieser Ansicht. Kaffee animierte die Menschen zur Geselligkeit. Er stand für Herzlichkeit, Wärme und Gastfreundschaft. Gasthäuser, in denen dieser Trank serviert wurde, wirkten magisch wie Wasserlöcher. Die Menschen kamen zu den *khaves* nicht nur, um Kaffee zu trinken, sondern auch, um andere Menschen zu treffen. Man saß draußen an Tischen, spielte Backgammon, Mancala oder Schach, hörte Musik, vereinbarte Geschäfte und redete. Reden war überhaupt die Beschäftigung, die die Kaffeehäuser vor allem anderen beförderten: sie bildeten fröhlich berauschende Zentren, in denen man zusammenkam, lehrte, Fragen stellte und bis spät in die Nacht weitschweifig tiefschürfende Debatten führte.

Diese Eigenschaft der *khaves* war es auch, die den Mächtigen schließlich Sorge bereitete. Obwohl Kaffee als der *Wein des Islams* galt, konnten sie ihn kaum, wie den echten Alkohol, aus religiösen Gründen verbieten, wenn selbst Mullahs, Derwische und Mönche ihn zu sich nahmen, um Kraft fürs Gebet zu sammeln. Alkohol beflügelte die Menschen zwar für eine kurze Weile, machte sie aber am Ende schlapp und schläfrig. Kaffee hingegen war viel gefährlicher, da er nur ihren Willen und ihren Tatendrang stärkte. Als die *khaves* schließlich beliebter wurden als Moscheen, griff die Obrigkeit eilig zu Gegenmaßnahmen. Um politische Gespräche zu unterbinden, postierte Schah Abbas von Persien Mullahs in den Kaffeehäusern, die das Gespräch auf die Themen Dichtung, Geschichte und Religion lenken sollten. Der Großwesir des Osmanischen Reichs, Kuprili, ließ die

Einrichtungen kurzerhand endgültig schließen. Und der Gouverneur Khair Beg von Mekka versuchte das Getränk zu verbieten, weil es die freie Rede förderte. In Mekka wurden die Kaffeehäuser 1511 verboten, in Kairo wurden sie 1534 zerstört und in Konstantinopel 1554 mit einem Erlaß für gesetzeswidrig erklärt.

Dann verlor die muslimische Welt die Kontrolle über den Kaffee. Um 1600 schmuggelte ein heiliger Mann namens Baba Budan sieben keimfähige Kaffeesamen aus Mekka nach Indien, in seinen Heimatstaat Karnataka. Holländische Händler kauften Kaffeepflanzen aus Karnataka und verbreiteten sie überall in ihren asiatischen Kolonien. Am berühmtesten wurden ihre Plantagen auf der indonesischen Insel Java und auf Ceylon. Als türkische Soldaten sich 1683 nach einer Belagerung Wiens zurückzogen, sollen sie bei ihrem überstürzten Aufbruch 500 Säcke mit einem eigenartigen schwarzen Trockenfutter zurückgelassen haben. Ein Mann, der einige Zeit in der Türkei verbracht hatte, erkannte, daß es sich um Kaffee handelte, mahlte die Bohnen, brühte sie auf und verkaufte das Getränk zum ersten Mal in Wien. Auf die eine oder andere Weise beschleunigte sich die Verbreitung des Kaffees in Europa. Solange die Araber den Markt beherrschten, blieb Kaffee in Europa eine Rarität – ein Luxusartikel, der fast ausschließlich am Hof und beim Adel bekannt war. Als er dann käuflich zu erwerben war, stürzte sich das gewöhnliche Volk darauf.

Zuerst wurde der Kaffee, vor allem in Italien, Frankreich und Österreich, von fliegenden Händlern verkauft. Beladen mit einer kunstvollen kupfernen Ausrüstung aus Tablett, Tasse und Teelöffel, zogen sie in den Städten durch gepflasterte und ungepflasterte Straßen, gingen von Tür zu Tür und verhökerten ihr Getränk. Den Kaffee kochten sie an Ort und Stelle über einer kleinen Spiritusflamme und verkauften dazu eingelegte Kirschen, Erdbeeren und Nüsse. Der eigentliche Aufstieg des Kaffees begann aber erst mit der Verbreitung von Kaffeehäusern um die Mitte des 17. Jahrhunderts. In Wien, London, Venedig, Marseille, Amsterdam, Paris und Hamburg schossen sie aus dem Boden und hatten dieselbe magische Wirkung wie davor in den arabischen Ländern: Es zog die Menschen an diese weltlichen Orte, wo man frei und offen reden konnte.

Die europäischen Herrscher waren genauso wenig entzückt über diese Wirkung wie ihre orientalischen Vorgänger, und in den folgenden zwei Jahrhunderten versuchten sie immer wieder, den Kaffeeverbrauch zu regulieren. Einer Geschichte zufolge soll die römisch-katholische Kirche ihn anfangs als muslimisches Getränk verdammt haben. Als Papst Clemens VIII. jedoch eines Tages davon probierte, mundete ihm das Getränk so gut, daß er statt dessen beschloß, es zu taufen. König Karl II. von England erließ 1675 eine Verordnung, daß alle Kaffeehäuser zu schließen hätten, da sie »Brutstätten des Aufruhrs« seien. Doch der öffentliche Aufschrei war so gewaltig, daß er den Befehl rückgängig machen mußte. König Gustav III. ließ das Getränk für illegal erklären und veranstaltete Razzien in den Gasthäusern. Friedrich der Große versuchte den Kaffee in Preußen zu verbieten, da die Ausgaben für importierten Kaffee die für das heimische Bier überstiegen. Er schickte Trupps von *Kaffeeschnüfflern* los, die buchstäblich zu erschnüffeln hatten, wo das verbotene Getränk gebraut wurde. Doch all diese Maßnahmen fruchteten nichts, die Menschen kamen trotzdem an ihren Kaffee. Durch die Hafenstädte zogen knirschend und krummbeinig Schmuggler in hüfthohen Wasserstiefeln, die bis obenhin voller Kaffeebohnen steckten.

In England wurden die Kaffeehäuser auch Penny-Universitäten genannt, weil man für einen Cent Eintritt den ganzen Tag dort sitzen und bei Gelehrten, Kaufleuten, Reisenden, politischen Führern, Klatschmäulern und Dichtern Erbauung fand. In vielen Kaffeehäusern standen für die Gäste, die lesen konnten, auch Zeitungen zur Verfügung, die zu der Zeit noch etwas völlig Neues waren. Die Idee eines unkontrollierten Nachrichtenflusses war damals höchst radikal und mindestens ebenso anregend wie das Koffein. Überall dort, wohin der Kaffee gelangte, schienen ihm der freie Gedanke und das ungehinderte Gespräch zu folgen. Überall dort, wo der Kaffee verboten war, schien er unbekümmert zu fließen. Doch einen Ort gab es, den der Kaffee noch erobern mußte.

Wenn sie das Kaffeetrinken schon nicht in ihren Mutterländern einschränken konnten, so beschlossen die europäischen Herrscher, dann sollten sie zumindest in der Lage sein, es in ihren Kolonien zu reglementieren. Und genauso wie die Araber zu verhindern gesucht hatten, daß jemals eine *coffea*-Pflanze in der Erde ihrer europäischen Kunden Wurzeln schlug, setzten die Europäer alles daran zu verhindern, daß sie in der Neuen Welt wuchs. Zwei Liebesaffären vereitelten ihre Pläne.

Im Jahre 1723, vielleicht auch schon 1714 oder 1717, war Gabriel Mathieu de Clieu, ein Kapitän der auf Martinique stationierten französischen Infanterie, auf Heimaturlaub. Er hatte ein romantisches Verhältnis mit einer Dame des französischen Hofs, und mit ihrer Hilfe und der unziemlichen Unterstützung des königlichen Leibarztes schlich sich de Clieu eines Nachts in das Gewächshaus im Jardin des Plantes und stibitzte drei Ableger eines Kaffeebaumes, den der Bürgermeister von Amsterdam König Ludwig XIV. zum Geschenk gemacht hatte. Die gestohlenen Ableger schmuggelte er auf das Schiff, das ihn nach seinem Urlaub wieder in die Karibik bringen sollte. Die Seereise dauerte jedoch länger als erwartet, und zwei Ableger vertrockneten unterwegs; de Clieu teilte seine Trinkwasserrationen mit dem dritten, der überlebte. Auf Martinique versteckte er die Pflanze zwischen Dornbüschen in seinem Garten. Vier Jahre später erntete er zwei Pfund Bohnen. Von dieser einen Pflanze stammt aller Kaffee, der heute in Mittelamerika wächst.

Die andere Geschichte handelt von dem brasilianischen Oberstleutnant Francisco de Melo Palheta. 1722 oder 1727 begegnete er auf einer Reise der Gattin des Gouverneurs von Französisch-Guayana und begann eine Affäre mit ihr. Als sie öffentlich voneinander Abschied nahmen, überreichte sie ihm in aller diplomatischen Anmut einen kunstvoll arrangierten gewaltigen Blumenstrauß. Zwischen leuchtenden Blüten und Zweigen waren Stecklinge und Samen von Kaffeepflanzen verborgen. In Brasilien wurden daraus schließlich Hunderte Millionen von Bäumen, die heute weltweit den Löwenanteil der Kaffeeproduktion stellen.

Die Historiker sind sich nicht einig darüber, ob die beiden Liebhaber-Räuber tatsächlich leidenschaftliche Liebesaffären mit den Frauen hatten, die ihnen Zugang zum Kaffee verschafften. Die überlieferten Geschichten setzen jeweils etwas unterschiedliche Akzente, die einen entwerfen ein Szenario kaltherziger Verführung und Eroberung, die anderen vermuten echte zärtliche Gefühle und aufrichtigen Abschiedsschmerz. Nach einer Version handelt es sich im Grunde um eine Liebesaffäre mit Frankreich: Danach war de Clieu ein radikaler Patriot, der sein Land von den horrenden Preisen des ostindischen Kaffeemarkts unabhängig machte. In keiner Version taucht übrigens der Name der beiden Frauen auf, und da ihnen damals keine Aufmerksamkeit geschenkt wurde, werden sie wohl weiter ein Geheimnis bleiben. Doch was für einfallsreiche, kostbare Liebesgaben haben diese zwei Frauen überreicht! Gaben voller Anspielungen: Samen, die fruchtbar sind, die sich über sahnig weiße Blüten und leuchtend rote Früchte selber erneuern – und dies jahrein, jahraus im Einklang mit den Jahreszeiten, so, als würden sie wie lebende Uhren jede einzelne Stunde anzeigen, die verging, seit die Liebenden voneinander schieden.

Einiges von all dem ist mit ziemlicher Wahrscheinlichkeit wahr.

*

Römische Eroberer, chinesische Kriegsgefangene, Türken, die bei ihrem fluchtartigen Rückzug Vorräte zurücklassen. Seeleute, die an einem Ufer kochen, Herzen, die mit Maulbeerbaumrinde vermischt werden, ein päpstlicher Segen, der einem heißen, bitteren Trank gilt. Namen, die fehlen, widersprüchliche Etymologien. Biblische Geschichten, die nie in Druck gelangen. Versprengte Fragmente, die sich munter an den ausgefransten Rändern von Geographie und Zeit tummeln.

Es bereitet stets ungewöhnliches Vergnügen, wenn in schriftlich überlieferter Geschichte Unstimmigkeiten auftauchen. In der Tat ist es nicht eigentlich ärgerlich oder verwirrend, sondern eher so, als würden die Wolken am Himmel aufreißen, und die Sonne schiene durch. All jene Orte, an denen die Zeitlinie sich in sich selbst zu krümmen, sich zu zerfransen oder zu verknoten scheint, all die verkoppelten Mosaiksteinchen, die auf bizarre Weise nicht zueinander passen, die die Geschichte anhalten, sie durcheinanderwirbeln oder Löcher hinterlassen: sie alle sind wie kleine Geschenke, wie helles Geflüster, das über einer größeren verborgenen Geschichte erklingt, jener Geschichte der Vermutungen, der Rätsel und der Sehnsüchte, der Geschichte unseres unzulänglichen Tastens.

Geschichte streicht Geschichte durch. Fakten ersetzen Fiktion, und indem sie das tun, stellen sie ihre eigene Gewißheit in Frage. Dennoch verlangen wir danach.

Die Samtkordeln werden entwirrt und geglättet. Wir fassen wieder fest zu, denn lieber lassen wir uns von Apokryphen leiten, als daß wir gänzlich ohne Geschichten voranschritten.

Wenn wir heute »Glas« sagen, meinen wir ebenso häufig etwas, woraus man trinkt, wie das zähflüssige Material als solches. Trinkgläser wiederum haben selber eine lange, symbolische Geschichte, sie sind Zentren gesellschaftlicher Bedeutung. Als gläserne Trinkgefäße sich in Europa zu verbreiten begannen und allmählich Tassen aus Holz und Ton oder Pokale aus Metall ersetzten, entwickelten sich Rituale um ihren Gebrauch, die ihren geselligen Charakter verdeutlichen. Gläser waren etwas, das miteinander geteilt und wie Friedenspfeifen herumgereicht wurde. Wer aus ihnen trank, löschte nicht nur seinen Durst, sondern berührte mit seinen Lippen auch eine alle verbindende Oberfläche.

Heute haben wir uns von diesem Brauch verabschiedet, wir lassen unsere Gläser aneinanderklingen, bevor wir trinken, und verbinden die Gefäße so symbolisch miteinander. Auch die Form unserer Gläser entspricht heute einem gesitteteren Gebrauch als früher. Neuzeitliche Gläser haben einen flachen Boden, der es erlaubt, sie zwischen zwei Schlucken abzusetzen. Ältere Gläser stellten schon durch ihre Gestaltung eine Herausforderung dar. Fränkische Gläser hatten kugelartige Böden, die absichtlich so geformt waren, damit man sie nicht abstellen konnte, bevor sie geleert waren. Venetianische Gläser aus dem 16. Jahrhundert waren glockenförmig und konnten ebenso nur verkehrt herum auf den Tisch gestellt werden. Metergläser, die wegen ihrer Länge so hießen, hatten gerundete Böden, und Trinkhörner endeten in einer Spitze: Beide ließen sich gefüllt nicht absetzen. Selbst Gefäße mit flachem Boden wurden gelegentlich ihrer Standfestigkeit beraubt: Bei besonders wüsten Gelagen am britischen Hof brachen die Beteiligten einfach die Stiele ab, damit die Gläser auch in gebührender Eile geleert wurden.

Der Toast hat seinen Namen von dem Stück gerösteten Brot, das unten in einem Trinkglas zu schwimmen pflegte. Nachdem das Glas die Runde gemacht und alle Gäste davon getrunken hatten, mußte der Gastgeber den weindurchtränkten Rest verzehren. Als die Menschen anfingen, aus separaten Tassen zu trinken, wurde dem Toastmeister seine Pflicht erleichtert. Er benutzte ein besonderes Glas mit etwas dickeren Wänden und dickerem Boden, damit er nach jedem Toast sein Glas ordentlich leeren konnte, ohne allzu betrunken zu werden. Später wurden »feuchte Gläser« für das Ausbringen von Toasts beliebt. Sie besaßen einen dicken, stabilen Fuß, und wenn die Leute sie beifällig auf den Tisch knallen ließen, klang es wie die Salven aus einer Flinte.

Es wurden alle möglichen Gläserformen entwickelt, die angeblich jeweils einem bestimmten Zweck dienten, das heißt für unterschiedliche Getränke und Gelegenheiten vorgesehen waren. Es gab Gläser, die wie Eimer geformt waren, und solche in Glockenform, Gläser mit Distel- oder Trompetenschalen, mit Pilz- oder Eichelnoppen oder Säulenreliefs und solche, die wie Granatapfelblüten gestaltet waren. Daraus entwickelten sich dann später all die Kognakschwenker und Sektschalen, Stamper und Tulpen, Humpen und Seidel, Kelche und Flöten, Bierkugeln und Altbierstangen – und jede Form natürlich ganz eigen in ihrer Art. Ach ja, wir lieben Dinge!

Glas wurde gepriesen wegen des *Pling!*, wegen seiner Transparenz, seiner Zerbrechlichkeit, seiner Fehler. Sein Klang ist sein Panier. Ein Glas klingt nicht nur, wenn es wie beim Toast gegen ein anderes stößt und wenn man mit einem Löffel dagegenschlägt, um Aufmerksamkeit zu erbitten, sondern auch, wenn man mit einem feuchten Finger über seinen Rand fährt. Mit unterschiedlichen Mengen von Flüssigkeit gefüllt, produzieren Gläser unterschiedlich hohe Töne, und einer genügenden Anzahl Gläser lassen sich sogar Melodien entlocken. Solch ein Instrument ist als Glasharfe bekannt.

In der Transparenz findet das Glas seine höchste Vollendung, und an ihr mißt sich die Fähigkeit des Menschen, die Natur zu überbieten. Man hat sich denn auch sehr lange um die Herstellung von absolut klarem, farblosem Glas bemüht. Die Böhmen suchten Verfärbungen durch die Beigabe verschiedener Mengen von Kalkstein zu beseitigen, und die Venezianer stellten tatsächlich ein farbloses Glas her, das sie *cristallo* nannten. Doch gewöhnlich wird in diesem Zusammenhang ein gewisser George Ravenscroft genannt. Er war es, der 1675 in London zufällig auf das eigentliche Rezept für wirklich klares, farbloses »Bleikristall«-Glas stieß. Er ließ es sofort patentieren. Allerdings waren kunstvoll geätzte und farbige Weingläser – amethystfarben, bernsteinfarben, rubinrot, kobaltblau, rauchbraun, milchweiß und grün – noch die gesamte viktorianische Zeit hindurch beliebt, nicht zuletzt deshalb, weil sich so die trübe Färbung minderwertigen Weins und all die fragwürdigen Substanzen, die sich in einem Getränk tummeln mochten, ganz prächtig tarnen ließen. Doch seither sind die Ästheten sich einig, daß vollkommenes Glas sich allein durch einfache Linienführung und äußerste, aseptische, unverfälschte Klarheit auszeichnet.

Zerbrechlichkeit ist das große Kapital von Glas. Weil es vergänglich ist, hat noch der dürftigste Fabrikbecher etwas von der besonderen Aura des Glases. Im Laufe der Jahrhunderte haben Wissenschaftler verschiedene Methoden entwickelt, die Glas haltbarer, widerstandsfähiger, sogar elastischer machen. Heute kann man Glas produzieren, das einen Fall aus mehreren Metern Höhe auf einen Betonfußboden, große Temperaturunterschiede und selbst Pistolenkugeln übersteht. Doch noch immer bevorzugen wir jene Trinkgefäße, die aus dem zarteren Material bestehen, die schlank und geschwungen sind, in denen sich das Licht bricht und die sofort zerspringen, wenn man sie etwas zu schwungvoll in den Ausguß stellt. Seit dem 18. Jahrhundert wurde diese Eigenschaft des Glases mit dem Brauch gefeiert, daß man sein Glas nach einem Toast auf den Boden oder ins Feuer schleuderte, damit dasselbe Glas kein zweites Mal, bei einer anderen Gelegenheit, benutzt werden konnte, was den Glanz des ersten Mals gemindert hätte. Erst seine Zerstörung besiegelt sein Ansehen.

Fehler sind das süßeste Geheimnis von Glas, sein bezauberndster Charme. Sei es, daß sich ein Gegenstand dadurch historisch genau datieren läßt, oder sei es nur, daß Fehler für die List des Glases sprechen, sich dem, was wie ein Naturgesetz scheint, zu widersetzen. »Crizzeln« ist eine Glaskrankheit, bei der das Bleioxyd mit der Zeit opak wird. Sie taucht ausschließlich bei Glas auf, das aus den fünf Jahren der Erfindung von Bleikristall und dem Zeitpunkt entstand, da George Ravenscroft die richtigen Mengenanteile herausfand. Heute ist *Crizzle*-Glas bei Sammlern hochbegehrt. Ein Bläschen oder eine Glasträne, die in einem Stück Glas eingeschlossen ist, nennen Glasmacher eine Luftblase. Auch das ist eine Unvollkommenheit, und die Hersteller haben alles Mögliche versucht, um die Tränen loszuwerden. Unter anderem wurde eine Zeitlang eine Kartoffel in den Glassatz geworfen (durch die Erhitzung würde die Kartoffel Dampf entwickeln, und gleichzeitig sollte alles Glas, das in dem Satz eingeschlossen war, mit entweichen). Die Tränen stellen aber auch eine Art visuelles Paradox dar. Die Sauerstoffstrudel, die in der Ummantelung aus erstarrter Flüssigkeit gefangen sind, haben eine seltsam fesselnde Schönheit und werden häufig absichtlich ins Glas geblasen. Ein weiterer Mangel von Glas ist seine Veränderlichkeit: Alte Fensterscheiben werden wellig und müssen ersetzt werden – aber selbst diese Schwäche hat ihren Reiz. Schaut man durch solch eine Scheibe, indem man den Kopf hin und her bewegt, dann riffelt und krümmt sich die Welt, und man hat nicht nur das Vergehen der Zeit vor Augen, sondern auch eines der unwahrscheinlichen Meisterstücke von Glas.

Mindestens ebensoviel Bedeutung wie seinem praktischen Nutzen haben die Menschen der bildhaften Kraft von Glas beigemessen. Wir haben es in seinen spirituellen Formen bestaunt: als in Buntglas verewigte religiöse Erzählungen, als schützende Amulette, als wahrsagende Kristallkugeln, als die hohlen, getüpfelten Nailsea-Zauberkugeln, die man in Westengland in die Fenster hängte, um sich vor bösem Zauber zu schützen. Zudem haben die Menschen durchaus die Chancen begriffen, die in der Kommerzialisierung dieser geheimnisvollen Eigenschaften lagen – die Engländer haben sie zügig bei der Kolonialisierung der Neuen Welt genutzt.

Bei ihrer allerersten Jamestown-Operation schickte die London Company 1607 acht holländische und polnische Glasarbeiter mit auf die Reise. Diese Männer gründeten Amerikas ersten Manufakturbetrieb – eine Glashütte im Wald knapp zwei Kilometer außerhalb der Hauptsiedlung. Die einen behaupten, dieser Ort sei gewählt worden, damit die Häuser der Siedler nicht zerstört würden, falls die Glashütte Feuer finge. Andere halten dagegen und meinen, es spreche nicht gerade für vernünftige Sicherheitsmaßnahmen, wenn man eine potentielle Brandgefahr mitten in Quadratkilometer von Brennmaterial setzt. Sie behaupten, die Glashütte habe einzig und allein deshalb so abseits gelegen, damit sie geheim blieb.

Es trifft zu, daß die Glasmacher in jenem Haus in den Wäldern Virginias nicht nur Flaschen und Flakons und dikkes, trübes Fensterglas herstellten, sondern auch Perlen. Und ebenso zutreffend ist, daß die Perlen für den Handel mit jenen Menschen benutzt wurden, die die Siedler als Indianer bezeichneten, und daß diese Indianer bereitwillig warme, schwere Tierhäute und Felle, Hülsenfrüchte und Truthühner gegen jene kleinen Glasperlen eintauschten. So als hätten diese Perlen irgendeinen praktischen Wert, als wären sie ein echtes, gebräuchliches Zahlungsmittel. Weiterhin trifft zu, daß die Glasarbeiter Anweisung hatten, den Indianern nicht zu verraten, woher diese Perlen kamen und wie sie gemacht wurden. Außerdem sollten sie darauf achten, daß nicht zu viele Perlen produziert wurden, weil Überfluß ihren Wert gemindert hätte.

Die Glasherstellung blieb eine seltene und gesuchte Kunstfertigkeit. Noch gegen Ende des 19. Jahrhunderts lockte Amerika fast alle seine Glasarbeiter mit bezahlten Überfahrten und, nach ihrer Ankunft, mit vergleichbaren Löhnen aus Deutschland, Italien, Frankreich, Belgien und England weg. Aus Betriebsunterlagen ist ersichtlich, daß die Lohnkosten das ganze 19. Jahrhundert hindurch tatsächlich 50 Prozent des Gesamtumsatzes ausmachten, und da die Glasmacher nicht bereit waren, ihre Kenntnisse weiterzugeben, mußten die Betriebe ständig neue Arbeiter aus dem Ausland anwerben. Der Konkurrenzkampf der amerikanischen Glashütten um die Arbeiter war überaus heftig. Es kam durchaus vor, daß ein Betrieb einen europäischen Arbeiter angeheuert und ihm die Überfahrt bezahlt hatte, den bei seiner Ankunft die Leute der Konkurrenzfirma an den Docks abspenstig machten. Schamlos holten sich Firmenchefs die Arbeiter direkt aus den Glashütten der Konkurrenz, die natürlich schäumte und sich zur Anhebung der Löhne gezwungen sah. Die Arbeit in den Glashütten war in verschiedene spezialisierte Tätigkeiten unterteilt: Bläser, Fertigbearbeiter, Strecker und Formenpresser verdienten alle sehr gutes Geld im Vergleich zu anderen gelernten Handwerkern jener Zeit, wie etwa Malern, Holzschnitzern, Hufschmieden, Möbeltischlern, Lederzuschneidern, Maschinisten oder Messerschmieden, und ihre Löhne überstiegen die gewöhnlicher Arbeiter um das Dreifache. Ausheber und Gießer verdienten etwas weniger als andere Glasarbeiter, aber alle profitierten sie vom Prestige der Glasproduktion.

Bis zum Ende des Jahrhunderts reichten Väter Glashütten an Söhne weiter, die Kenntnisse blieben auf wenige beschränkt und die kostbaren Geheimnisse gewahrt. Kontinuität überwog Innovationen. Es gab kaum Fremde, die sich Eingang in dieses Gewerbe zu verschaffen suchten. Die Glasarbeiter hatten ihre Welt erfolgreich abgeschottet, denn es war ihnen gelungen, den Eindruck zu erwecken, nur jemand mit der richtigen Erfahrung, wenn nicht gar den richtigen Genen könne wirklich Glas herstellen. Auch innerhalb der Glashütten spielten Experimente eine verschwindende Rolle, denn radikale Neuerungen hätten eine Bedrohung für die alten, gut gehüteten Techniken dargestellt und mit der Vorstellung aufgeräumt, das Geheimnis des Glases sei Außenstehenden nicht zugänglich.

Glas wurde mittlerweile überall gebraucht: für die Küche, für Fenster, für Kerosinlampen und später für Glühbirnen, für Brillen und für Medizinfläschchen; dennoch hatte es seine geheimnisvolle Aura nicht ganz verloren. Viktorianische Damen führten hauchzarte Glaseier mit sich, um sich beim Tanzen oder wenn ihnen der Hof gemacht wurde, die Handflächen zu kühlen. Man sammelte Glasgegenstände wie Briefbeschwerer und winzige durchsichtige, bemalte Figürchen – Tiere, Trompeten, Schirme, Glocken, Spazierstöcke, Bowlerhüte oder Dorfpumpen mit dazugehörigen kleinen Glaseimerchen. Auf der Weltausstellung in Chicago 1892 hatte eine Musterfabrik, die von der Libbey Company aufgestellt worden war, ungeheuren Zulauf. Die Besucher konnten zusehen, wie Glas geblasen wurde, und jeder erhielt am Schluß einen kleinen Glasbogen, der auf einer Krawattennadel steckte. Es gab auch ein ganz aus Glasgespinst gefertigtes Kleid zu besichtigen, von dem eine Besucherin, die Prinzessin Eulalie von Spanien, derart hingerissen war, daß sie ein ebensolches zu besitzen wünschte. Um dieses Kleid aus Glasgespinst der spanischen Infantin hat es viel Spektakel gegeben. Im ganzen Land verbreitete sich das Gerücht vom Glaspavillon auf der Weltausstellung, der Verkauf schnellte in die Höhe. Glas hatte nicht nur teil an der Welt der Massenproduktion und des Massenverbrauchs, sondern auch an der Welt erbaulicher, unnachahmlicher Schönheit.

Dann kamen die Maschinen. Es hatte sie schon eine geraume Zeit gegeben – halbautomatische Maschinen, handbetriebene Maschinen, Maschinen, die nur klobigste, anspruchsloseste Waren herstellten, aber auch sie waren auf erfahrene Arbeiter angewiesen, die darüber wachten, wie die Aushübe von geschmolzenem Glas gepreßt oder in Hohlformen geblasen wurden. Und so war die zwei-, drei-, vier- oder fünftausend Jahre alte Glasbläserpfeife um die Jahrhundertwende immer noch ein unentbehrliches Werkzeug, und waren es wie eh und je Lungen und Lippen sowie die Seelenlage menschlicher Arbeiter, die jenes Werkzeug handhabten. Doch schließlich kamen die Maschinen, eine nach der anderen, und wurden den erfahrenen Glasarbeitern zum Verhängnis.

Für ihre bislang so privilegierte Stellung hatten die Arbeiter einen bitteren Tribut zu zahlen: Immer stärker sahen sie sich den wachsenden Anforderungen der Industrie und ihren harten Arbeitsbedingungen unterworfen. Nahezu das gesamte 19. Jahrhundert hindurch war es üblich, daß Glasarbeiter sechs Tage in der Woche zehn Stunden lang in mangelhaft durchlüfteten Fabriken arbeiteten, die ihr Licht fast ausschließlich aus den feurigen Öffnungen der Brennöfen bekamen. Meist wohnten die Beschäftigten in werkseigenen Dörfern, in denen die Arbeiter das Sagen hatten, und wurden bis kurz vor der Jahrhundertwende in Gutscheinen bezahlt, die nur in einem Werksladen eingelöst werden konnten. Gewerkschaften und Bruderschaften entstanden und verschwanden wieder, bis im Jahre 1878 die American Flint Glass Workers' Union of North America gegründet wurde. Sie existiert bis heute, aber die Tätigkeitsbereiche der gegenwärtigen Mitglieder haben kaum noch Ähnlichkeit mit jenen ihrer Vorgänger. Als die AFGWU entstand, war es schon zu spät für die Bewahrung oder Erneuerung des alten Prestiges der Glasarbeiter und ihrer überlieferten Kunst. Die Zeit der kniffligen, vertrauensvollen Aufgaben des Mischens und Aushebens, des Formens und Blasens war endgültig vorbei.

Langsam, aber sicher rückten die Maschinen vor und machten das überlieferte Expertentum überflüssig. Die Gewerkschaftsmitglieder waren erfahrene Handwerker – Nachfahren jener Handarbeiter, die als einzige einst Töchter des Adels hatten heiraten dürfen, Nachfahren auch jener Emigranten, die von Glashüttenbesitzern umworben und über den Ozean gelockt worden waren, die zwei- oder dreimal soviel verdient hatten wie gewöhnliche Arbeiter und die für eine spanische Infantin ein gläsernes Kleid gewoben hatten. Diese Gewerkschaftsmitglieder leisteten anfangs Widerstand und lehnten es ab, die neue Technologie zu benutzen. Doch ihre Geheimnisse waren von menschlichen Hirnen auf Maschinen übergegangen, und diese Maschinen brauchten ihre Hände nicht mehr. Sie tukkerten einfach weiter, wessen Hände sie auch bedienen mochten, ebenso wie die Zeit systematisch ins neue Jahrhundert vorrückte, in welchem Maschinen erfunden werden sollten, die, da die Produktion mit immer weniger Arbeitsstunden auskam, noch mehr Zeit sparten, die sich in noch mehr Dollars verwandeln ließ. Und diese Maschinen erhielten Namen: da war die »Drei-Mann-zwei-Jungs-Maschine«, welche der »Zwei-Mann-zwei-Jungs-Maschine« wich, bis dann die »Ein-Mann-ein-Junge-« und schließlich die »Ein-Mann-kein-Junge-Maschine« kam. Es gab niemanden unter den Betroffenen, der nicht begriffen hätte, wohin das führte. Als 1917 eine neue Maschine eingeführt wurde, die Flaschen herstellte, hieß sie in trauriger Schlichtheit die *No-boy*, die »Kein-Junge«.

### *Papier*

Wenn man heute im Englischen *paper* sagt, meint man damit ebenso häufig die Zeitung wie alle möglichen sonstigen Papiere. In gewisser Weise gibt es schon sehr lange Zeitungen, mindestens seit dem ersten nachchristlichen Jahrhundert, als die Römer öffentliche »Nachrichtenblätter« aushängten. Allerdings sind sowohl der Hunger auf Nachrichten als auch ihre Zirkulation sicherlich älter als Papier und Schrift, vielleicht sogar älter als die Sprache. Historisch gesehen war es wohl der Handel, der den

Neuigkeiten quasi als Wirtskörper und als Vehikel für ihre Verbreitung diente. Dabei wird der Handel das Wesentliche und das Überbringen von Nachrichten nur ein Nebenprodukt gewesen sein. Die Süßkartoffel und die Muschelketten, die Häute und die Gewehre, der Rum und die Tulpengläser waren die Waren, das, was einen Wert besaß, der Grund der Reise. Insofern bei diesem Prozeß auch Nachrichten transportiert wurden, war das kein Handelsziel, sondern geschah zufällig. Die Rituale der Gastfreundschaft in den alten Kulturen erzählen jedoch eine andere Geschichte vom Wert der Nachricht: Ihre Besonderheit bestand darin, daß sie nur im Austausch existierte, nur in der gemeinsamen Teilhabe, die beide, den Überbringer und den Empfänger, befriedigte.

In unendlich vielen Märchen wird der von der Reise müde Fremdling stets willkommen geheißen werden, ihm wird Brot und Wein und ein Platz am Herdfeuer angeboten. Langsam trocknet das Haar des Fremden, er legt seinen schäbigen Umhang ab, die Farbe kehrt in Stirn und Wangen zurück. Der Fremde ist ein Gott, ein Prinz oder ein Weiser. Und den Taschen oder den Lippen des Fremden entströmt nun die Gegengabe. Freundlichkeit wird mit Gold und Seide, mit Zauberkunst und Neuigkeiten vergolten. Die ganze Nacht lang sitzt der Fremde am flackernden Feuer und dankt die genossene Gastfreundschaft mit Versen. In Mythen, Parabeln, Legenden und Volkssagen kehrt diese Geschichte mit der stillen Inbrunst eines Gebets wieder.

Das Bedürfnis nach Nachrichten ist das Bedürfnis nach wahren Geschichten, nach miteinander verknüpften Bildern, die sich zu einer umfassenden, lebendigen Schilderung zusammenfügen und als Ganzes unsere Welt erhellen, auf daß wir besser begreifen, was es heißt, darin zu leben. Es ist auch das Bedürfnis nach Gemeinsamkeit, nach Solidarität, nach Übereinstimmung unserer Ansichten, auf daß wir dieselben Vorstellungen teilen, dieselbe Sprache sprechen und weniger einsam sind. Es ist nicht zuletzt das Bedürfnis nach Macht – dieser Aspekt von Nachrichten ist allerdings Produkt ihrer Rationierung, ihrer sorgfältigen Portionierung und Überwachung, ihrer Unterschlagung und Entstellung. In diesem Bereich kann man Nachrichten kaufen und verkaufen und mit ihnen feilschen. Hier überschreiten sie die Grenze zur Ware. Sie sind hier nicht mehr Nachrichten im eigentlichen Sinne, sondern verwandeln sich in Geheimnisse. Traditionellerweise waren Nachrichten frei, sie ließen sich nicht abmessen, nicht mit Preis oder mit Eigentum in Verbindung bringen.

Vor der Entwicklung von Papier und Druckgewerbe wurden Nachrichten mündlich weitergegeben. Sie wurden an Brunnen, in Kaffeehäusern, in Häfen, auf Marktplätzen weitergereicht, überall dort, wo Menschen zusammenkamen. Frühe Gesellschaften haben spezielle Rollen für ihre Überbringer geschaffen: sie waren Barden in Indien, Griots in Westafrika, Ausrufer in Vietnam, Zigeunermusiker in Marokko und königliche Boten in Europa. Sie alle berichteten von besonderen Vorfällen und Begebenheiten. Wer die Kontrolle über solche Boten besaß, konnte eine gewisse Macht über die Verteilung von Nachrichten ausüben, aber anders als Silber oder Reis oder selbst Wasser waren Nachrichten schlecht zu überwachen und wegzuschließen, in gewisser Weise war ihre Verbreitung unkontrollierbar. Was nicht heißt, daß sie leicht zu haben waren. Einige amerikanische Indianerstämme hatten zeremonielle Läufer, die praktisch jeden Frühling und jeden Herbst von einem Stamm zum nächsten liefen und Nachrichten über Geburten und Todesfälle, über Lebensmittelversorgung und Wetterbedingungen, über Stammesversammlungen und Verträge überbrachten.

Wieso hießen sie zeremonielle Läufer, wenn die Aufgabe, die sie versahen, doch offensichtlich eine ganz praktische war? Über die praktische Wirksamkeit hinaus befriedigte ihr Tun spirituellere Bedürfnisse. Um die Mitte des 19. Jahrhunderts soll der letzte zeremonielle Läufer des Fox-Stammes im Mittleren Westen seinem Volk warnend vor Augen gehalten haben, wie das Leben ohne ihn aussehe. »Ihr werdet niemanden mehr haben«, sagte er, »der die Dinge weitererzählen wird, die euch widerfahren sind.« Damit machte er deutlich, was jeder von uns im Grunde weiß: Die Verbreitung von Nachrichten über uns selbst liegt uns mindestens ebenso am Herzen wie das, was wir über andere hören. Nachrichten bewegen sich von jeher – seit den Tagen, da wir Wasser vom Brunnen holten – kreisförmig, und immer noch werden wir, getrieben von dem Bedürfnis, sowohl zu geben als auch zu empfangen, von dieser Kreisbewegung angezogen.

Viele der frühen gedruckten Zeitungen, die seit Anfang des 17. Jahrhunderts regelmäßig zu erscheinen begannen, führten Namen, die auf frühere Nachrichtenüberbringer verweisen: *Herald* und *Mercury* und *Messenger* (Herold, Merkur, Bote). Andere Zeitungen trugen die Namen der himmlischen Zeitanzeiger, jener riesigen Zahnräder, die mit ihren Umdrehungen die Bahnen zu schaffen schienen, auf denen Neues sich ereignen, Geschichte entstehen konnte: *Sun, Evening, Star, Planet, Globe* (Sonne, Abend, Stern, Planet, Globus). Vor allem Handel und Wirtschaft sorgten für die schnelle Zunahme der ersten Zeitungen, während die Regierenden sie auch als Medium politischer Agitation ansahen. In den Anfangszeiten waren die Auflagen nicht hoch; man pflegte die Nachrichten in den Kaffeehäusern zu lesen, die meist alle verfügbaren Blätter abonniert hatten. Auch nachdem sich die Übermittlung von Nachrichten prinzipiell nicht mehr mündlich, sondern schriftlich vollzog, wurden sie also eine Zeitlang noch gemeinschaftlich und öffentlich aufgenommen und weitererzählt. Frauen war in der Regel der Zugang zu diesen Versammlungsorten – zu diesen »Penny-Universitäten« oder »Brutstätten des Aufruhrs«, je nachdem, wo man stand und was man zu gewinnen oder zu verlieren hatte – nicht gestattet. Obgleich die Frauen von der unmittelbaren Aufnahme der Nachrichten ausgeschlossen waren, spielten sie doch mittelbar eine Rolle bei ihrer Verbreitung.

Alle frühen Zeitungen wurden auf Bögen aus Textilfaser gedruckt, die – nicht verächtlich, sondern beschreibend – Lumpen genannt wurden. Und bezeichnenderweise waren die Papierhersteller auf die Frauen angewiesen; denn sie brauchten alte Kleider, mottenzerfressene Laken und fadenscheinige Vorhänge, die dann zerrissen und zu Papierbrei zerstampft wurden. Zeitungsverleger schickten Lumpensammler mit Karren durch die Städte, Papiermühlen zahlten ein paar Pennies, Schillings oder Cents für jedes

Pfund Lumpen, und Zeitungen druckten Spendenappelle für Lumpen. 1666 wurde in England eine Verordnung erlassen, nach der es verboten war, Tote in Leinen- oder Baumwollkleidern zu begraben. Auf diese Weise wurden jährlich 200 000 Pfund Lumpen in guter Papierqualität gespart. In Amerika existierten zu der Zeit noch keine regelmäßigen Zeitungen (die erste war ein Wochenblatt, der *Boston News-Letter*, und erschien 1704), doch es dauerte keine hundert Jahre, bis sich auch dort der Mangel bemerkbar machte. 1799 ließ eine Papiermühle in Massachusetts jeden einzelnen Bogen, den sie produzierte, mit dem düster mahnenden Wasserzeichen »SAMMELT LUMPEN« versehen und war damit wohl der Stammvater der unterschwelligen Werbung.

Die Verleger quetschten so viel wie möglich auf eine Seite, sie druckten über den Rand weg, ließen die Buchstaben seitlich senkrecht hoch- und umgekehrt wieder runterwandern. Sie klebten zerrissene Bögen wieder zusammen, und sie warfen Stroh und Wasserlilien und Rüben in den Brei. Die Seiten, die sie produzierten, sahen braun- oder graugesprenkelt aus, Methoden zum Bleichen kannte man noch nicht. In Kriegszeiten wurde die Papierknappheit besonders drückend. Generälen fehlte manchmal selbst das Konzeptpapier für ihre Berichte, so daß sie leere Seiten aus alten Geschäftsbüchern oder Vorsatzblätter aus Büchern herausrissen. Soldaten zerfetzten Bibeln und Gesangbücher zu Patronenpapier und wickelten ihre Kugeln in Gleichnisse und Gebete. Gleichzeitig summten überall in der heißen Sommerluft die Wespen vor ihrer Nase herum und tanzten ihnen ein Bilderrätsel vor, indem sie ihre uralten kegelförmigen, grauen Papiernester bauten.

Doch die Menschen sahen sie nicht. Vielleicht sahen sie sie auch, stellten aber keine Verbindung her – es zündete nicht, sie begriffen nicht. Allerdings nicht aus mangelndem Interesse oder mangelnder Vorstellungskraft: Die Experimente zur Papierherstellung wurden um diese Zeit immer ausgefallener und bizarrer. So ist die Geschichte von dem Papierproduzenten I. Augustus Stanwood überliefert, der während des Amerikanischen Bürgerkriegs wegen Rohstoffmangels auf die verzweifelte Idee verfiel, Mumien aus Ägypten zu seiner Mühle in Gardiner, Maine, zu überführen. Er wickelte die Mumien aus und zerstampfte die Stoffbahnen zu einem Brei, aus dem er ziemlich grobes braunes Einwickelpapier machte, das Lebensmittelhändler und Metzger wiederum zum Verpacken ihrer Ware benutzten. Außer der Umwicklung lieferten die Mumien noch aromatische Gummiharze und Überreste ihrer Einbalsamierung – darunter Olibanum, Ladanum, Issoponax und graue Ambra, lauter Stoffe, die die katholische Kirche zur Herstellung von Weihrauch verwandte. Und sie brachten Krankheit: Gegen 1855 brach unter den Mühlenarbeitern eine Cholera-Epidemie aus. Abgesehen von der Gesundheit seiner Arbeiter kosteten Kauf und Transport der Mumien Stanwood nur drei Cents pro Pfund. Sein Materialismus mochte verkommen sein, ohne Vorgänger war er nicht. Schon im 12. Jahrhundert waren Mumien in Bagdad zu Papier verarbeitet worden. Und was Stanwoods Kollegen angeht, so fehlt es nicht an historischen Hinweisen darauf, daß andere Papierproduzenten zur selben Zeit mit Mumienpapier herumdilettierten; selbst die nationale Eisenbahn Ägyptens hatte ihre mumifizierten Ahnen ein

Jahrzehnt lang als Brennmaterial in ihren dampfbetriebenen Lokomotiven verheizt.

1840, mehr als hundert Jahre nachdem Réaumur der Académie des Sciences seine Idee angepriesen hatte, erfand der Deutsche Friedrich Gottlob Keller eine Maschine, die Holzstämme auf einem rotierenden nassen Mühlstein zerfaserte und die entstandene feuchte Masse zu Papier verarbeitete. Es mußten noch weitere achtundzwanzig Jahre vergehen, bis in den Vereinigten Staaten die erste Zeitung aus Holzpulpe hergestellt wurde, und zwar eine einmalige Ausgabe der deutschsprachigen New Yorker *Staats-Zeitung*. Und erst ab 1880 wurde Papier aus Holz das Standardmaterial für gedruckte Nachrichten.

Das Holz veränderte den Charakter von Papier, nicht nur aufgrund seiner Zusammensetzung, sondern auch aufgrund seines Ansehens bei den Menschen. Der Beginn der Holzzerkleinerungsmethode fiel genau in die Zeit, als in Europa und der Neuen Welt eine Art fiebrige Leidenschaft für dieses Material ausbrach. Endlich fand das Papier seine Würdigung auch im Okzident – wie schon Jahrhunderte früher im Orient. Allerdings griff die Hochstimmung hier schwindelerregend um sich. Es schien, als habe jene Begeisterung, mit der die Chinesen ihr Geister-Papier geschaffen hatten, nun auch die Menschen im Westen erreicht, freilich mit der plumpen Wucht eines Hammers: diesmal machten sich die Begeisterten mit wahrem Feuereifer ans Werk. So gab es um die Mitte und gegen Ende des 19. Jahrhunderts plötzlich Kragen, Manschetten und Hemdbrüste aus Papier, es gab Westen, Kappen, Schürzen und Hüte aus Papier, Vorhänge, Teppiche, Schachteln, Eimer, Spucknäpfe, Fässer und Dächer aus Papier. Zu eben dieser Zeit saßen Menschen auch an der Entwicklung und Patentierung von durchsichtigem Papier, von Taschen mit rechteckigen Böden aus Papier, von Papier mit Spitzenprägung, von gewelltem Papier, von Bindfaden aus Papier und von Manilahanf-Papier. Junge Damen lernten, dekorative »Papierarbeiten« zu basteln. Dazu mußte man dünne Papierstreifen aufrollen, sie, zu Mustern angeordnet, auf eine Unterlage kleben, ähnlich wie bei Stickereiarbeiten, dann das Ganze vergolden oder bemalen und in Glas fassen. Und 1870 trat in einer Londoner Music-Hall ein Mann im Papieranzug auf und sang ein Lied mit dem Titel »The Age of Paper« (Das Papierzeitalter).

Holz machte Papier zwar verfügbarer, aber es verlor dadurch etwas von seinem Nimbus des Verfeinerten. Papier aus Holzpulpe ist auf der ganzen Linie weniger fein. Es ist nicht so dauerhaft, vergilbt und wird sehr viel schneller brüchig als Papier aus Tuchfaser. Selbst heute bevorzugt man für wichtige Dokumente oder besondere Briefe noch Papier mit einer Beimischung aus Lumpen, wenn es nicht sogar ganz daraus besteht. Nachrichten sind andererseits die ideale Ware für die minderwertigste aller Holzpapiersorten – eben das Zeitungspapier. Dauerhaftigkeit ist, was Nachrichten beziehungsweise Neuigkeiten angeht, ein rein akademischer Wert, da schon der Name sagt, daß sie von atemberaubender Kurzlebigkeit sind. Im Falle von Tageszeitungen mit mehreren Ausgaben ist ein einzelnes Exemplar den aufgedruckten Preis vielleicht gerade sechs Stunden wert – oder drei oder zwei. Doch innerhalb dieser Frist, innerhalb dieser schmalen Bedeutungsspanne, ist die Zeitung ein Bestseller, der eine große Gruppe Menschen miteinander verknüpft, sie in Wissen und Handeln miteinander verbindet. Und sie ist – bis auf den Himmel vielleicht – die einzige Sache, auf die diese zeitunglesende Gruppe gemeinsam ihren Blick richtet, das einzige, was alle gemeinsam mit den Fingern durchblättern. Am Ende des Tages, wenn der Himmel schwarz ist, werden all diese Zeitungen beseitigt – sie liegen auf Bürgersteigen, stapeln sich an Haustüren, fliegen unordentlich auf Sofas und unter Couchtischen herum: wertlos.

Seit der Einführung von Holzpulpe mußten die Zeitungsverleger nicht mehr jene dringende Bitte SAMMELT LUMPEN an ihre Kunden richten. Auch stellten ihnen nicht mehr die Frauen das Material zur Verfügung, indem sie ihre Schränke, Nähkörbe und Resteecken ausräumten. Nie mehr würde es unter den Rohstoffzutaten alte zerrissene Bettücher geben, Unterröcke und Morgenhauben, Sofaschoner und Windeln, Verbandszeug und Taschentücher – all dieser Abfall einer ganz normalen menschlichen Gesellschaft. Statt dessen wandten sich die Zeitungsmacher nun für ihren Bedarf an die Holzfäller: diese Trupps muskelbepackter, unrasierter, irgendwie geheimnisvoller Männer, die ihr halbes Leben jenseits der Zivilisation verbrachten, die sich in rohgezimmerten, von Kerosinlampen erhellten Hütten im Wald verkrochen, die Tabaksaft spuckten und fluchten, tanzten und sich Geschichten vom Riesen mit dem blauen Ochsen ausdachten, wenn sie nicht gerade die massigen, mächtigen Baumriesen fällten und sich vor ihnen in Sicherheit brachten. Von nun an sollte das Rohmaterial für Zeitungen rein aus Fichte, aus Tanne oder Kiefer bestehen: jenen sanften Koniferenwäldern, die so hochgewachsen und in so großer Fülle das ganze Land überzogen.

### *Kaffeebohnen*

Kaffee, Cafés, Kaffeehäuser, Kaffeepausen, Kaffeeempfindlichkeit, Kaffeepreise, Kaffeewagen, Kaffeeseminare, Kaffeeröster, Kaffeeklatsch, Kaffeekettenläden, Kaffeejournale, Kaffeefanzines ... Sie ist heute – und das ist noch eine lächerliche Untertreibung – allgegenwärtig, diese kleine Bohne, dieses kleine bittere, wachrüttelnde, runzlige braune Herz der Kirsche, dieser Samen einer Pflanze, die auf jenem breiten Gürtel der Erde wächst, der sich vom Äquator zwanzig Breitengrade nach Norden und zwanzig nach Süden erstreckt. In den letzten Jahren hat eine ganze Flut von Büchern über dieses Getränk den Markt überschwemmt. Landauf, landab in den Städten und Dörfern in den Vereinigten Staaten vermehren sich die Cafés wie wild gewordene DNA-Ketten. Kleine Eckläden verkaufen Macadamianuß-Cappuccino und Creamsicle-latte. Röstereien produzieren neue Mischungen mit Phantasienamen, wie »Intermezzo«, »Tanzende Ziegen« oder »Kind aus Brooklyn«. Und ganz normale Bürger verstopfen sich ihre Küchen mit Espressomaschinen, Milchaufschäumern, französischen Espressokannen und kleinen elektrischen Kaffeemühlen. Die Bohne hat sich eine neue Verkleidung verpassen lassen.

Natürlich hat sich die Phantasie der Menschen früher an den verschiedenen Inkarnationen des Kaffees entzündet –

begeistert, aber auch besorgt. Man hat ihn Teufelstrank genannt oder Schnaps der Ungläubigen oder auch Gift, das Gott schwarz färbte. In England reichten Frauen, denen die Teilhabe an der Kaffeehaus-Gemeinschaft verboten war (bis auf gelegentliche Dienste als Serviermädchen), eine Petition ein, in der sie das Verbot von Kaffee forderten, und in Frankreich behaupteten sie, Kaffee mache Männer unfruchtbar. Und in vielen verschiedenen Kulturen waren Frauen und Männer lange Zeit überzeugt, daß Milch im Kaffee zu Lepra führe.

Öfter noch ist der Kaffee allerdings bewundert und verehrt worden. So tranken Mitglieder des königlichen Hofs im Frankreich des 18. Jahrhunderts ihren Kaffee zur Feier des Getränks und seines »weiblichen Charmes« aus Tassen, die wie die Brüste von Marie Antoinette geformt waren. Und die waren so akkurat nachgebildet, daß jede Brust drei Porzellanbeinchen brauchte, damit die Brustwarze nicht das Übergewicht bekam. In vielen Ländern, von Afrika über Arabien bis Amerika, wurde Kaffee auch als Währung benutzt. Eine bestimmte Anzahl Bohnen entsprach dabei jeweils einem Birr, Asper oder Dollar; und die Gerah, eine alte Münze und Maßeinheit, hat ihren Namen vom hebräischen Wort für Kaffeebohne. Kaffee wurde den Göttern und den Toten geopfert: Man ließ ein bißchen in ein Feuer tropfen und den Dampf dann aufsteigen. Und er wurde zum Wahrsagen benutzt: In England, Griechenland und Deutschland haben Frauen, ähnlich wie aus Teeblättern, aus dem Kaffeesatz gelesen, der auf dem Tassengrund zurückblieb.

Jene Kaffee-Liebesgaben, über die die Pflanze in die

Neue Welt geschmuggelt wurde, vervielfältigten sich in Windeseile, und überall begeisterte man sich für das neue Getränk. Fünfzig Jahre nachdem de Clieu eine einzelne Pflanze nach Martinique eingeführt hatte, gab es allein dort mehr als 18 Millionen Kaffeesträucher. Von Martinique gelangte die Bohne nach Haiti, Tahiti, Kuba, Jamaica, Puerto Rico und Venezuela. Und von diesen Orten aus erreichte sie fast sämtliche Länder Süd- und Mittelamerikas. In dieser Region ist die Pflanze im Grunde noch ein Baby und angesichts des ungeheuren Alters der Erde relativ neu und dem Boden noch fremd. Trotzdem wächst hier inzwischen der bei weitem größte Teil des Weltkaffeebedarfs. Den nördlichsten Zipfel dieses riesigen Kaffeeterritoriums bildet Mexiko. Dort wurde die Pflanze zwischen 1740 und 1744 eingeführt. Der systematische Anbau setzte allerdings erst um die Wende zum 19. Jahrhundert ein, und ab 1870 wurde Kaffee zu einem bedeutenden Exportartikel. Heute ist Mexiko die viertgrößte kaffeeproduzierende Nation. Und seine gesamte Kaffeeproduktion läßt sich tatsächlich bis auf den Jardin des Plantes zurückverfolgen und von dort weiter zurück zu den holländischen Plantagen auf Java und dem Pilger von Karnataka und in den Jemen, von da wiederum nach Äthiopien und zum Ziegenhirt oder dem gefiederten Vogel oder dem Engel Gabriel.

Nach Nordamerika kam Kaffee in den frühen Tagen seiner Kolonisierung. Womöglich hat er Amerikas Küsten schon mit den ersten Siedlern erreicht, die in Jamestown landeten. Auf jeden Fall muß Kapitän John Smith Kaffee von seinen türkischen Reisen her gekannt haben. Nach einer anderen Hypothese kam er einige Jahre später mit der *Mayflower*, da die Frachtliste des Schiffs auch einen hölzernen Mörser mit Stößel verzeichnet. In solchen Mörsern wurden die gerösteten Bohnen zu dem zermahlen, was die Menschen dann Kaffeepulver nannten. Eindeutig nachweisen läßt sich Kaffee für das Jahr 1664, als die Briten Neu-Amsterdam von den Holländern übernahmen. In einem wenige Jahre später geschriebenen Bericht heißt es, der Kaffee habe das Bier als das beliebteste New Yorker Frühstücksgetränk abgelöst.

Auch die Kaffeehaustradition faßte in Amerika sehr bald Fuß, das erste Haus hieß The London und öffnete 1689 in Boston seine Pforten. Doch insgesamt entwickelte sich in diesen Kaffeehäusern eine andere, entschieden amerikanische Kultur, das heißt sie waren viel durchmischter, wenn auch nicht unbedingt egalitär. Die Einrichtungen waren weniger spezialisiert, es gab nicht jeweils bestimmte Kaffeehäuser für eine bestimmte Klientel, wie etwa Künstler oder Intellektuelle, sondern jedes versammelte eine bunte Mischung von Menschen. Neben Kaffee konnte man dort Tee, Schokolade, Wein, Bier und Apfelschnaps bekommen. Außerdem vermieteten Kaffeehäuser Zimmer an Reisende, dienten als Wahllokale und als Fundbüros, verteilten Post, boten Räume für Gerichtsverhandlungen und Ratsversammlungen, sogar eine Heiratserlaubnis konnte man dort erhalten. Und sie zogen alle an: Adlige, Dissidenten, brave Staatsbürger, Gouverneure, Rotröcke, Verschwörer, Kaufleute und Bösewichter. Kundinnen waren noch nicht zugelassen, aber viele Kaffeehäuser waren im Besitz von Frauen, und der Pensionsbetrieb der Häuser paßte in den

Augen der Leute auch gut zur Vorstellung von Häuslichkeit und Versorgung.

Obendrein nehmen die Kaffeehäuser kühn für sich in Anspruch, sie hätten eine unmittelbare Rolle bei der Gründung der Vereinigten Staaten gespielt. The Green Dragon in Boston war der Treffpunkt für so viele wichtige Planungssitzungen, daß Daniel Webster dieses Kaffeehaus das Hauptquartier der amerikanischen Revolution nannte; auch die Idee für die Boston Tee Party soll an diesem Ort ausgeheckt worden sein. Nach jenem Ereignis wurde Kaffee zum Getränk der Patrioten, und sowohl Franzosen wie Holländer schlugen Kapital aus diesem neuen Nimbus. Sie setzten alles auf eine Karte und lieferten die Kaffeebohnen zum günstigen Preis in die Kolonien. Ein anderes Bostoner Kaffeehaus, The Bunch of Grapes, war die Bühne für die erste öffentliche Lesung der Unabhängigkeitserklärung. In New York wurde das Merchants Coffeehouse sofort nach Beginn der Revolution zum De-facto-Hauptquartier der neuen Regierung; dort traf sich Präsident Washington 1789 auch mit dem Gouverneur und dem Bürgermeister. Wie der Name schon sagt, war das Merchant auch ein Handelszentrum. 1784 wurde an diesem Ort der Plan für die Bank of New York gefaßt, und 1790 verkauften die ersten Händler dort ihre Aktien. Seine Konkurrentin, das Tontine Coffee House, das 1784 an der Nordwestecke von Wall und William Street errichtet wurde, war eher eine Art Privatclub, da an die Mitglieder Anteilscheine verkauft wurden. Das Tontine richtete große Bankette und Bälle aus und diente außerdem als erste Bleibe für die New Yorker Börse.

In dem Maße, wie Amerika mit Gewalt, mit Geld und mit

List seine Grenzen nach Süden und Westen und Norden erweiterte und immer mehr Land und Menschen durch Annexion und durch Immigration schluckte, verwob der Kaffee sich mit seiner Geschichte. Als Florida Mitglied der Union wurde, war es schon ein Staat der Kaffeetrinker, der seine Bohnen aus Kuba bezog. In ähnlicher Weise führte der Kauf von Louisiana der Nation an den Ufern des Mississippi ganze Städte hingebungsvoller französischer Kaffeetrinker zu. Europäische Immigranten brachten ihre eigene tiefverwurzelte Kaffeetradition mit. Im mexikanischen und im Bürgerkrieg hatten die Soldaten Kaffeerationen in ihrem Gepäck, laut einem Bericht erhielten sie auf jede hundert Pfund Lebensmittel zehn Pfund Kaffee. Pioniere in ihren Planwagen auf dem Weg in den Wilden Westen und Prospektoren auf der Suche nach Gold waren alle mit Kaffeebohnen ausgerüstet, nicht nur um das Getränk zu kochen, sondern auch für den Handel mit Indianern. Und jedermann weiß, daß die Cowboys ihren Kaffee stark liebten. Sie nannten ihn denn auch den Sechsschüssigen, Magenputzer oder braunes Gurgelwasser. Das Kaffeemehl kochten sie etwa eine gute halbe Stunde in Wasser über dem offenen Feuer und tranken ihn dann schwarz oder mit »Schlag« (Melasse).

Die industrielle Revolution trieb dann dem Kaffee den letzten Hauch von Exklusivität aus. Um der Produktion willen wurde ihm die Aura von Luxus genommen, der Zauber war gebrochen. So wie der Kaffee einst Sufis und Derwische nächtelang hatte beten und tanzen lassen und dadurch Gott näher gebracht hatte, so mußte er jetzt Männern, Frauen und Kindern helfen, zehn-, zwölf- oder achtzehnstündige Arbeitsschichten in Fabriken, Gießereien und Ausbeuterklitschen durchzustehen. Die Nachfrage nach Mengen billigen Kaffees stieg und führte zu einfallsreichen Verfälschungen. Vorgeröstete Bohnen wurden mit einem Zucker-Eiweiß-Mantel überzogen und ließen sich so für die landesweite Auslieferung lagern. Kaffee war schon immer mit billigeren Zusätzen gestreckt oder in Mangelzeiten komplett durch Surrogate ersetzt worden (zu den Beimischungen oder Ersatzstoffen gehörten Zichorie, getrocknete Feigen und Erbsen, Löwenzahnwurzeln, Schwarzbrotkrusten, Eicheln, Pflaumenkerne, Sägespäne, Kehricht aus Mühlen, getrocknetes Ochsenblut und Pferdeleber). Doch das Amerika des frühen 20. Jahrhunderts hat, da ihm die Genießereinstellung zum Getränk abging, wohl den Vogel abgeschossen. Und zwar gar nicht so sehr, weil man neue, attraktivere Zusätze entdeckt hätte, sondern schlicht deshalb, weil die Bohne jene Besonderheit, die ihr seit ältesten Zeiten anhaftete, verloren hatte – sie war zertrampelt und erledigt. Es mußte erst die Spezialitätenkaffee-Industrie kommen, die der Bohne sehr geschickt ein neues Image verpaßte und, ohne zu erröten, den Verbrauchern beibrachte, was sie zu denken hätten, wenn sie Kaffee sagen.

Fast das ganze 20. Jahrhundert hindurch waren die Vereinigten Staaten hauptsächlich mit Massenproduktion und Massenverbrauch beschäftigt. Man lernte, den Kaffee gefrierzutrocknen und vakuumzuverpacken, ihn zu entkoffeinieren und lösliches »Instant«-Granulat zu produzieren. Die Leute kauften Robusta-Bohnen (billiger und herber als der Arabica-Hochland-Kaffee) und brühten sie in ihren schicken neuen Kaffeemaschinen auf, die das Getränk bitter und trüb werden ließen. Es war wohl mehr als ein Zufall, daß alle Amerikaner genau zu der Zeit ihren Kaffee von einem einzigen lächelnden, onkelhaften, schnauzbärtigen Mann bezogen, der mit seinem treuen Esel unentwegt frohgemut zwischen Kaffeepflanzen umherspazierte, als riesige Plantagen im Begriff waren, viele der alten Familienfarmen einen Kontinent weiter südlich zu vernichten.

Der Trank, der einst von einem Papst gesegnet und aus Porzellannachbildungen der Brüste einer französischen Königin genippt worden war, wurde nun zum bescheidenen *cuppa joe* (Slang für Tasse Kaffee), die Wanderarbeiter an Hintertüren und Schreibtischhengste in Büros schluckten. Man nahm Kaffee nun ein wie Aspirin, als Hilfsmittel und nicht zum Genuß. Man spülte ihn aus Styroporbechern herunter, rührte ihn mit Plastikstäbchen um, hellte ihn mit einem geschmacklosen Sahneersatzpulver auf und süßte ihn mit Zuckersurrogat. Er wurde zum Getränk des Lastwagenfahrers, des Junkies, des Schlaflosen und des Obdachlosen. Man trank ihn beim Kreuzverhör, im Polizeirevier, gegen den Kater, aus dem Automaten, in der Warteschlange. Was nicht bedeutet, daß dem Kaffeetrinken die Rituale abhanden gekommen waren, sie hatten sich nur ein weiteres Mal verlagert.

Hier ist Vater Zeit, mit seinem Bart bis zu den Knien und dem rosa Schädel eines Säuglings, und in der Hand trägt er, wie eine Laterne, eine Sanduhr. Seine Namen lauten Kronos, Geras, Uranus, Saturn und Kalpa. Manchmal schwingt er ein Pendel. Manchmal lehnt er auf einem Stab, der eine Sichel, eine Sense ist. Manchmal wird er zu einem gewaltigen Tier mit dem Kopf eines Löwen und einem schwarzen, gähnenden Maul: Er ist der Verschlinger aller Dinge. Manchmal bückt er sich, um der Wahrheit aus einer Höhle zu helfen: Mit der Zeit kommen alle Dinge ans Licht. Und hier sind seine Enkelinnen, Schwestern der Jahreszeiten, die gleichmütigen Schicksalsgöttinnen – Klotho, die spinnt, Lachesis, die abmißt, und Atropos, die den Faden des Schicksals kappt: Mit der Zeit kommen alle Dinge an ein Ende.

Es sei, sagen die Leute, die große Lektion der Geschichte, daß sie sich wiederholt. Man schaue in Almanache, studiere die Vergangenheit, und man erkennt ihre zyklische Wiederkehr.

Nein, sagen andere, die große Lektion der Geschichte laute, wie es gelingt, sie nicht zu wiederholen: Man müsse die Vergangenheit genau studieren, den Apfel essen und – verändert – voranschreiten.

Wie immer ihre Lektion lauten mag, die Geschichte hat allem, was wir kennen, seine Form gegeben, so sicher, wie Flüsse die Steine runden. Was wir uns als lineare Zeit vorstellen, hat Glas gerieben und angestoßen und poliert, hat Papier gestaltet, hat Kaffeebohnen ihren Umriß verliehen. Erzählungen sind anderen Erzählungen gewichen, Geheimnisse sind gelüftet worden und haben neue Geheimnisse geboren. Vor allem die Geheimnisse haben wir sorgfältig gehütet. Wenn eines gelöst war, haben wir es durch ein anderes ersetzt. Das gilt heute genauso wie einst. Die frühen Geheimnisse um Glas, Kaffeebohnen und Papier sind nicht mehr wirksam. Jedes wißbegierige Kind kann heute herausfinden, daß Glas aus demselben Stoff besteht, der sich in Sandkästen und an Meeresstränden findet, daß man mit einem Bausatz aus dem Bastelladen und verschiedenen kleingeschnittenen Pflanzen zu Hause echtes Papier herstellen kann, daß der Kaffee natürlich aus Kaffeebohnen gemacht wird, daß er gut riecht und sich an einem kühlen Morgen durch eine Becherwand schön anfühlt. Doch es gibt andere Einzelheiten, andere Teile der Erzählung, die das Kind wohl nicht wird lernen können und die wir vielleicht auch nicht lernen werden: die immer noch geheimgehalten werden und verboten sind. Denn Geheimnisse sind mächtig. Die Geschichte lehrt, daß diese Ahnung, verankert in unseren listigen menschlichen Herzen, eingeflochten in die Geschichte eines jeden Dings, schon immer in uns vorhanden war.

ZWISCHENSPIEL

# Ort

In der Bücherei entdecke ich den Atlas. Ich bin acht und warte auf meine Mutter, die irgendwo in der Erwachsenenabteilung zwischen den hohen, stillen Regalen umherwandert. Dies ist der langweilige Teil der Bücherei. Die Geschichten in diesem Raum, der wie ein dichter Wald ist, sind unverständlich, wenig verlockend, und ich werde schon ungeduldig, da sehe ich ihn zum ersten Mal: den Atlas, auf einem Holzgestell, riesengroß und aufgeschlagen.

Farben, die eßbar aussehen, ziehen mich an. Ich stelle mich auf die Zehenspitzen, stoße mit der Nase fast auf die Seite und wandere mit den Augen darüber, nippe an dem weiten Blau, das an den Rändern der Landmasse fransig und blasser wird. Das Festland, von Flußadern durchzogen und mit einer Kruste von Gebirgen bedeckt, ist rosaorange, wässerig traubenfarben, grün, sienagelb. Ich tue so, als probierte ich hiervon und davon und von einem dritten, verstohlen beuge ich mich vor und berühre die Seite sekundenlang mit der Zunge.

Ich sehe winzige Kreise und Punkte mit Wörtern daneben, meine Augen sind so dicht über der Seite, daß die Buchstaben verschwimmen, ich gleite über sie hinweg. Ich bin ein Flugzeug, das die Städte und Dörfer, die diese Punkte darstellen, überfliegt. Sie sind echt, nicht nur erdacht. Ich finde meinen eigenen. Ich lege meinen Finger auf diesen Punkt. Jetzt bin ich von meinem eigenen Finger eingeschlossen, mein Finger wirft einen Schatten auf die Stadt.

Ich schaue aus dem Fenster: Wolken. Ich nehme den Finger von der Seite: Sonne. Nicht wirklich, ich tue nur so. Aber vielleicht doch. Licht und Schatten wechseln sich hinter der Fensterscheibe ab. Vielleicht fährt auf den Äußeren Hebriden oder auf Nowaja Semlja jemand mit seinem Finger über den Punkt, der meine Stadt ist.

Ich blättere die Seiten des Atlas um: noch mehr Farben, Adern, Krusten. Jemand hat all diese Umrisse gezeichnet und sie mit all diesen Farben ausgefüllt. Jemand weiß alles über diese Orte und ich jetzt auch. Vor allem die Orte weit oben ziehen mich an und die sehr weit unten, die winzigen, die an den Rändern hingetupft sind. Und welch ein Wunder, sie alle haben Namen, sind nicht vergessen, gehören dazu, besitzen eine eigene Färbung.

Ich bestaune die Namen. Eriskay. Færøerne. Doggerbank. Knyszyn. Zalaegerszeg. Sikaripara. Qala-i-Jadid. Flin Flon. Sie klingen wie die Namen, die ich mir für meine allerfrühesten Puppen ausgedacht habe.

Und in jedem Punkt leben in diesem Augenblick Menschen, waschen sich die Hände, schlafen ein, essen Suppe, warten auf ihre Mütter. Sie kennen mich nicht, aber ich denke jetzt an sie, an Kinder, die so alt sind wie ich, eines in Silchar (pfirsichfarben) und eines in Medicine Hat (magentarot); ich grüße sie beide mit der kurzen, stummen

Botschaft *Hallo*, die ich überbringe, indem ich mit meinem Finger die Punkte berühre, wo sie leben. Ich habe das Gefühl, daß wir uns eines Tages alle begegnen werden.

DREI

# Arbeit

## *Brent*

Heute morgen erreicht er sein Waldstück noch vor Sonnenaufgang, fährt direkt hinter Four Corners an den Rand der Hauptstraße und stellt den Motor ab. Die Straße, der Boden, der Schnee, die Tür des Halbtonners, die er zuschlägt, sogar seine Finger – alles fühlt sich in der frostigen Luft spröde und steif an. Wenn Grampy Boyd an seine »alten Holzfällertage« denkt, als die Männer noch Lager im Wald errichteten und den ganzen Winter dort zubrachten, erzählt er gern, wie sie jeden Morgen die Eiskruste durchstoßen mußten, die über Nacht den Eimer mit Waschwasser versiegelt hatte. Die Erde selbst fühlte sich heute morgen so an, ihre Eingeweide sind unter einer Haut aus Kälte weggeschlossen. Brents Stiefel krachen durch die Kruste verharschten Schnees, als er sich zur Senke mit den Schwarzfichten aufmacht.

Über ihm leuchten noch die Sterne, und eine schmale Mondsichel hilft ihm seinen Weg zu finden, schneidet einen silbernen Pfad durch den kurzen, von Reifenspuren durchpflügten Abhang, der den Highway mit der Senke verbindet. Die Reifenspuren stammen hauptsächlich von Howard Boyds Sattelschlepper, einem Holzlaster mit zweiundzwanzig Rädern und purpurrotem Fahrerhaus. Brents

Vater Howard sammelt Brents gefällte Stämme ein und bringt sie zu der entsprechenden Mühle, mit der Brent gerade einen Vertrag über eine bestimmte Menge Festmeter abgeschlossen hat. Manchmal ist das Irvings Mühle oben in Chipman oder die Juniper Lumber oder Trevor Macmillans kleine Mühle gleich drüben in Belleisle, die er besonders gern beliefert. Brent schickt sein Holz nur ungern über die Grenze nach Süden, weil das der Region Arbeit entzieht. Manchmal aber zwingen ihn die Preisunterschiede, das Holz unten in Maine an die Georgia Pacific in der Nähe von Calais oder an die Spulenholzmühle bei Moosehead Lake zu verkaufen. Je nach Entfernung der Mühle liefert Howard zwei oder drei Ladungen pro Tag. Und jetzt, da das Märztauwetter die Straßen jeden Augenblick in Matsch zu verwandeln droht, fährt er nur Touren, die kaum der Rede wert sind, gerade mal die Straße runter bis zum Sussex-Werk von Irving. Das ganze Jahr hindurch transportiert Howard auch Ladungen für andere Holzfäller, damit er nur ja was zu tun hat. Jeder weiß, daß er sich gräßlich langweilt, wenn er nichts zu fahren hat. Selbst während der Zwangspause, in der nicht gefällt werden kann, holt er seinen kleineren Sattelschlepper raus und transportiert Streusalz oder Kies – eben alles, was von einem Ort zum anderen gebracht werden soll.

Jetzt hat Brent die Senke erreicht und schlängelt sich durch die Binsen und das widerspenstige Gestrüpp aus filzigen Spiersträuchern, das er *hardhacks* nennt, bis zu der Stelle, wo er gestern abend den Harvester stehengelassen hat. Im Augenblick geht es sich leicht, der gefrorene Boden trägt seine kräftige Statur sicher, und lange Übung läßt ihn geschickt das Gewirr aus gefällten Ästen und Baumstümpfen umgehen, das der Harvester stets hinter sich zurückläßt. Zuerst kommt er an dem ruhenden Koloß des Transporters vorbei, der größeren und schwereren der beiden Waldmaschinen, Schwenkarm und Greifer sind noch ineinandergeklappt wie Flügel und Schnabel eines schlafenden Vogels. Dave, sein Angestellter – oder wie Brent sagen würde, der Bursche, der den Transporter für ihn fährt –, arbeitet von sechs Uhr dreißig bis fünfzehn Uhr dreißig, er kommt also erst in einer halben Stunde.

Etwas weiter hinten, dort wo der bewachsene und der kahlgeschlagene Teil aneinandergrenzen, ruht der Harvester auf seinen sechs Riesenrädern. Die beiden vorderen sind jeweils durch zwei metallene Raupenketten miteinander verbunden und reichen Brent bis an die Brust. Er klettert an ihnen hoch, um ins Fahrerhaus zu gelangen, und benutzt dazu die Metallstreben als Stufen. Nachdem er die Maschine im Leerlauf gestartet hat, bearbeitet er jeden Morgen als allererstes Steuerung und Ladebaum mit der Abschmierpresse und pumpt Schmierfett an jeden der zwei oder drei Dutzend Metallnippel. Brent hat genügend Licht, um zu sehen, was er tut: der Harvester ist mit vierundzwanzig Halogen-Arbeitslampen ausgerüstet, die, wie das Werbematerial verspricht, einen dunklen Wald genauso hell erleuchten können wie ein normales Büro. Dort, wo Grampy Boyd vielleicht einst seine Pferde mit Wasser und Hafer versorgte und die Tiere dann für die Tagesarbeit einspannte, thront Brent jetzt hoch oben auf einem Reifen und striegelt gewissermaßen dieses metallene Geschöpf.

Er achtet darauf, daß er möglichst wenig von dem

schwarzen Hydrauliköl an die bloßen Hände bekommt, denn das ist die schlimmste, die beißendste Kälte, die er kennt. Eher würde er seine Hand im Winter in eine Schneewehe oder in Eiswasser halten, als zu sehr mit diesem Öl in Berührung zu kommen: Das schmierige Zeug scheint sich an seiner Haut festzusaugen, verbeißt sich in sie mit gemeinen, eiszapfenscharfen Zähnen. Und es verteilt sich. Einen Morgen wie diesen findet Brent natürlich milde: noch vor einem Monat gingen die Temperaturen regelmäßig bis auf dreißig, vierzig Grad minus hinunter. Noch vor einem Monat wäre diese Senke eine einzige gefrorene Masse gewesen, ein fester Tortenboden fürs Rangieren, ein Klacks fürs Fällen. Jetzt lockert sie sich, jeden Tag entsteht eine neue durchsichtige Pfütze, die aus dem verschneiten Morast hervorblinkt, und überall in den Bäumen und im Gras hört man ein ununterbrochenes Tröpfelgeräusch, zart und leise, wie Hunderte von winzigen Zungen, die unermüdlich an den Rändern des Winters lecken.

Kaum ist er wieder im Fahrerhaus und Heizung und Radio laufen, macht Brent sich an die Arbeit. Die Art, wie er den Harvester bedient, wirkt so leicht und beiläufig, daß man sich fast nicht vorstellen kann, wie das Kappen und Verarbeiten der Bäume, das da direkt hinter den Fenstern in solch gewaltigem Maßstab rhythmisch vor sich geht, etwas mit dem Joystick und den Knöpfen zu tun haben kann, die Brent mit kaum wahrnehmbaren Bewegungen bedient. Schweiß würde sich gehören, Keuchen und mächtige Muskelarbeit, das wäre der Zerstörung dieser hohen, strotzenden Baumriesen angemessen. Statt dessen ist da nur das stetige, leise Gerüttel der Kabine, wenn der Körper des Harvesters auf die Bewegungen seiner Extremitäten reagiert. Und dazu die heimliche Heizung, die die Glasblase erwärmt, und die ruhigen, gebildeten Stimmen der Reporter der Canadian Broadcasting Company, die teilnahmsvoll über Menschen und Ereignisse aus aller Welt berichten.

Während Brent da oben in seiner versiegelten Blase sitzt und seine Hände mit den Bäumen, die sie fällen, über saubere, effiziente Knöpfe und Hebel verbunden sind, ist er sich durchaus über die Widersprüche und Paradoxien im klaren, die seine Arbeit mit sich bringt. Er begreift sie sogar besser als die meisten. Er weiß, daß die Abneigung gegen das, was er tut, viel mit Unkenntnis über die verschiedenen Arten von Waldarbeit zu tun hat. Zum Beispiel stellt das Holzfällen an der Westküste, wo viele Bäume ihrer genetischen Anlage nach Hunderte von Jahren leben können, andere Anforderungen als an der Ostküste, wo die natürliche Lebensdauer eines Waldes nur sechzig, allenfalls siebzig Jahre beträgt. Die meisten Baumsorten hier im Osten sind spätestens dann Opfer von Krankheiten, Insekten, Wind oder Waldbränden geworden. Auch ohne eine einzige Axt würden die Ostküstenwälder in ziemlich regelmäßigen Abständen eingehen und sich wieder erneuern. Von daher ist die Holzfällerei an der Ostküste auch nicht so emotional befrachtet wie die an der Westküste, wo die Bäume buchstäblich in ihrer ersten Blüte niedergemacht werden und wo etwas »Natürliches« routinemäßig unterbrochen und unterdrückt wird. Außerdem hat der Westen durch das Fällen Erdrutsch- und Erosionsprobleme, die hier wegen der anderen Beschaffenheit des Geländes nicht gegeben sind. Aber eine Menge Leute, die Brent kennt, sind schnell dabei, wenn es darum geht, alles Holzfällen über einen – schwarzen – Kamm zu scheren.

Er weiß allerdings ebensogut um all die Mängel und Mißlichkeiten, die auch bei seiner Arbeit nicht zu vermeiden sind. Selbst wenn da einerseits ein Landbesitzer ihn selektiv ernten läßt, so daß der genetische Bestand des Waldes sich verbessert, weil die meisten Bäume stehenbleiben, und andererseits eine Maschine wie die seine, die dem neuesten technischen Stand entspricht und dem Wald weniger Schaden zufügt als die klobigen alten Fäller-Bündler – selbst unter solchen optimalen Bedingungen geht es nicht ohne Schäden ab. Trotz seiner Geschmeidigkeit kann der Harvester nicht einfach durch den Wald schweben oder sich um Bäume und Büsche herumschlängeln, ohne Spuren zu hinterlassen. Auch beim selektiven Ernten ist ein bestimmter Kahlschlag unumgänglich: Alles was in ihrem Weg liegt, wird von der Maschine niedergemacht, und die Erde darunter verdichtet sich bis zu einem gewissen Grad. Selbst wenn Brent einen Zauberstab schwingen und den Harvester schwerelos machen könnte oder wenn er ihn ganz und gar ausrangieren würde, um zu den alten Methoden zurückzukehren, und – nur mit Axt und Säge bewaffnet – den Waldboden allein mit seinen Stiefeln beträte, selbst dann könnte er nicht alle negativen Auswirkungen seiner Arbeit ausschalten. Aus dem einfachen Grund, weil ein Baum, der von allein stirbt, im allgemeinen nicht vom Erdboden verschwindet und wie durch Zauber in der Mühle landet, sondern er liegen bleibt; er verrottet und kehrt in den Boden zurück, und vorher bietet er Unterschlupf und Nahrung für allerlei Pflanzen und Getier, von Flechten über Insekten bis hin zu Nagetieren und Elchen.

Die nostalgische Vorstellung vom Holzfäller alten Schlags, der in vollkommenem Einklang mit der Natur arbeitete, ist ohnehin ein recht törichter Romantizismus. Als die ersten Menschen aus England, Frankreich, Irland und Schottland sich vor mehr als drei Jahrhunderten in diesem Land niederließen, schienen Wälder ebenso endlos wie der Ozean, den sie gerade überquert hatten, und sie wirkten ebenso furchterregend und ungezähmt. Alle möglichen wilden Tiere hausten darin – Karibus, Wölfe, Bären, Zobel, Nerze, Luchse und Silberlöwen. Und diese Wälder waren so dicht, daß die Menschen sie als Mantel für Arme bezeichneten: Bei einem Wintersturm konnte man sich tief ins Dickicht verkriechen und so Schutz vor den peitschenden Winden finden. Deshalb kümmerte sich auch kein Mensch um Begriffe wie Betreuung, Silvakultur oder Nachhaltigkeit. Kein Mensch machte viel Wesens um Dinge wie Wasserscheiden und besondere Vogelarten oder Pilzsorten und um das richtige Verhältnis zwischen Nadelhölzern und Laubbäumen. Alles wild Vorkommende war reichlich vorhanden: Land, Beeren, Wildbret, Fische. Und die Leute sagten zum Beispiel, die Lachse seien so zahlreich, daß man den Kennebecasis-Fluß auf ihren Rücken überqueren könnte.

In jenen frühen Tagen ging es um Verbrauch und nicht um Erhaltung. Die Menschen schufteten und schwitzten, um der Erde ordentlichere Formen und klarere Unterteilungen aufzuzwingen. Sie verwandelten die Pfade der Maliset- und Micmac-Indianer in richtige Straßen, trugen Felssteine zu Haufen zusammen und pflügten Furchen in den Boden. Sie fanden heraus, daß Menschen in England hübsches Geld für gutes kanadisches Holz bezahlten, und so fällten sie nun nicht mehr nur das, was sie selbst brauchten, sondern auch das, was sie verkaufen konnten – und gleichzeitig rodeten sie weiter große Flächen für ihre Farmen und Felder. Wenn ihnen ein Gelände als Anbaufläche oder Weideland geeignet erschien, beseitigten sie jeden Baum, der dem im Wege stand. Sie züchteten Rinder und machten Butter und Käse und Eis. Was einst fast nur Wald gewesen war, wurde jetzt zum Molkereizentrum der Region. Und all dies war etwas Gutes, zeugte von Tugend. Das Fällen der Bäume war nicht zerstörerisch, sondern bedeutete eine Verbesserung des Landes. Oder wie die New Brunswick Historical Society es in einem Dokument aus dem frühen 19. Jahrhundert formulierte: »Wenn die Kiefer verschwindet, werden Häuser und Scheunen an ihrer Stelle erstehen, und das Land wird keine unfruchtbare Ödnis mehr sein, sondern blühende Siedlungen vorweisen.«

Die Sorge um ökologische Belange ist in der Geschichte des Holzabbaus also noch sehr jung, und die neue Philosophie noch ziemlich unausgegoren – selbst für relativ modern gesonnene Holzfäller. Zu Everetts Boyds Zeiten bedeutete selektives Ernten, daß man die höchsten und stärksten Bäume beseitigte, um so den kümmerlichen Exemplaren Platz zum Wachsen zu schaffen. So sehr Grampy Boyd auch das außerordentliche Geschick seines Enkels beim Handhaben der modernen Maschine bewundert, im Grunde findet er Brents Version des selektiven Erntens schrecklich altmodisch. Egal was die Wissenschaftler heutzutage sagen oder die jungen Leute von der Universität und die Umweltschützer und die Fernsehtrupps und die Politiker, mit ihrem ganzen Gerede von Genetik und Biodiversität, von Ästhetik und globaler Erwärmung, von Computerprogrammen und integriertem Ressourcenmanagement – es geht ihm einfach gegen den Strich, wie Brent immer nur die schütteren Bäume aussortiert und die wirklich vielversprechenden unberührt läßt.

Andere Waldarbeiter – solche, die noch mit älteren, arbeitsintensiveren Erntemethoden ihr Geld verdienen – sehen in Brent und seiner Maschine einfach eine Pest für die Wirtschaft. Denn wenn Brent und Dave mit dem Harvester und dem Transporter gemeinsam ein Waldstück abholzen, das heißt jeder für sich im Fahrerhaus seiner Maschine, dann tun sie die Arbeit von acht oder zehn Männern, die mit Kettensägen und Stammholzschleppern unterwegs sind. Und die Modernisierung hat diesen Industriezweig ziemlich abrupt getroffen. Erst seit den fünfziger Jahren begannen Lastwagen und Kettenfahrzeuge die Holzfällerlager mit ihren Pferdegespannen zu ersetzen. Und je öfter Männer wie Brent mit ihren Selektiv-Harvestern aufkreuzen und je öfter Regierungsausschüsse Berichte veröffentlichen, in denen neue Forsttechniken wie selektives Ernten propagiert werden, desto weniger Jobs wird es für Kettensägenarbeiter geben.

Brent versteht das alles sehr gut. Und es macht ihm zu schaffen, wie auch nicht? Er ist unter Menschen aufgewachsen, die seit jeher von der Arbeit in den Wäldern gelebt haben, Menschen ohne Universitätsausbildung, manche sogar ohne weiterführende Schule, Menschen, die sich nur mit ihren Muskeln für einen Job empfehlen konnten – und mit ihrem Erbe, denn die New Brunswicker haben den Wald von jeher als Quelle ihres Lebensunterhalts betrachtet, schon seit der Landung der ersten Siedler. Selbst heute noch macht die Waldregion fast 90 Prozent der 28 000 Quadratmeilen großen Provinz aus, und einer von sieben Arbeitsplätzen hat direkt mit der Holzindustrie zu tun, die wiederum die Hälfte des Gesamteinkommens der Provinz erwirtschaftet. Unterdessen beträgt die Arbeitslosenquote in New Brunswick ziemlich unverändert rund 20 Prozent. Junge Leute wachsen nach und werden von Jobs in den reicheren inneren Provinzen angezogen, und es sieht ganz so aus, als müßten die traditionellen Waldarbeiter in der unaufhaltsamen Flutwelle der Zukunft ertrinken.

Kurzum, es ist ein spannungsgeladenes Grenzgebiet, das Brent bewohnt. Er sitzt in seiner gemütlichen Blase, die nach synthetischem Kiefern-Raumspray duftet und vom Summen des Radios und des Heizventilators erfüllt ist, rollt langsam über den Waldboden und vernimmt doch den unhörbaren Tumult aus Widerspruch, Selbstgerechtigkeit und Enttäuschung. Er könnte sich schwindelig denken, wenn er all die moralischen Schwierigkeiten lösen wollte, die mit seiner Arbeit verbunden sind. Keine Antwort und keine Wahrheit, so hat er herausgefunden, hält wirklich stand: jede blättert irgendwann ab, und darunter kommt eine weitere Schicht von Fakten zum Vorschein.

Schon die Sprache, in der über Silvakultur diskutiert und gestritten wird, ist vage und offen für Interpretationen. Biodiversität, nachhaltige Entwicklung, integriertes Ressourcenmanagement – all diese Begriffe sind im Grunde nicht klar definiert. Selbst die Vorstellung vom »jungfräulichen Urwald«, diesem schimärischen Ideal der Umweltschützer, ist nicht absolut. Vor Brent hat sein Großvater dieses Land bearbeitet. Vor seinem Großvater gab es andere Holzfäller des 19. und 18. Jahrhunderts – bis zu den allerersten europäischen Siedlern, die hier in der Gegend um 1760 mit der kommerziellen Holzwirtschaft im großen Stil begannen. Kein Gelände, auf dem Brent jetzt arbeitet, das nicht schon vorher bearbeitet wurde. Im Laufe der Jahrhunderte haben sich die Schichten abwechselnd übereinandergelegt: Wälder über Farmen über Wälder über Farmen über Wälder. Am traurigsten ist es für Brent, wenn er bei seiner Arbeit auf Spuren früheren Lebens stößt, direkt zwischen den Bäumen, die er gerade herunterholt: ein rechteckiger Kellerschacht, überwachsen von Moos und Gebüsch, ein Haufen Steine, die einst jemand von einem Feld aufgelesen hat, oder sogar das Gemäuer einer alten Kirche, die längst von ihrer Gemeinde verlassen worden ist, mit zusammengesacktem Balkenwerk, das halb im Gras kniet – all das zeugt von Familien, die versucht haben, von dieser Erde zu leben, und sich schließlich geschlagen gaben.

Lange vor den europäischen Siedlern haben Maliset- und Micmac-Indianer das Holz dieser Wälder für Kanus und Schneeschuhe, für Löffel und zum Feuern benutzt – und *deren* Vorfahren wiederum kamen Tausende von Jahren vorher über die uralte Landbrücke von Asien. Und vor ihnen, bevor es hier überhaupt Menschen gab – war da der Wald ein jungfräulicher Wald? Es fehlt offenbar jedes Einverständnis darüber, wie stark der Eingriff sein muß – durch welche Art Naturkräfte und welche Art Tiere –, damit der

Wald eben diese Jungfräulichkeit verliert. Immerhin hat die Erdoberfläche, lange bevor es menschliches Leben gab, sich schon verändert – und gelegentlich auch gewaltsam. Die Regenwälder Brasiliens waren einmal Grasland, Wüsten waren einst Ozeane und Ozeane Wüsten. Die Schichten blättern ab und enthüllen neue Schichten, und das Geheimnis bleibt bestehen, ungelöst.

Brent ist allerdings nicht der Mensch, der sich schwindelig denkt. Die Fakten, die er kennt, ziehen ihm durch den Kopf, aber sanft wie Staubflocken oder wie die zarten Sägespänwolken, die das Sägeblatt des Harvesters aufwirbelt, wenn es einen Stamm durchschneidet. Erste milchige Sonnenstrahlen beleuchten jetzt dieses pollenartige Gewirbel außerhalb der Blase. Jede Kiefernnadel ist mit Eis überzogen, und jeder Stengel Sumpfgras gleicht einer weißen Feder. Er schaltet die Halogenarbeitslampen aus. Dave ist gekommen, der rote Transporter fährt nun schon eine gute Stunde lang gemächlich hinter ihm her durch das Unterholz. Und plötzlich fällt Brent mit Schrecken ein, daß er vergessen hat, Joy, wie versprochen, um Viertel vor sieben mit seinem Anruf zu wecken. Er zerlegt noch den Baum, den er gerade in Arbeit hat, zu Ende, fährt den Ladebaum so weit herunter, daß sein geschlossener Rachen im Schnee ruhen kann, und wählt die Nummer auf dem Mobiltelefon des Harvesters. Die Maschine ist wirklich hervorragend ausgestattet.

Zwischen zehn und zwölf macht Brent Mittagspause. Der Morgen ist weggeglitten, irgendwo verschwunden in den stetigen, ruckelnden Bewegungen innerhalb der Kabine und im planmäßigen Fortschreiten der Arbeit des Fällens, Entastens und Zerschneidens der Bäume draußen vor dem Fenster. Brent stellt den Motor ab und steigt hinaus auf den großen Reifen des Harvesters. Auf der einen Seite sickert das Sonnenlicht durch die hohen Schwarzfichten, und auf der anderen liegt es glänzend wie Sirup über der kahlen Fläche. Zweimal ist Brent heute morgen mit seiner Maschine im Eis eingebrochen, er hat es dann zwar geschafft, diese aufgeweichten Stellen zu umfahren, und konnte weitermachen, aber es ist wahrhaftig ein Arbeiten gegen die Zeit.

Als er Joy endlich anruft, ist sie gerade schrecklich in Eile, da sie Ellen füttern und für die Babysitterin (auch eine Mutter, die, nur zwei Straßen weiter, ebenfalls in Fennel Subdivision wohnt) fertigmachen und dann selber zur Arbeit muß (Joy leitet das Tara-Haus, eine Einrichtung für schwierige Kinder in Sussex). Sie haben sich schnell zum Mittagessen in der Stadt verabredet, was für sie beide neu ist und vergnüglich zu werden verspricht. Bei Brents ständiger Hin- und Herfahrerei schätzen sie sich meist schon glücklich, wenn sie nach seiner Heimkehr von der Arbeit ein gemeinsames Abendessen zustande bringen. Es hat schon etwas Frivoles, wenn man im Wald arbeitet und seine Frau zum Mittagessen in der Stadt trifft, beinah so, als wäre man ein Geschäftsmann oder etwas in der Art. Auf jeden Fall ist es Welten entfernt von Grampy Boyds Zeiten, als die Männer den ganzen Winter über in den Wäldern blieben, und auch von Brents Zeiten vor dem Harvester und vor der Ehe, als er oft mehrere Tage am Stück in den Wäldern blieb, in einem kleinen Karavan schlief und sich aus Büchsen ernährte. Das war noch, bevor die Regierung beschloß, daß solche Lebensweise unhygienisch sei, und den Holzfällerlagern auf staatlichem Gelände den Garaus machte.

Brent sieht, daß der Transporter hinter der verschneiten Senke geparkt ist, und vermutet, daß auch Dave sich eine richtige Mittagspause gönnt, wo sie jetzt hier ein geradezu luxuriöses Leben führen – nur einen Katzensprung von der Stadt entfernt. Gewöhnlich sieht die Mittagspause für beide Männer so aus, daß sie sich auf den breiten Rand eines Reifens stellen, ein Fleischsandwich aus seiner Plastikumhüllung wickeln und es im Stehen, *en plain air*, essen. Ehrlich gesagt, ißt Brent sein Brot meistens sogar schon auf dem Weg von Irvings Tankstelle, wo er es gekauft hat, das heißt schon vor Sonnenaufgang. Danach arbeitet er dann immer, ohne es zu merken, die Mittagszeit durch. Im Gegensatz zur alten Vorstellung vom gierigen Holzfäller, der alles vertilgte, was der Lagerkoch ihm vorsetzte, kann Brent einen ganzen Tag durcharbeiten, ohne Hunger zu verspüren. Grampy Boyd schwelgt noch immer in der Erinnerung an den besten Koch, den er je gehabt hat – Jim Sleep hieß er – und an die Haschees, die Stews, die gebackenen Bohnen (»Echo-Pflaumen« nannten die alten Holzfäller sie), die Krapfen, die Aufläufe und die Puddings, die er zaubern konnte. In jenen Tagen haben die Männer manchmal viermal am Tag Essenspausen eingelegt, weil sie ihre Mägen für die harte körperliche Arbeit, die sie verrichteten, immer wieder neu füllen mußten. Natürlich sei es, wie Brent gern bestätigt, harte *körperliche* Arbeit gewesen. Für ihn selbst besteht die größte Anstrengung an manchen Tagen darin, daß er die Reifen hochklettert, um in seine Kabine zu kommen.

Um zur Straße zu gelangen, könnte Brent entweder durch den Wald oder über die neugeschaffene Schneise gehen, die mit Fällrückständen übersät ist. Von seinem günstigen Standpunkt auf dem Reifen überblickt er diesen grünen, sonnenbeschienenen Pfad. Aufgetaute Stellen blinken feucht zu ihm hoch. Er entscheidet sich für die Waldroute, wo der Schnee noch härter ist, und springt vom Reifen auf den Boden.

Der Geruch an Brents Arbeitsplatz ist einzigartig. Die Hersteller seines Harvesters preisen zwar in ihrer Werbebroschüre die überlegene Ergonomik der Maschine in den höchsten Tönen, aber die Innenausstattung mit all ihrem Komfort könnte niemals mit dem umwerfenden Duft eines frisch gefällten Waldes mithalten. Wenn er aus dem Harvester aussteigt, ist es so, als wenn er seinen Kopf in einen Bottich mit Wintergrün-Öl halten würde, es ist so, als wenn er über ein Feld voller Zuckerstangen gehen und dabei ein ganzes Päckchen Pfefferminzkaugummi kauen würde. Brent durchquert eilig das Waldstück, das er noch fällen muß, macht einen Bogen um hartes Unterholz und junge Bäume und versucht, die nassesten Stellen zu meiden, wo das Eis auf ständig wachsenden Pfützen schwimmt. Unter dem Baldachin der Äste ist die Luft still und reglos, so daß das leichte Plätscher- und Tröpfelgeräusch um so lauter klingt. Einige der niedrigen Büsche sind schon mit festen Kügelchen übersät, den prallen Ansätzen von Knospen. Vor dem Tauwetter wird er diesen Teil nicht mehr schaffen. Hier wird es Frühling werden: die Knospen werden sich öffnen, zartgrüne Blättchen werden sich zu winzigen Ovalen ausrollen, und Vögel werden anfangen, ihre Nester zu bauen. Dann wird die Sonne alles wieder hart werden lassen, und Brent wird seine Arbeit beenden und den Rest des Waldstücks fällen können.

Mit einem Platsch landet er auf der schlammigen Straße, die zum Highway führt, wo er seinen Halbtonner stehengelassen hat. Seine hohen Gummistiefel versinken im Wasser zwischen den dünnen Binsen. Eben gerade fährt sein Vater seinen Sattelschlepper langsam rückwärts den steilen Abhang vom Highway hinunter und wühlt dabei eine Menge Schlamm auf, während die Reifen halb darin versinken. Der Schlamm ist luftig, beinah flockig. Um diese Jahreszeit passiert nämlich folgendes: Jede Nacht friert das Wasser in der Erde und läßt sie anschwellen, am nächsten Morgen taut es wieder auf und hinterläßt überall im Schlamm winzige Luftlöcher, die ihm die Konsistenz eines sehr dickflüssigen Milchshakes verleihen. Genaugenommen ähnelt er sogar stark der Schokoladenmousse, die Brent im vergangenen Winter gemacht hat (Joy und er hatten eine »Dreimal-Elch«-Dinnerparty gegeben, die den Wintertrübsinn vertreiben sollte, es hatte Elchfilets gegeben und Moosehead-Bier, also Elchkopf-Bier, und dazu den Nachtisch). Jedenfalls ist die Straße beinahe unpassierbar.

Sein Vater fährt immer noch rückwärts mit seinem Laster, er quält sich zentimeterweise hinunter, und die Reifen sinken weiter in den Matsch, doch schließlich schafft er es auf ebenes Gelände. Er schwingt sich aus seiner leuchtendroten Kabine, auf die sein Name in weißer, orange abgesetzter Schattenschrift gepinselt ist. Er macht ein paar Schritte und beäugt das kurze, steile Stück Wegs, das jetzt von seinen Reifen tief durchpflügt ist. Er ist ein großer

Mann, größer noch als Brent, und hat Pranken wie Catcherhandschuhe. Er trägt seine übliche Arbeitskleidung, Hemd und Hose aus demselben schweren waldgrünen Tuch. Weißliche Haarbüschel gucken unter seiner Baseballmütze hervor. Er hat auch das passende strahlende Grinsen eines Zehnjährigen, nur versteckt er es etwas mehr.

»Hallo, Dad«, sagt Brent, leicht und federnd, wie es seine Art ist.

»Hallo.« Ein angedeutetes liebevolles Lächeln. Ein Schneidezahn ist goldgefaßt.

Darauf geht ihre Unterhaltung eine Minute lang stumm weiter, während beide, die Hände in den Taschen, den Schlamm betrachten und, ohne es auszusprechen, dasselbe denken, so daß, als dann wirklich einer redet, die Unterhaltung schon im Gange ist.

»Ob wir wohl schottern sollten?« sagt Howard.

»Ich weiß nicht, wie oft du hier noch runter mußt.«

»Zwei oder drei Sonnentage würden ihn gut austrocknen und festbacken.«

»Stimmt«, sagt Brent, nachdem er einmal Luft geholt hat. »Kurz bevor das passiert, wäre es wohl gut, wenn wir deine Fahrrillen wegmachten, oder?«

Howard spuckt scharf durch die Zähne und nickt einmal in Richtung seiner Schlammspuren.

Vater und Sohn verabschieden sich beiläufig, und Brent stiefelt durch das weiße, schokoladige Zeug bis zur Hauptstraße hoch, wo Dave an der Motorhaube eines Wagens lehnt, der am Straßenrand parkt. Die Fenster sind heruntergekurbelt, und drinnen sitzt ein älteres Ehepaar: Daves Eltern. Alle drei essen Hähnchenteilchen zum Mitnehmen aus Pappschachteln, auf denen »Dixie Lee *Poulet Frit.*« steht.

Brent lacht. »Wir werden noch mal richtig vornehm, wo wir jetzt sogar schon zum Essen ausgehen.«

Dave ist etwas älter und fülliger als Brent, er hat einen Schnurrbart, der ihm wie ein mächtiges Zeichen des Mißfallens im Gesicht steht und ihn brummiger aussehen läßt, als er ist. Er lächelt über Brents Kommentar, bleibt an die Motorhaube gelehnt und kaut weiter an seinem Hähnchen.

Unten am Ende des Abhangs fängt Howard jetzt an, seinen Laster mit dem Holz zu beladen, das Dave den ganzen Morgen lang eingesammelt und am Wegrand gestapelt hat. Dafür muß er eine eingebaute Leiter zu einem kleinen Spezialsitz hochklettern, der wie ein metallener Rettungsschwimmerstuhl aussieht und mitten auf der extralangen offenen Ladefläche montiert ist. Von dort aus bedient er einen gelenkigen Ladebaum mit einem Greifer. Der kann zehn Stämme auf einmal packen und sie mühelos wie Spaghetti auf die Ladefläche hieven. Der Wagen faßt etwa zwanzig Klafter, und Howard braucht eine knappe Stunde zum Beladen. Er hantiert mit Ladebaum und Greifer so lässig wie andere Leute mit Messer und Gabel. Die riesigen Metallteile spreizen und senken sich, sie schließen und heben sich mit der Präzision und Eleganz russischer Balletttänzer. Theoretisch könnte Howard mit dem mächtigen Greifer eine Flasche Limonade hochheben.

Nachdem Howard alles aufgeladen hat, schiebt er mit dem Kopf des Ladebaums die Stämme in Reih und Glied, so daß keiner irgendwo rausragt. Gerade vorige Woche noch mußte er 150 Dollar Strafe zahlen, weil er nicht ordentlich geladen hatte, was, wie Brent einigermaßen amüsiert berichtet, Howard in Weißglut gebracht hat, weil die Fahrt an dem Tag, genau wie heute, keinen Kilometer weit ging. Er braucht gerade mal eine Minute bis zur Mühle bei Four Corners und dann noch mal fast eine Stunde, um das Holz wiegen zu lassen und auszuladen.

Brent weiß ziemlich genau, wo die Bäume, die er gerade fällt, schließlich landen. Er kann an der Sorte, der Größe und der Qualität des Baums erkennen, ob er Bolzenholz, Feuerholz oder Spulenholz erntet (das geschmacklos ist und deshalb häufig für Dinge wie Zungenspatel und Eisstiele gebraucht wird) oder ob es sich um Holz für Pulpe handelt (aus der meistens Papier gemacht wird). Bevor er überhaupt anfängt zu fällen, besichtigt er das entsprechende Waldstück und schätzt die Qualität ein. Danach entscheidet er, mit welcher Mühle er einen Abnahmevertrag schließt, da die verschiedenen Mühlen sich auf unterschiedliche Forstprodukte spezialisiert haben.

Irvings Papiermühle steht unten in Saint John an der Fundy-Bucht. Je nachdem, in welche Richtung die Strömung geht, hat man den Gestank schon in der Nase, bevor man noch die Gebäude sieht. Der Geruch ist zum Nasezuhalten – eine Art schwefeliger Brodem hängt in der Luft – und hat mit dem Bleichprozeß des Papiers zu tun. Ein Teil der Pulpe wird zu Romanen, zu Teebeuteln, Ärztekitteln, Papiertüchern, Windeln und Katalogen verarbeitet. Aus einem weiteren Teil wird Zeitungspapier, das über Straße, Schiene und Wasser zu den Kunden gelangt: den Zeitungen hier in der Provinz, die Irving gehören, und anderen

Zeitungskonzernen jenseits der Landesgrenzen, unten im Süden und in Übersee.

Doch über diesen Teil denkt Brent selten nach – so kauft er zum Beispiel seinen wöchentlichen *Kings County Record* nicht, um darüber nachzugrübeln, daß die Anzeigen und die Artikel, die er in Händen hält, vielleicht auf einen Baum gedruckt sind, den er gefällt hat. So weit geht seine innere Verbindung zu den Bäumen nicht, auch wenn etwa 50 Prozent dessen, was er erntet, in den Bottichen mit der haferschleimartigen Masse landen, aus der dann schließlich Papier wird. Er kann sich erinnern, daß er in der Schule etwas über Kernland und Hinterland gelernt hat. Ersteres spielte die Rolle des strahlenden Zentrums von Industrie, Handel und Kultur. Letzteres war der bescheidene Lieferant der Rohmaterialien.

Als er so alt war, daß er dieses Prinzip begreifen konnte, war ihm klar, daß New Brunswick eindeutig zur Sorte Hinterland gehörte. Es wurde hier ja nichts Bedeutendes hergestellt, weder seine Turnschuhe noch seine Schulbücher, noch seine Hockeyschläger und nicht einmal seine Lieblingsschlager. All das kam aus den Städten weiter westlich, prächtigen Kernland-Orten wie Toronto und Montréal, oder natürlich aus Städten im Süden, in den Vereinigten Staaten. New Brunswick mochte vielleicht seinen bescheidenen, schlichten Beitrag an Fisch und Holz und Käse leisten, aber die wirklich stolzen Schöpfungen der Menschheit kamen von anderswo her. Und dieses Hinterlandgefühl, dieses alte Bewußtsein, daß man zu den rückständigen, den niederen Zonen gehörte, hat Brent nie verlassen, es bildet sogar einen wesentlichen Bestandteil seiner New

Brunswicker Identität. Deshalb würde er auch nie auf die Idee kommen, daß er die Endprodukte der Bäume, die er fällt, bis zu sich selbst zurückverfolgen könnte.

*

Sie treffen sich zum Essen in Rory's Pub hinter der Irving-Tankstelle – nicht der von Four Corners, sondern der auf der anderen Seite der Eisenbahnschienen, am LoFood und am Eighth-Hussars Sportzentrum vorbei und über den kleinen Brückenhuckel, mitten in der Stadt. Sussex ist die Heimat von etwa 4000 Kanadiern und dazu einigen ständig hier lebenden Amerikanern (oder Wehrdienst-Drückebergern, wie Howard sie hartnäckig nennt) und wirkt auf den ersten Blick ziemlich verschlafen. Das Zentrum kann mit ein paar Geschäften (darunter zwei Geschäften für Farmerbedarf und einem Laden für Angel- und Jagdausrüstungen) aufwarten, einer wöchentlichen Viehauktion und außerdem mit einer besonderen Attraktion, der sogenannten Egg Fountain, die aus einem alten steinernen Brunnen mit einem stets tropfenden Hahn besteht, der über einer natürlichen Quelle errichtet worden ist. Ein traditioneller Streich besteht darin, daß man einen ahnungslosen Besucher dorthin führt, damit er das hochgepriesene Wasser koste, daß, wie der Besucher, kaum daß er es im Mund hat, merkt, haargenau wie grauenhaft verfaulte Soleeier schmeckt. Ein weiterer einheimischer Zeitvertreib bestand früher im Bowling auf der einspurigen Kegelbahn im Keller der Kirche, direkt gegenüber der stinkenden Quelle. Der Raum wird mittlerweile von einem Kindergarten genutzt.

Noch ist die Stadt mit einer alten Schneekruste überzogen, die aussieht wie hartnäckiger Schorf, der nicht verschwindet, obwohl die Wunde schon längst nicht mehr weh tut. Anzeichen von Frühling lassen sich nur in dem Schlamm auf den Stiefeln der Menschen und in den Schaufensterauslagen entdecken: Osterbücher in dem No Other Name Christian Book Store oder Sonderangebote bei den Schneeräumungsgeräten in Moffetts Eisenwarenladen. Auch wenn der auftauende Boden sich schon hinderlich auf die Waldarbeiten auswirkt, so wird der richtige Frühling doch noch eine Weile auf sich warten lassen. In Hatfield Point, wo Brent aufgewachsen ist, brauchte der Frühling immer eine Ewigkeit, bis er endlich einzog. Manchmal blieb die Belleisle Bay noch bis Juni ein durchgehender Eisblock, und Brent konnte sich vor das Haus seiner Kindheit stellen und mit einem einzigen Atemzug den süßen Duft der Blumen auf den Wiesen und die kalte, frische Brise wahrnehmen, die vom Eis herüberwehte.

Brent parkt seinen Halbtonner und geht über den Parkplatz zu Rory's Pub, der von außen wirklich nicht besonders aussieht: ein langer, fensterloser, ein wenig abstoßender Schuppen. Sobald er in die Tür getreten ist, umwirbelt ihn der Geruch von heißem Fett und Zigarettenrauch wie ein Rudel Hunde, die ihn freudigst begrüßen. Es herrscht das anheimelnde Gewusel der Mittagsgäste. Billardkugeln klacken, Dartpfeile treffen in Bullenaugen aus Kork, Gelächter, Besteckgeklapper und Country-Westernmusik vermischen sich zu einer freundlichen Geräuschtapete.

Brent und Joy haben sich hier kennengelernt, als der Pub noch ein Tanzsaal war. Joy lebte damals allein in einem kleinen Backsteinhaus in der Main Street, wo ihre Wohnung über einer Imbißstube lag, die The Anthill hieß. Brent lebte zu der Zeit mehr oder weniger in einem Wohnwagen im Wald und kam nur alle paar Tage seine Eltern besuchen, um zu duschen und richtig auszuschlafen. Als sie anfingen miteinander zu gehen, fanden einige Leute die Verbindung ein wenig unpassend: Joy, die in der Stadt wohnte und einen Abschluß in Sozialarbeit hatte, und Brent, der in den Wäldern lebte und keinen Abschluß in irgendwas vorweisen konnte. Sie hatten, ohne voneinander zu wissen, einige Zeit gemeinsam an der Universität von New Brunswick verbracht, wo Brent mehr Zeit vertrödelte, als ihm heute lieb ist, und als er endgültig aufhörte, fehlten ihm noch zwei Seminare fürs Examen. In jenen Tagen ihrer ersten Verliebtheit erlebte Joy häufig komische Reaktionen, wenn sie auf die Frage antwortete, wie Brent denn sein Geld verdiene.

»Er arbeitet in den Wäldern«, pflegte sie darauf unter Verwendung seines Ausdrucks zu sagen, oder sie antwortete noch schöner und fast schon genial: »Er ist ein Schläger« – womit sie auf das Gerät anspielte, das er vor dem Harvester benutzte.

Die Leute sagten dann: »Oh! ...«, verzogen die Augenbrauen ein wenig und legten diese Information im stillen irgendwo in den unteren Regionen ihres Kopfes ab, gleichzeitig bemüht, ein höflich neutrales Gesicht zu machen.

Nach solch einem unausgesprochenen Urteil konnte Joy schlecht ein Loblied anstimmen und erzählen, daß Brent ganz im Gegensatz zu den Unterstellungen ihrer Freunde einen lebhaften philosophischen Verstand besaß, daß er

Alice Munro und Michael Ondaatje las, ihr eigenhändig Gemüse einlegte, Früchtekuchen buk und die Börse verfolgte. Sie konnte auch nicht erwähnen, daß er in den Museen für Luftfahrt und für Wissenschaft und im Kriegsmuseum für Ottawa – wenn sie schon längst keine Lust mehr hatte – immer noch jedes Ausstellungsstück gründlich studierte. Denn es ist leider eine traurige Tatsache, daß sich selbst in der Provinz, in der die Forstwirtschaft eigentlich allen vertraut sein sollte, die negativen Stereotypen hartnäckig halten. So stellte 1987 eine ministerielle Arbeitsgruppe fest, daß die Leute »mit dem Begriff Waldarbeiter (oder ›Holzfäller‹) heute eine Arbeit am Rande des Existenzminimums verbinden oder sie für eine Art letzten Ausweg halten«. Zum Glück ist es Brent und Joy einigermaßen egal, was die Leute über Waldarbeit denken. Die Kehrseite eines gewissen nationalen Charakterzugs, den Brent »Entschuldigung auf kanadisch« nennt, ist ein angenehmer Mangel an Wichtigtuerei – man sorgt sich einfach nicht allzu sehr um seinen Ruf.

Rory's ist jedenfalls eine unverhohlene Sorte Hinterland-Pub, angefangen von den stämmigen Gästen in Stiefeln und Arbeitshemden über das Geländefahrzeug, das in einer Ecke auf Kisten steht (eine Tombola: der Gewinner bekommt nicht nur den Wagen, sondern auch die Kiste mit Alpine-Bier, die verschämt auf dem Klappsitz thront), bis zu den Kellnerinnen, die die Namen sämtlicher Gäste kennen. Joy bestellt Cäsar-Salat und *poutine* (französisch für Cholesterin, wie Brent gerne sagt), ein neuschottländisches Gericht aus Kartoffelscheiben, Soße und Käse. Brent bestellt Fisch und Chips. Und Zwiebelringe. Als sie gebracht werden, verzehrt er jeden einzelnen mit Ketchup, er läßt einen gebratenen Ring an seinem Finger baumeln und quetscht einen Klacks Würze aus der Plastikflasche darüber.

Ihr Geplauder beim Essen hat etwas spielerisch Joviales. Beinahe so, als wäre ihnen ein Streich gelungen, weil sie sich einfach am hellichten Tag treffen, was ihrem Rendezvous einen Hauch von erschlichener Verwegenheit verleiht. Brent ist schon für den kommenden Herbst total ausgebucht, und keiner dieser Jobs liegt so nah an seinem Wohnort wie sein augenblicklicher. Es wird lange dauern, bis sie sich wieder zum Essen bei Rory's treffen können. Aber auch wenn Brent jetzt manchmal anderthalb Stunden zu seinem Arbeitsplatz in den Wäldern fahren muß, so ist das gar nichts im Vergleich zum ersten Jahr ihrer Ehe.

Damals hatte er gerade über eine halbe Million Dollar (hauptsächlich Geld der Bank) in den Harvester und den Transporter investiert. Um den Kredit pünktlich zurückzahlen zu können, hielt er es für das beste, wenn die Maschinen rund um die Uhr liefen. Er stellte also zwei Männer ein, die nachts damit arbeiteten. Nun war Brent der erste in der gesamten Provinz, der so eine Maschine besaß, und da der Harvester technologisch sehr viel weiter entwickelt war als die anderen Forstgeräte, hatte Brent dauernd Ärger mit Pannen und Defekten. In jenem Jahr kam er jeden Abend gegen sieben oder acht mit einer Handvoll Drähten und der Bedienungsanleitung für den Harvester nach Hause. Er breitete alles auf dem Teppich aus und versuchte bis nach Mitternacht, den Fehler zu beheben. Wenn er am nächsten Morgen wieder in den Wald fuhr, wußte er nicht, ob er das

Problem nun gelöst hatte oder nicht. Oder aber er kam nach Hause und hörte von Joy, daß die Nachtschichtjungs angerufen hatten, der Harvester täte es nicht mehr. Also mußte er auf der Stelle kehrtmachen und wieder dahin zurückfahren, wo er gerade hergekommen war – voller Ärger über die verlorene Zeit, da Harvester und Männer untätig rumstanden.

Am Ende stellte sich heraus, daß die Verkürzung auf eine Schicht wirtschaftlicher war. Und obwohl es ihm leid tat, daß er die Männer entlassen mußte, war es eine Erleichterung. Brent ist nämlich gemäß eigener Einschätzung ein gräßlicher Boß, weil es ihm einfach gegen die Natur geht, andere Leute zu kommandieren. Trotzdem ist er technisch weiterhin nicht nur ein Boß, sondern auch noch der Direktor eines Unternehmens – denn strenggenommen ist er kein Selbständiger, sondern Angesteller jenes Gewerbes, mit dem er offiziell während seiner Studienzeit angefangen hat, als er, um ein bißchen dazuzuverdienen, Waldjobs angenommen hatte.

Damals hatte er keine Ahnung, daß er tatsächlich mal am Beruf des Waldarbeiters hängenbleiben würde. Er interessierte sich in jener Zeit für politische Wissenschaften und Soziologie, hatte aber kein genaues Ziel, keine konkreten Berufsvorstellungen und keinerlei akademischen Ehrgeiz. Gleichzeitig trieb es ihn immer schon in die Wälder. Als er sein Unternehmen gründete, glaubte er allerdings, es sei nur ein vorübergehendes Geschäft, deshalb benannte er es auch mit der Verwegenheit eines jungen Mannes, der sich eine schöne Zeit an der Universität macht, nach einem der berühmteren Kronjuwelen von England. Ehe er sich's aber versah, wurde die Forstarbeit zu seinem Lebensberuf, und der offiziell registrierte Name des Unternehmens folgte Brent zu seiner nicht geringen Verlegenheit bis in sein Erwachsenenleben. Kurzum, das erklärt, weswegen er heute Direktor eines Unternehmens ist, das sich Koh-I-Noor nennt.

Brent steckt seine Gabel forschend in die Überreste von Joys *poutine.*

»Hast du Mausefallen besorgt?« Ihr ist eingefallen, daß sie ihn erinnern wollte, und sie senkte ihre Stimme ein wenig, als wollte sie die Menschen an den Nebentischen nicht erschrecken.

»Das erledige ich noch.« Joy hat ihm von einer Weißfußmaus berichtet, die sie gestern gesehen hat, und nachdem er mit dem Versuch, sie davon zu überzeugen, daß »Mäuse nicht im Menschen-Beiß-Gewerbe sind, sondern im Menschen-Vermeide-Gewerbe«, gescheitert ist, hat er versprochen, sich heute auf die Suche nach einer Falle zu machen. Er hat, nicht ohne Belustigung, festgestellt, daß sämtliches Ungeziefer, das ins Haus eindringt, von Ameisen über Weißfußmäuse bis vermutlich zu wilden Bären, automatisch in seine persönliche Verantwortung fällt, als hätte er es extra eingeladen.

Joy sagt, sie muß heute nachmittag noch bei LoFood vorbei, um Vorräte für das Gemeinschaftshaus abzuholen, und fragt Brent, ob ihm noch etwas einfällt, was sie zu Hause brauchen.

»Mausefallen.« Er macht einen Witz.

Sie kraust die Nase: *Ha ha.*

Sie spielen ihre Unterschiede in alle Richtungen aus,

sticheln und plänkeln und machen sich wechselseitig über ihre Privatausdrücke lustig (Joy sagt »Pflaumenlaib« statt »Rosinenbrot« und »Schlabbermann« statt »Sweatshirt«; Brent sagt »ein Pips« statt »ein bißchen« und »ein Haufen« statt »sehr viel«). Brent ergeht sich auch gern in der Zahlensprache: dieses Waldstück hat soundso viel Hektar, jene Ladung wiegt soundso viel Klafter, die Mühle ist soundso viel Kilometer entfernt, der Kurs steht bei soundso viel Dollar. Er weiß, daß seine Handspanne dreiundzwanzig Zentimeter beträgt und seine Armspanne einen Meter achtzig und daß eine Dollarnote fünf mal fünfzehn Zentimeter mißt. Praktisch nützen ihm diese Maße nicht viel, aber es macht ihm Spaß, sich mit solcherlei Dingen zu beschäftigen. Bei Autofahrten verdeckt er gerne mit einer Hand den Kilometerzähler und läßt Joy raten, wieviel sie wohl schon gefahren sind. Joy, die meistens nicht die geringste Ahnung hat, findet es lustig, daß Brent es lustig findet, und spielt nachsichtig mit. Sie weiß wiederum, daß er fürchterlich empfindlich ist in Dingen wie öffentlichem Händchenhalten, was für sie natürlich ein mächtiger Ansporn ist, ihn jedesmal an die Hand zu nehmen, wenn sie die Main Street entlanggehn. Sie scheinen sämtliche Situationen, in denen sie in Streit geraten können, humorvoll zu lösen. Wenn zum Beispiel Ellens Windeln gewechselt werden müssen, spielen sie eine Runde Stein–Schere–Papier, um zu entscheiden, wer die Ehre hat.

Jetzt bringt die Kellnerin die Rechnung, beide fördern ein paar Scheine zutage und prüfen, wieviel sie haben.

»Ach ja, Norm hat angerufen«, sagt Brent. Norm ist der Bezirksingenieur des Straßenamts. Er arbeitet ganz in der

Nähe von Brents Waldstück, drüben bei dem Streusalzverschlag. Außerdem ist er ein Nachbar der Boyds, und seine Frau paßt jeden Tag auf Ellen auf. »Er hat Besuch gekriegt und wollte wissen, ob er die Leute heute nachmittag mitbringen kann.«

»Will wohl angeben?« sagt Joy. »Was sind das denn für welche?«

Brent zuckt die Achseln. »Regierungstypen.« Er kennt das schon, daß Leute kommen, um ihm bei der Arbeit zuzusehen: Forststudenten, Leute von Irving, Forstaufseher, alles mögliche. Er weiß, daß genaugenommen nicht er es ist, dem die ganze Aufmerksamkeit gilt, sondern sein Harvester. Die Maschine kommt aus Finnland und ist in der ganzen Welt, von Australien über Rußland und Chile bis nach Zimbabwe im Einsatz, trotzdem ist sie hier in der Provinz – sogar in ganz Nordamerika – noch so neuartig und selten, daß die Leute, die ihm zuschauen, gaffen, als würde er ein Raumschiff oder eine Zeitmaschine bedienen. Ihre staunenden Gesichter drücken aber etwas aus, was man leicht vergißt, wenn man tagein, tagaus hinter den Armaturen sitzt: die Geschwindigkeit und die Leichtigkeit, mit der der Harvester lebendige Bäume in mühlenfertige Holzstücke verwandelt, haben tatsächlich etwas Furchteinflößendes, ja Überwältigendes.

Joy hat den Harvester nie zu fahren versucht, mit dem Transporter aber hat sie gearbeitet – ein einziges Mal, vor Jahren, und nicht länger als fünfzehn Minuten. Irgend etwas war damals passiert und hatte aus dem ersten zugleich das letzte Mal gemacht. Obwohl sie mit der Maschine für eine Anfängerin ausgesprochen geschickt umging, alle

Steuervorrichtungen exakt bediente und das Holz glatt auflud, brach sie ganz plötzlich in Tränen aus und mußte Brent über Funk im Harvester anrufen und ihn schluchzend bitten, ihr zu helfen. Sie kann das Gefühl, das sie an jenem Tag überkam, immer noch nicht beschreiben. Vielleicht hatte es mit der Unermeßlichkeit zu tun – der Wälder oder der Maschine oder der Einsamkeit –, einer drückenden, unendlichen Unermeßlichkeit, die sie schrecklich einschüchterte.

Heute lachen sie darüber, Brent und Joy, und beide mit spürbarem Gefallen an dem Vorfall. Und sie finden ihn um so komischer, als das, was Joy zum Weinen brachte, immerhin Brents Beruf ist, den er sich ausgesucht hat und der ihn in einem Rhythmus von acht, zehn oder zwölf Stunden am Tag beschäftigt, aber eben auch lebendig hält. Sie unterscheiden sich wirklich in tausend Dingen. Und offenbar gefällt es ihnen so. Es scheint, als würden sie auf dem Gebiet, auf dem ihre Unterschiede liegen, eine wunderbare gemeinsame Grenze erkennen, als würde all das Gegensätzliche und Befremdliche am anderen ihre Verbundenheit noch verstärken.

## *Ruth*

Wenn sie nach vier Tagen, in denen sie sich tief in ihre Teetassen-Farm vergraben hat, wieder in der Fabrik zu ihrer ersten Schicht erscheint, fühlt Ruth sich immer ziemlich verloren. Es ist auf neutrale Weise hell draußen, als sie an diesem rauhen Nachmittag auf das Gelände von Anchor

Hocking fährt. Vor der Fabrik herrscht kaum Verkehr, da die Schicht von drei bis elf schon vor etwa einer Stunde begonnen hat. Aber während ihrer Fahrt zur Arbeit hat sie überall Anzeichen von Aufbruch bemerkt, als sammle sich die ganze Stadt für ihre tägliche Verwandlung: die grauer werdende Luft, die ersten moschusduftenden Rauchfahnen, die Spätbusse, die Kinder absetzen, die nach der Schule ein Clubtreffen hatten oder nachsitzen mußten, der zunehmende Verkehr auf der Einkaufsstraße, wo alles in dichtem Gedränge zusammenzuströmen scheint, um Gehacktes und gebackene Bohnen und Tomatensaft in Gläsern zu kaufen – lauter kräftige Grundnahrungsmittel, die an einem kalten Abend schnell zuzubereiten sind. Man spürt, wie jeder, im Geiste oder tatsächlich, nichts als nach Hause will, mit Blick auf die Uhr oder den sich verdunkelnden Himmel, jeden zieht es zu Wohnzimmer, Pantoffeln, Abendbrot und TV.

Ruth hält im Leerlauf vor dem Pförtnerhaus, wo ein breitschultriger Mann mit grauem Bürstenhaarschnitt und einer Windjacke mit der Aufschrift »Tri-Angle Security« ihr ein langgezogenes »Taaach, Ruth« zuruft und einen Stapel rosa-gelber Fehlabschnitte hinhält. Jeder Streifen steht für einen Bandarbeiter, der sich für die folgende Schicht abgemeldet hat. Ruth nimmt den Stapel, runzelt die Stirn über seinen Umfang und knallt ihn aufs Armaturenbrett, während sie am Pförtnerhaus vorbei zum Parkplatz fährt. Sie wird einige Zeit brauchen, bis sie die Arbeit für die folgende Schicht anhand der neuen Zahlen umverteilt hat. Was ihr aber noch mehr zu schaffen macht, ist, daß sie den meisten, die sich für heute abend in die Liste der Nachhausegehenden eingetragen haben, absagen muß. Es sind zwar immer einige dabei, die schlicht keine Lust zum Arbeiten haben, aber die anderen, die um einen freien Abend bitten, sind wirklich krank oder haben persönliche Gründe. Ruth kennt die meisten Arbeiter so gut, daß sie das unterscheiden kann, und es fällt ihr schwer, die zweite Gruppe zu enttäuschen. Aber da sind Anordnungen, die ausgeführt, Sendungen, die noch im Laufe dieser Nacht verpackt und verladen sein wollen. Sie hat noch nicht einmal das Gebäude betreten, und schon haben sich ihre Gedanken von der Farm entfernt und wenden sich dem Glas zu.

Den Zettelstapel und das gelbe Eßpaket in der Hand, den braun-marineblauen Geldbeutel über die Schulter gehängt, geht Ruth ein wenig steif (sie kriegt das, was sie Knoten in den Gelenken nennt) über den Parkplatz zur Rampe und wechselt vom kalten blauen Ohioabend in die stets gleichbleibende Luft der Fabrik. Drinnen herrschen das stetige, schwach orangefarbene Licht ewiger Schlaflosigkeit und der ständige Lärm der Maschinen – die mächtige, feurige Rotation der Apparate im Brennraum, die vierundzwanzig Stunden lang, wie mechanische Legehennen, geschmolzenes Glas in Förderrinnen entlassen, um anschließend jeden einzelnen abkühlenden Klumpen mit metallenen Armen und Fingern in die vorgegebene Form zu pressen, zu klopfen und zu zwängen. Dazu das Klappern und Ruckeln der Glasware, die langsam, fließbandartig durch den Kühlofenbereich wandert, zwischendurch das Klirren und Zerspringen defekter Artikel, die zu Bruchglas werden, das ständige Vogelkreischen der rangierenden Gabelstapler, und schließlich, ziemlich wirkungslos in dem ganzen Lärm, die kaum vernehmbaren Ansagen, die in regelmäßigen Abständen über die Lautsprecheranlage erklingen. Ruth ruft einem halben Dutzend Leuten winkend Grüße zu, während sie auf dem gekennzeichneten Weg zum Sluer-Büro geht. In der Zeit, die sie bis dorthin braucht, ist ihr – heute wie an jedem Abend – hinter ihrem rechten Ohr sozusagen ein Bleistiftstummel gewachsen.

Das Sluer-Büro ist unscheinbar. Es sieht aus wie ein langer hellblauer Schuppen, der neben der Maschinenhalle und gegenüber dem Kühlraum an die Rückwand der Fabrik geklatscht ist. Durch seine zwei mickrigen Fenster – eher schon Luken – kann man die Abteilungen und Arbeiterbereiche am Ende jeder Kühlstraße überschauen. Heute abend sind vierzehn Abteilungen in Betrieb, und jede steht für eine andere Produktsorte. Hinter ihnen, am Ende des Flurs, ist auch der Brennraum zu erkennen, der ein Leuchten von einer anderen Qualität als das eher gelbliche Licht bei Sortieren und Packen ausschickt. Der Brennraum strahlt ein wunderschön bewegliches weißorangenes Licht aus, das etwas von einem heißen, flackernden Creamsicle hat, und es gefällt Ruth, daß sie es von ihrem Büro aus sehen kann.

Auf der Tür des Sluer-Büros steht in schwarzen Buchstaben, die zum Teil verwischt sind, SORTIER-PACK-BÜRO. Die Begriffe »Sortieren und Packen« und »Sluer« werden bei Anchor Hocking unterschiedslos benutzt, auch wenn niemand genau weiß, woher das Wort »Sluer« kommt. Einige frühe amerikanische Glasfabriken benutzten den Begriff *sloar* für ihre Protokollbücher, in denen verzeichnet wurde, wer wieviel Stück von welcher Sorte an einem Tag gefertigt hatte. Ruth hat gehört, das Wort stamme aus dem Französischen. Viele der frühen Siedler von Lancaster waren allerdings nicht französische, sondern deutsche Glasmacher, die von Pennsylvanien weiter nach Westen gegangen waren. Und ein holländisches Lexikon definiert das Wort *sleur* als etwas, das routinehaft, immer gleich, eintönig ist. Woher das Wort auch ursprünglich kommen mag, es ist fest im Fabrikjargon verankert, und Ruth benutzt es meistens, wenn sie von ihrem Arbeitsplatz spricht.

Nachdem sie die Tür hinter sich geschlossen hat und der Lärm nur noch gedämpft zu hören ist, begrüßt sie Pam, ihre Tagesschichtkollegin, und hängt ihre Jacke in den schwarzen Spind neben ihrem gemeinsamen Schreibtisch. Ruth trägt einen Overall aus Jeansstoff, einen weinroten Rollkragenpulli und schwarze Turnschuhe. Ihre Ohrläppchen zieren schlichte goldene Kreolen, und an einer kurzen Halskette hängt ein kleines goldenes Mickey-Maus-Amulett. Pam ist jünger als Ruth und hat babyfeines ins Weißblonde spielendes Haar, das auf Kinnlänge geschnitten ist, und ihre großen Augen wirken hinter den runden Brillengläsern noch größer, wie bei einer Eule. Zwischen den beiden Frauen herrscht ein unkomplizierter, freundlich-trokkener Umgangston, frei von aller Förmlichkeit. Sie haben die lakonische Vertrautheit von Kriegskameraden, die in ihrem Falle aus der gemeinsamen Arbeit und derselben Art Ärgernisse erwachsen ist, aber auch mit ihrem Geschlecht zu tun haben. Ohne viel Zeit mit Höflichkeiten zu verlieren, machen sie sich sofort an die Arbeit: Ruth stützt sich auf den Metallschreibtisch, beugt ihr graues Haupt über Pams Schulter und liest mit, während Pam im schwarzen Drehstuhl mit ihrem Bericht über sämtliche relevante

Arbeitsvorkommnisse beginnt, die sie während ihrer Schicht auf verschiedenen losen Blättern und in dem eselsohrigen Protokollbuch vermerkt hat.

Das Ganze findet im Glasfabrikjargon statt, wobei Pam mit ihrer Gummiaussprache zusätzliche Silben in die Wörter einschiebt: »Also, zwei-vier, das lief den ganzen Tag wie geschmiert ... Zwei-fünf? Der würd ich siebzig geben, und sie wird immer besser. Eine von den alten Formen hat einen Fleck oder so was – sieht aus wie ein Splitter, ist aber keiner ... Ich mußte dreiviertel der ersten Lieferung zu Bruch machen ... Drei-drei, mag ich gar nicht laut sagen, kannst du dir vorstellen, die kam gleich von Anfang an mit fünfzig raus?«

»Donnerwetter«, sagt Ruth mit ihrer tiefen, rauhen Stimme, deren Timbre genauso angenehm ist wie ihre Gesichtszüge und die Form ihrer Hände.

»Du wirst 'ne gute Nacht haben. Drei-vier, da brauchst du fünfundsiebzig Lieferungen, und im Augenblick sind sie bei vierundfünfzig. Das heißt ein Arbeitswechsel für morgen ... Okay, Stapelpacken hier, falls du es schaffst, daß deine Neuen da mitkommen. Das hier haben sie oben um elf in der Kartonmontage gemacht ... Ach, ich habe übrigens die Fiber-Trennteile gefunden ...«

Und so weiter und so weiter, alle Zahlen und Codes in kurzer, schneller Folge. Einige der Zahlen beziehen sich auf bestimmte Arbeitsbereiche. Drei-vier meint zum Beispiel den Bereich, in dem die Stücke bearbeitet werden, die über die vierte, mit Tank drei verbundene Kühlstraße herunterkommen. Andere Zahlen beziehen sich auf verschiedene Artikelsorten. Ein Margarita-Glas von vierzehn Unzen unterscheidet sich zum Beispiel von einem fünfzehn-einviertel-Unzen-Margarita-Glas durch eine andere Arbeitsnummer. Wieder andere Zahlen beziehen sich auf den Durchschnittsprozentsatz von brauchbarer Ware, die von einer Kühlstraße kommt. Für jeden Arbeitsbereich gibt es eine feste Zahl, die den Prozentanteil von normalerweise als zufriedenstellend aussortierten Produkten angibt – bei klobigerer Ware kann er bis auf 85 Prozent hinauf angesetzt werden. Für zerbrechlichere Gegenstände wie Gläser wird er manchmal nur mit fünfzig angesetzt. Jedesmal, wenn der tatsächliche Anteil von fehlerloser Ware diesen Standard übertrifft, erhalten die Männer hinten im Brennraum einen Bonus.

Pam blättert schnell um, ihr Finger wischt mit einem kratzenden Geräusch über die Seite des Buchs, während sie ihr Kaugummi mit mehr Energie bearbeitet, als man nach einer Zwölfstundenschicht vermuten sollte, es ist dieses etwas rastlose, abgespannte Aktivieren letzter Reserven. Ruth hört zu, runzelt angespannt die Stirn und registriert alle Folgen, die sich aus den Zahlen, die Pam runterrasselt, für ihre eigene nächtliche Arbeit ergeben. Geistesabwesend steckt sie sich zwei gelbe Schaumgummipfropfen in die Ohren. Sie liegen, einzeln verpackt, in einer Schachtel oben auf dem Aktenschrank. Die Vorschrift lautet, daß man sie, ebenso wie Schutzbrillen, draußen in der Halle zu tragen hat. Davon ausgenommen sind Brillenträger, deren Brille gilt als ausreichend.

»Ach ja.« Pam entdeckt etwas Wichtiges in den Notizen, die sie auf einen gelben Notizblock geschrieben hat. Sie macht eine Vierteldrehung mit ihrem Stuhl und holt ein

Muster vom Schreibtisch hinter sich. Es handelt sich um eine Sahneschale, auf die ein Techniker der Qualitätskontrolle mit blauem Filzstift einen Kreis gemalt hat. Dieser Kreis soll auf einen praktisch unsichtbaren Streifen im Glas hinweisen. Ruth nimmt die Schale in die Hand, hält sie gegen das Licht und nickt. »Ich würde sie nicht rausschmeißen«, sagt Pam, »aber wir müssen ein Auge drauf haben.« Als nächstes versorgt sie Ruth mit den Kümmernissen einiger Arbeiter: einer hat sich in den Fuß geschossen und braucht eine »sitzende« Tätigkeit, eine andere hofft, daß sie heute abend nach Hause kann, weil ihr Kind ein Blutgerinnsel hat, und noch ein anderer wird suspendiert, weil er wiederholt nach Hause gegangen ist, ohne die Stechuhr zu bedienen. Am anderen Ende haben Andy und Floyd unterdessen das enge Büro betreten und erledigen ruhig die Einzelheiten ihres Wachwechsels.

Endlich ist Pam mit allen Notizen auf ihrer Liste durch und macht jetzt eine kleine Verschnaufpause. Dann erzählt sie noch einen Vorfall vom heutigen Tag. Sie hatte einige fehlerhafte Ware in den Brennraum zurückgebracht, um den Männern dort mitzuteilen, daß das, was vom Laufband kam, nicht in Ordnung war. Es gehörte zur Aufgabe der beiden bei Sortieren und Packen, den Brennraum von allen vorkommenden Mängeln in Kenntnis zu setzen, nicht zuletzt deshalb, weil die Brennraumarbeiter im Unterschied zu denen bei Sortieren und Packen ein begründetes finanzielles Interesse daran haben, die Standardmargen zu überschreiten. Deshalb sollte man annehmen, daß sie dankbar für solche Informationen wären, erhalten sie doch die Chance, den Fehler zu korrigieren. Pam und Ruth wissen allerdings, daß das Überbringen solcher Mitteilungen eine heikle Angelegenheit sein kann, je nachdem, wer gerade während der entsprechenden Schicht unten im Brennraum arbeitet. Einige Männer empfinden die Benachrichtigung über fehlerhafte Ware als persönlichen Vorwurf. Sie werden wütend, da sie nicht wahrhaben wollen, daß es was zu bemängeln gibt, und werden keinen Finger krumm machen, um den Fehler zu beheben.

»Jedenfalls«, sagt Pam, während sie sich in ihren Stuhl lümmelt und Ruth einen ihrer vergrößerten sarkastischen Blicke zuwirft, »er hat dann eins von diesen ›Na-dann-*tschüß*-Süße‹ losgelassen, als wenn er nicht mehr mit mir darüber reden wollte, und mir wär' fast der Kragen geplatzt. Bevor die frech wurden, ging's mir eigentlich gut.«

Ruth kneift den Mund zusammen, so daß die Falte über ihrer Oberlippe sich vertieft, und stößt einen Grunzer aus, einesteils aus Mitgefühl für ihre Kollegin, andernteils um sich selbst zu wappnen. Ruth Lamp läßt sich nach Möglichkeit keine Kritik mehr gefallen. Das hat sie in etwa auch damals zu den Zwillingen gesagt, als sie noch klein waren: *Ihr müßt mich nicht lieben, aber wehe, ihr respektiert mich nicht.* Ihr Bedürfnis nach Respekt ist viel zu lange in ihrem Leben zu kurz gekommen. All jene Jahre in Columbus mit den viel zu vielen Erinnerungen daran, wie sie ständig auf Händen und Knien lag, wörtlich und im übertragenen Sinne. Immerzu hat sie als junge Ehefrau und Mutter nur saubergemacht, Böden geschrubbt, Fenster geputzt, jede denkbare Fläche bearbeitet und versucht, ihrem Mann und ihrer Schwiegermutter zu gefallen. Stets hat sie versucht, möglichen Vorwürfen schon zu begegnen, ehe sie noch geäußert waren. Sie hat sich kleinmachen lassen und Jahrzehnte damit verbracht, sich für anderer Leute Schäbigkeit zu entschuldigen. Nachdem sie nun schon fast sechzig Jahre auf dieser Erde weilt, ist Respekt etwas, auf das sie unter keinen Umständen mehr verzichten will.

Nachdem sie die Fackel für heute übergeben hat, steht Pam auf und läßt eine hohe schlanke Olive-Oyl-Gestalt sehen, nur in der Mitte verrät eine hübsche Rundung, daß sie ihr erstes Kind erwartet. »Das wär's, und eigentlich müßtest du eine ruhige Nacht haben«, faßt sie zusammen. Ihr Gesicht wirkt eingefallen und aschfarben vor lauter Müdigkeit, aber ihre Stimme zwitschert noch munter, jetzt, wo sie weiß, daß sie gehen kann. Sie holt eine wattierte blaue Jacke aus dem Schrank, schnappt sich ihre Tasche vom Schreibtisch, bemerkt den gelben Haftzettel, den sie drangeklebt hat, um nicht zu vergessen, daß sie TANKEN muß, pappt sich den Zettel frech vorn an ihre Jacke, worüber Ruth kichern muß, und gibt ihren letzten Segen, bevor sie aus der Tür eilt: »Hoffentlich hast du's stinklangweilig!«

Die Zeiger der Uhr rücken gleichmütig in die Vier-Uhrdreißig-Position, theoretisch noch volle dreißig Minuten, bis Ruths Schicht beginnt, aber Pam und sie haben sich angewöhnt, daß Staffelholz ein wenig früher zu überreichen; folglich kommt Pam morgen auch schon vor fünf. Ruth hat lieber ihre festen Zeiten anstatt rotierende Schichten wie die Bandarbeiter. Bei deren Tageseinteilung würde ihr Körper immer hinter dem herhinken, was gerade von ihm erwartet wird. Sie ist zwar nicht begeistert über die zwölf Stunden Arbeitszeit, aber gegen die Nachtschicht hat sie nichts. Dann kann sie nämlich die Dinge auf der Farm bei Tageslicht erledigen. Und auch wenn Arbeiter und Maschinen beide rund um die Uhr oder »vierundzwanzig/sieben« arbeiten, so ist die Werkshalle nachts doch meist etwas weniger bevölkert, was die Arbeit auch weniger anstrengend macht. Heute nacht werden sie bei Sortieren und Packen achtundsechzig sein, falls nicht noch weitere Absagen kommen.

Ruth nimmt auf dem vorgewärmten Drehstuhl Platz, beugt sich über die Rechenmaschine und beginnt Zahlen einzutippen. Zweieinhalb Meter entfernt unterhalten sich Andy und Floyd auf ihre nüchterne, gedämpfte Weise. Das einzige andere Geräusch stammt von dem asthmatischen Ventilator, der über Ruths Schreibtisch angebracht ist und von dem niemand so recht weiß, wie er abzustellen ist. Er springt je nach Lust und Laune an und schaltet sich aus und trägt wenig zur Erfrischung der Luft im Sluer-Büro bei, hält sie insgesamt aber eher nüchtern kühl.

Nichts in dem Büro ist dazu angetan, es zu einem Ort zu machen, den man behaglich nennen könnte. Der Fußboden aus rissigem Linoleum von undefinierbarer Farbe wird von den paar rötlichschwarzen Gummimatten, die hier und da verteilt sind, weder aufgehellt noch besänftigt. Die eingezogene Zwischendecke hat das Aussehen von einem ungesunden Gebiß: mal betont das allzu helle Licht mehrerer Neonröhren, mal – wo eine Lichtleiste fehlt – ein gähnendes Loch das staubige Grau. Der Raum zwischen Fußboden und Decke dient einzig und allein kontinuierlicher Produktivität. Die perönliche Note fehlt fast völlig: ein Ein-Seiten-Kalender vom Colonial Inn Restaurant in Logan, Ohio, mit der Aufschrift »Grüße zum Fest«, eine kleine amerikanische Flagge, die im Glas mit den Bleistiften steckt, und ein Trikot der Pittsburgh Steelers in Puppengröße, das mit Saugknöpfen an der Fensterscheibe haftet.

Das Büro besteht hauptsächlich aus schwarzem Metall und grauem Plastik – und aus Papier: endlose Stapel von Formularen mit Überschriften wie »Strafregister«, »Beurteilung von Neueinstellungen«, »Einsparungen«, »Pforte«, »Ausschuß«, »Tätigkeitswechsel« oder »Arbeitskontrolle«. In dem trüben Durcheinander stehen einzelne Glasgegenstände, wie etwa die Sahneschale, ein einsames Whiskeyglas, kaputtes Kuchengeschirr und ein bernsteinfarbener runder Aschenbecher – alles sieht in der sterilen Beleuchtung ziemlich verloren und billig aus. In dieser Umgebung scheint es angebrachter, die Gegenstände als »Waren« zu denken und nicht als »Glas«, denn der Raum scheint seine funktionelle Trübseligkeit auf alles zu übertragen, was darin ist.

Allerdings läßt sich das Sluer-Büro auch nicht als kalter Ort bezeichnen. Die Wärme, die ihn verschönt, wird von den Menschen erzeugt, die sich darin aufhalten. Diese Wärme ist nicht überströmend, sie ist eher auf eine unangestrengte, bescheidene Weise vorhanden und hat einen gewissen familären Anstrich. Ruth schiebt die Rechenmaschine beiseite und schaut hoch: Die Uhrzeiger haben sich zur Fünf vorgearbeitet, und zwar so dicht, daß sie schon mit der ersten Kanne Kaffee anfangen kann. Andy hat längst die Jacke angezogen und die Baseballmütze aufgesetzt und ist gegangen, Floyd sieht die Zettel auf seinem Schreibtisch durch, und Ruth muß sich an ihm vorbeischlängeln, um die

Kanne im schuhschachtelgroßen Spühlbecken zu füllen. »Wenn ich Hafer pflanzen will«, sagt sie ohne jede Überleitung, »wann sollte ich den am besten aussäen?«

Floyd hebt die Augen fünf Zentimeter über seinen Schreibtisch und kräuselt die Lippen. »Hafer im Frühling, Weizen im Herbst.« Er ist ein scheuer, ernster Mann, schlank und unscheinbar in seiner dunkelblauen Hose und dem blauen Hemd mit heruntergeknöpftem Kragen und einer Taschenklappe mit dem Aufdruck »Sicherheit ist Teil jeder Arbeit bei Anchor Hocking«. Sein Gürtel ist so alt, daß das Leder an manchen Stellen schon brüchig und aufgerauht ist. Er pfeift ziemlich häufig durch die Zähne, was weich und überraschend fröhlich klingt.

»Da müßte ich ihn jetzt ja ziemlich bald aussäen.« Ruth dreht den Wasserhahn zu und trägt die Kanne etwas steifbeinig zu dem Tisch mit Kopierer und Kaffeemaschine. »Ich hab den Elektropflug heute früh in Gang gekriegt«, verkündet sie mit einer Lebhaftigkeit, die gewöhnlich die Kundgabe von Geburt und Liebe und sonstigen wichtigen Lebensereignissen begleitet.

Floyd nickt gemächlich, und sein vorspringendes Kinn gräbt eine Kerbe in die Luft. Hinten auf seinem Laster hat er ein Gestell angebracht, in dem er Rinder transportiert. Er kauft sie jeweils im Frühling, um sie zu mästen und im Winter zu schlachten, und so unterhalten er und Ruth sich während ihrer Zwölfstundenschichten häufig über Farmarbeit. Ruth erzählt ihm jetzt von dem Garten, den sie in diesem Frühjahr anlegen will, den ersten richtigen Garten, den es auf der Farm geben wird, denn das ganze letzte Frühjahr war sie nur damit beschäftigt, das Dach zu flicken und die Fenster auszubessern. Noch ist es zu kalt, um Süßkartoffeln zu setzen, aber mit den Erbsen könnte sie schon beginnen. Auch grüne Bohnen will sie pflanzen und ein paar Gurken. Die Narzissen stecken schon recht voreilig und naseweis die Spitzen heraus. »Ich hatte heute morgen etwas Schnee«, erzählt Ruth und tut Kaffeemehl in den Filter. »Hat alles ein bißchen weiß bestäubt.«

Er nickt wieder, obwohl sie in seinem Rücken steht. »Leichter Wind«, gibt er nach einem kurzen Augenblick von sich, entweder als Zustimmung oder vielleicht auch als Ergänzung. »Wahrscheinlich hast du da oben in deinem Nest den Wind nicht mal bemerkt.«

»Stimmt. Ich hab nichts gespürt in meiner kleinen Teetasse.« Die dünne Schneedecke hatten schon die ersten schwachen Sonnenstrahlen weggetaut, Ruth hatte vorne auf ihrer Veranda gestanden, und es war ein schönes Gefühl gewesen, den unmittelbaren Aufeinanderprall von Wärme und Kälte zu erleben: die eine Jahreszeit war alt, fast abgestanden, und näherte sich ihrem Ende, die andere war jung und zart und so willkommen wie die ersten Frühkartoffeln, die Ruth in diesem Frühjahr mit geräucherten Würstchen braten wird. Barfuß und ohne ihren Morgenmantel (in der Abgeschiedenheit ihres Nestes kann sie sich das erlauben) hatte Ruth dagestanden, mit kalten Fingern ihren Kaffeebecher umfaßt und den Blick über das sanfte Auf und Ab der Wiese bis hinunter zum brombeerüberwachsenen tiefen Graben schweifen lassen.

Eine breite Zunge des Grabens schwingt sich kühn zwischen Haus und Scheune hindurch, und es hat sich soviel Müll darin angesammelt, daß die Rinne schon fast Rasenniveau erreicht – ein Hinweis darauf, daß Ruth noch zu kurz hier wohnt, um alles schon in Ordnung gebracht zu haben, und daß vor ihr eine andere Sorte Menschen hier gelebt hat, solche, die es für passend hielten, ihre Wiese als Abfallgrube zu benutzen. Das meiste in dieser Minimüllkippe besteht aus verrostetem Metall: Blechbüchsen und alte kaputte Haushaltsgeräte, Sprungfedern und Nägel. Dazu ein bißchen Plastik: einige Flaschen und Deckel, der Rest einer Plane. Dazwischen Gummireste: ein Stück Gummischlauch, wahrscheinlich von einem Reifen, und das, was von einem alten Turnschuh übriggeblieben ist. Alles andere ist längst von seiner geprägten Form befreit und wieder zu Erde geworden – mit anderen Elementarteilchen im Himmel und auf Erden erneut vereint.

Ein weiterer Müllberg liegt im Wald hinter dem Haus, direkt auf dem Weg zur Überlandleitung, wo Ruth oft mit Shenna zwischen Waldakelei, schwarzen Himbeeren und Rührmichnichtan spazierengeht. Er hat etwas Eigenartiges, Hartnäckiges, fast schon milde Lästiges, dieser immer noch vorhandene Müll jener anderen Familie. Shen beschnüffelt ihn jedesmal, aber nicht ausdauernder, als sie einen Baumstumpf oder einen Pilz oder einen bemoosten Stein untersuchen würde: auf sie in ihrer wölfischen Unvoreingenommenheit üben diese Überreste menschlichen Lebens keinen besonderen Zauber aus. Für das menschliche Auge dagegen haben die weggeworfenen Gerippe, die kaum noch zu identifizieren sind, durchaus etwas Sinnfälliges, auch wenn sie nur noch Chiffren sind für das, was sie einst waren, bedeuteten und taten: in ihnen leben die Geschichten unbekannter Menschen fort, die längst verschwunden sind.

Wenn sie ohne Morgenrock vorne auf ihrer Veranda steht, kann kein Nachbar sie sehen, und doch ist sie hier draußen nicht wirklich allein. Natürlich ist da Shen, und da sind die wilden Truthühner und das Rotwild und die Singvögel im Walnußbaum. Und es umgibt sie all das, was sie liebt und in der Farm aufbewahrt: die Überreste ihrer alten Hunde Cheyenne und Princess, die unter dem Apfelbaum begraben sind, das zusammengeklappte Akkordeon, das sie an ihre kirchlichen Erweckungsversammlungen erinnert, die gerahmten Bilder ihrer Familie und die paar Porzellan- und Kritallgegenstände, die sie von einer lieben alten Freundin in Columbus bekommen hat. Aber es ist eben auch der fremde Mülll, der ihr Gesellschaft leistet, es sind jene deutlichen Spuren von aderen Menschen, die für sie Fremde sind, aber dennoch in demselben Haus denselben Tätigkeiten nachgegangen sind wie sie heute: sie haben gekocht, gegessen, gewaschen, im Garten gearbeitet, herumgetollt, geschlafen, gewacht. Und auch wenn sie vorhat, den Müll zwischen Scheune und Haus irgendwann demnächst wegzuschaffen, bezweifelt sie, ob sie den Müll am Waldweg jemals anrühren wird. Jenen Haufen, jene Totems, deren Bedeutung ihr unbekannt ist, wird sie höchstwahrscheinlich in Ruhe lassen.

Das schmuddelige Telefon auf ihrem Schreibtisch klingelt einmal, sie nimmt den Hörer ab und sagt automatisch: »Sortieren und Packen, Ruth«, so als gehörten diese Wörter stets zusammen. Ein kurzes Schweigen, und dann folgt ein typisches Fabrikgespräch, das knapp, präzise und mit Zahlen gespickt ist und mit einem freundlichen »Vielen Dank« endet. Der Bleistiftstummel wird hinterm Ohr vorgeholt, sie schreibt, der Stummel wandert wieder an seinen Platz. Ein Schluck Kaffee, und der Becher wird abgesetzt. Noch ist er fast voll, wenn sie das nächste Mal davon trinkt, wird der Kaffee schon abgekühlt sein, und der Weißmacher wird sich am Rand der Flüssigkeit abgesetzt haben. Noch einen Schluck. Sie steht auf.

Die Hälfte ihrer Arbeitszeit verbringt Ruth nicht im Sluer-Büro, sondern unterwegs im Werk – sie geht ins Lager wegen neuer Strichcode-Etiketten für die Packer, in den Kühlraum, wo Stichproben eine ganze Batterie von Tests durchlaufen, in den Raum, wo die Kartons bedruckt werden, oder in den Deko-Raum, wo speziell georderte Glasware mit Firmenlogos, wie Chi-Chi's, Pizza Hut oder Red Lobster, versehen wird. Manchmal sammelt sie auch einfach nur Informationen ein oder verteilt welche, ein andermal ist sie eher auf allgemeiner Erkundungstour und versucht, sich mit hunderterlei Dingen gleichzeitig auf dem laufenden zu halten. Das reicht von den Glaswaren bis zu den Arbeitsteams in jeder Abteilung und von dem Zettel mit Abmeldungen bis zur Gießrinnenbeschickung. Ihr Schritt ist schnell und ausgreifend, wenn auch etwas abgehackt wegen ihrer verdickten Gelenke (manchmal scheint sie ihre Beine vorwärts zu werfen, ohne in der Hüfte abzuknicken). Wenn sie die Halle durchquert, setzt sie ihr Arbeitsgesicht auf, das heißt, sie blickt aufmerksam und konzentriert: ihre jeansblauen, eher undurchdringlichen Augen springen wie Vogelaugen flink von einem Punkt zum nächsten. Jene Linie über ihrem Mund, ein Werk der Zeit und der Mühsal, hat sich mittlerweile tief eingekerbt.

Aber sie legt ihr Arbeitsgesicht auch sicher ein dutzendmal auf einer einzigen Tour durchs Werk mühelos ab: zum Beispiel wenn ein stämmiger junger Mann mit grüner Schutzbrille und in kariertem Arbeitshemd sie mit spitzbübischem Grinsen in die Seite kneift oder wenn sie sich zu einer älteren Frau in dottergelbem Sweatshirt hinüberbeugt und fragt, ob es mit ihrem Hautausschlag besser wird. Oder sie geht forsch auf einen Mann zu und fährt ihm mit ihrem Finger über den Hinterkopf. »Wollte nur mal nach Beulen suchen«, sagt sie dabei mit nicht ganz unbewegter Miene, worauf er rosig anläuft und schallend lacht – sie spielt auf einen allen bekannten Vorfall an, bei dem er, ein Barhocker und die Schwerkraft eine Rolle spielten.

In der Umgebung der Werkshalle wirken fast alle seltsam gebrechlich oder ausgeliefert – gleichsam reduziert. Die Beleuchtung und die Art der Arbeit haben tatsächlich etwas Erbarmungsloses. Die Haut wirkt wächsern oder talgig oder teigig, und alles tritt plötzlich deutlich hervor: spinnwebartige Adern, schuppige Trockenheit, Pickel, Runzeln, Hautflecken, Tränensäcke. Die meisten Arbeiter ziehen bequeme Sachen an: Sweatshirts, Turnschuhe und T-Shirts, die über Hose oder Rock hängen, anderslautende Anweisungen existieren nicht. Die von der OSHA vorgeschriebenen lästigen Schutzbrillen und die Ohrstöpsel in leuchtenden Farben runden das Bild ab. Sie haben etwas Entpersönlichendes, Clownhaftes und sind wie kleine Demütigungen, denen jeder ausgesetzt ist. In dieser Atmosphäre werden die seltenen Ausbrüche von Scherz, Flirt und Unflätigkeit – ein Mann, der auf dem Weg zum Pausenraum seinem Kumpel einen freundlichen Vogel zeigt, oder eine Frau, die so tut, als wollte sie ihren Nebenmann am Band anmachen – zu regelrechten Heldentaten, zu lebendigen Beweisen von Unbotmäßigkeit.

Wegen des allgemeinen Lärms von Ventilatoren, Zerhakkern, Förderbändern und Gabelstaplern muß man wie beim Stille-Post-Spiel direkt ins Ohr der Leute sprechen, dabei legt Ruth nicht selten eine Hand auf den Rücken oder die Schulter des Betreffenden. Sie nennt alle, Untergebene wie Vorgesetzte, beim Vornamen, und viele dieser Namen hören sich ganz altmodisch an, sie klingen nach amerikanischer Prärie, nach Gingan-Stoff, Model-T-Wagen und Hustenbonbons: Dottie, Erna, Myrtle, Rex, Smokey, Eldon oder Homer. Nach einem Gespräch tritt sie jedesmal einen Schritt zurück, um ihrem Gegenüber einen Momentlang in die Augen zu sehen, und jetzt hat sie keinen Vogelblick mehr, sie registriert keine neutralen Daten, sondern sucht den menschlichen Kontakt, signalisiert Vertrautheit. Es scheint, als habe sie ein Gesicht für das Glas und eines für die Menschen, und sie wechselt vom einen zum anderen, ohne darüber nachzudenken, reagiert einfach so, wie die Situation es erfordert.

Wenn sie Glas prüft, hat sie das Verhalten eines Veterinärs. Sie bewegt sich zwischen der Ware, die von den Bändern kommt, in einer Mischung aus klinischer Distanziertheit und höchster Aufmerksamkeit, bleibt stehen und nimmt Whiskey- oder Saftgläser in die Hand, als wären es Kätzchen oder Küken, deren Geschlecht sie sondiert. Sie hebt sie hoch, als fasse sie sie am Genick, mal zwei, mal vier auf einmal, dreht sie um, sucht den Boden nach kaum sichtbaren Malen ab und setzt sie wieder auf das Förderband. Manchmal forscht sie nach verdeckteren Fehlern, hält das Glas gegen das Licht oder dreht es langsam in der Handfläche und tastet Boden und Wand nach Unebenheiten ab. Wenn sie draußen in der Werkshalle ist, scheinen die alten Reflexe der Fließbandarbeiterin wieder in ihr zu erwachen. Selbst wenn sie nur auf eine Durchsage antwortet oder eine Botschaft überbringt, kann sie ihre Hände nicht vom Glas lassen. Wenn sie zum Beispiel ein Stück vorbeirütteln sieht, das nicht dem Standard entspricht, sortiert sie es aus – eine Konfektschale etwa mit zu vielen Tränen oder ein Saftglas mit scharfem Rand, den die Feuerpolitur nicht geglättet hat. Sie nimmt es dann vom Band, dieses anstößige Stück, und wirft es beiläufig auf die Rutsche, die das Bruchglas auf ein Band befördert, das zurück in den Brennraum läuft, wo es schließlich wieder für eine neue Zukunft umgeschmolzen wird: ein wunderbar bündiger, vereinfachter Lebenszyklus.

Manchmal landet ein Stück Glas, das jemand aussortiert hat, so heftig auf dem unteren Band, daß es krachend zerschmettert und einige Splitter auf den Boden fliegen. Ein andermal fällt es so sanft wie eine Feder und setzt seine Reise praktisch intakt fort. Weder das eine noch das andere scheint irgend jemanden zu kümmern. Das ungezügelte Vergnügen, das ein Außenstehender vielleicht mit dem absichtlichen Zerschmettern von Glas verbindet, ist hier unbekannt, es kommt in der Monotonie von Sortieren und Packen nicht vor. Selbst das Aussortieren von Bruchglas geschieht mit chirurgischer Sachlichkeit. Niemand nimmt das Klirren und Zerspringen wahr, die Arbeiter zucken nicht mehr zusammen, sie freuen sich nicht mehr an den kleinen Explosionen, sehen das Lichterspiel in den spitzen, durchsichtigen Scherben auf dem Boden nicht mehr, der manchmal wie ein verrückter besternter Himmel aussieht.

Ruth greift sich zwei randverstärkte Biergläser, die frisch vom Band kommen, und gerät mit dem Daumen an einen unsichtbaren Sprung. Ein dicker Blutstropfen quillt aus dem fleischigen Polster, verharrt eine Weile zitternd und beginnt hinunterzulaufen. Sie betrachtet ihn, wie ein Fahrer vielleicht eine große Kiste anschauen würde, die mitten auf der Straße liegt, und macht darauf genauso sachlich weiter, nur daß sie ihre Hand anders hält, damit es nicht tropft. Sie prüft das zweite Glas, stellt es wieder aufs Band, wirft das mit dem Sprung zum Bruchglas, untersucht noch ein paar weitere, wobei sie darauf achtet, daß sie nicht mit Blut beschmiert werden, und erst dann geht sie, ohne Eile, zur Krankenstation. Die Krankenstation liegt wenige Meter hinter der Werkshalle und ist vergleichsweise von geradezu himmlischer, urtümlicher Ruhe, alles wirkt geputzt und adrett. Der grüne Linoleumboden ist frei von Glasscherben und unglaublich blank – wie die spiegelnde Oberfläche eines Sees an einem ruhigen Tag. Sally, die Schwester, telefoniert gerade hinter ihrer Bürotür, Ruth wäscht und verbindet ihre Schnittwunde selber und macht sich auf den Rückweg.

Die Kartons, die in dem Kistenraum bedruckt werden, geben die verschiedenen Sorten von Glaswaren an, die fertig verpackt auf ihre Auslieferung waren. Sie stehen auf Paletten, die mit dem Gabelstapler zum Fahrstuhl transportiert werden, der sie hinunter in den Keller befördert. Von dort aus werden sie per Bahn zum knapp zehn Quadratkilometer großen Auslieferungslager gebracht, das fünf Kilometer weiter westlich liegt. Auf den Kartons stehen Ausdrücke wie »Fully Tempered Excellency Wines«, »Sweetbriar Beverage Set« oder »Canfield Footed Cake Set«. Andere Erzeugnisse heißen »Beacon Hill«, »Essex«, »Regency«, »New Orleans«, »Alexandria«, »Hoosier«, »Hampton« und »Rhapsody«. Und diese Namen beschwören Dinge und Szenerien, die wenig mit dem Herkunftsort der Waren in Lancaster, Ohio, zu tun haben. Ruth wandert zwischen ihnen hindurch und registriert ihre Beschriftungen nicht als etwas Unpassendes, sondern schlicht als Arbeitsaufträge. »Beacon Hill« hat für sie nicht die spezielle Aura von Boston und seinen alteingesessenen Familien, sondern meint einfach Highball-Gläser mit gekörntem Boden.

»Hallo, Ruth!« ruft ein entschieden fröhlicher junger Mann ihr zu, dessen Aufgabe es ist, den Hallenboden mit dem Besen zu bearbeiten, und unaufhörlich Glasscherben zusammenfegt. »Hör mal, wenn es morgen schneit, mußt du mit mir die Bosse mit Schneebällen bepfeffern!«

Ruth lacht ihr tiefes, trockenes Lachen.

»Ach«, dem Mann fällt noch was ein. »Ich soll dir ausrichten, daß ihnen noch ein Tisch für die Party fehlt.«

Gerade wird eine Abschiedsparty für Pensionäre in einem jener Pausenräume vorbereitet, wo die Bandarbeiter jede Stunde zehn Minuten lang ausruhen und pro Schicht eine halbe Stunde Mittagspause machen dürfen. (Alle drei Schichten nennen sie Mittagspause, ganz egal, ob die entsprechende Mahlzeit um sechs Uhr abends oder um sechs Uhr früh oder zu irgendeiner anderen Zeit vertilgt wird.) Ruth kann einen kleinen Holztisch auftreiben, der im Augenblick nicht zum Packen benutzt wird. Sie nimmt ihn und trägt ihn, sich an den aufgezeichneten Fußgängerpfad haltend, durch die Halle. Sie keucht an den Automaten vorbei, über denen ein riesiges Plakat allen rät: »Mit gebückten Knien hebt sich's wie von allein!«, und erreicht schließlich den Pausenraum hinten in der Ecke, wo sich herausstellt, daß »ein Tisch fehlt« eine ziemliche Untertreibung ist.

Sämtliche sichtbaren Flächen in dem fensterlosen Raum aus Schlackenstein sind mit Eßbarem bedeckt, und zwei Frauen arrangieren Rice Crispies auf einem Tablett und blasen bunte Luftballons auf. Es könnte sich auch um ein kirchliches Treffen, einen Schulausflug oder einen Jahrmarkt handeln, so viel haben die Leute zu essen mitgebracht: Pfannen mit gebratenen Hähnchen, Schalen mit Kartoffelsalat und Eiersalat, Töpfe voll dampfender Makkaroni und Spaghettisoße, Schüsseln mit gebackenen Bohnen und Dreierlei-Bohnensalat, Gummibärchen und Brezeln und Kartoffelchips, gefüllte Eier, eingelegtes Gemüse, Wackelpudding und einen Blechkuchen vom Ausmaß eines kleinen Bettlakens. »Ich hab gehört, ihr könnt einen Tisch gebrauchen.« Ruth stellt das Möbel ab und überblickt den Raum. »Meine Güte«, sagt sie beeindruckt.

»Danke, Ruthie«, sagt die Frau ohne Ballon im Mund. »Bedien dich. Wir haben Tonnen zu essen hier.«

»Ich komm vielleicht noch mal vorbei«, verspricht sie und wirft einen letzten bewundernden Blick über das kulinarische Büffet, bevor sie den Raum verläßt. Nebenan ist der Pausenraum für Raucher: da ist am meisten los. Durch das Fenster in der Tür kann sie sehen, daß sich drinnen eine Menge Leute drängen, einige balancieren schon vollbeladene Teller auf dem Schoß. Ein Mann sieht sie durch das

Glas und winkt ihr mit einer Plastikgabel zu. Ruth grinst und winkt zurück. Sie hat vorigen Sommer das Rauchen aufgegeben, nachdem sie erst einen Autounfall mit einem betrunkenen Fahrer hatte und anschließend eine Lungenentzündung bekam – sie, die nie krank wird. Sie hat damals keine großen Pläne gemacht und keinen Pakt mit sich geschlossen, sondern irgend etwas in ihr hat jeden Tag dafür gesorgt, daß sie nicht rauchte, und jetzt sind es schon sieben Monate ohne eine Zigarette. Es war so, als hätte jemand versucht, ihr etwas mitzuteilen.

Ruth kann sich nur an eine einzige andere ernsthafte Krankheit erinnern, und das war auf einer der Pachtfarmen, wo sie als Kind gelebt hat. Sie war damals vielleicht sechs Jahre alt und hatte sich schon einige Tage lang elend gefühlt mit Gliederschmerzen, Fieberschauern und Atembeschwerden. Ihre Familie hielt jedoch nichts von Ärzten, und an jenem Morgen sollte das kleine Mädchen allein zu Hause ausruhen, während ihre Mutter in den Stall zum Melken ging. Als sie nun so ganz allein auf dem Sofa lag, fiel ihr das Atmen immer schwerer, lauter Tausendliterkannen mit Wasser schienen auf ihre Lunge zu drücken. Ihr war, als schlüpfe die Idee von Ruth an jenem Morgen aus dem fiebrigen Kinderkörper, als vertreibe sie etwas aus ihrem Fleisch, und als ihre Mutter endlich wiederkam, sagte Ruth zu ihr: »Ruf den Pfarrer, bitte«. Ihre Stimme klang zwar krank, aber trotzdem sehr klar und entschieden, als wäre die Person, die da sprach, viel älter als sechs.

Der apostolische Pfarrer kam sofort hinaus zur Farm, und sie wachten und beteten drei geschlagene Stunden lang bei Ruth. Danach fühlte sie sich auf wunderbare Weise besser.

Es hatte keiner anderen Mittel bedurft, nur der Gebete des Pfarrers und seines Glaubens, die in sie einsickerten wie eine goldene Brühe, so daß die Fieberschauer aufhörten und die Schmerzen in ihrer Brust nachließen, und nach ein paar Wochen war sie endgültig auskuriert. Kein Arzt hat sie damals untersucht oder ihrer Krankheit einen Namen gegeben, aber nach dem, was Ruth über die Symptome weiß, vermutet sie, daß es eine Rippenfellentzündung war. Und das Erlebnis jenes Gesundbetens vor mehr als fünfzig Jahren ist ihr noch so lebhaft im Gedächtnis, als sei es gestern gewesen.

Ebenso lebhaft sind Ruths Kindheitserinnerungen an die Kirche insgesamt, zumindest die ganz frühen Erinnerungen, bevor sie auf die High-School kam und anfing, sich dagegen aufzulehnen, daß die Lehren der apostolischen Kirche sie von ihren Klassenkameraden absonderten. Zu jener Zeit begann sie darunter zu leiden, daß sie bei bestimmten Dingen, wie Musikproben und Pfadfinderinnentreffen, nicht mitmachen durfte, wenn sie auf eine Gebetsstunde fielen. Auch ins Kino durfte sie nicht oder weltliche Musik hören. Und sie begann, sich über all die Vorschriften zu ärgern: kein Make-up, kein Schmuck (nicht mal den Klassenring), keine Rocksäume überm Knie, keine Ärmel überm Ellbogen, keine Schuhe, bei denen man Zehen oder Fersen sehen konnte. Und was am schlimmsten von allem war, sie durfte sich ihr Haar nicht zu einem modisch wippenden Bubikopf schneiden lassen. Das war die Zeit, da sie Schritt um Schritt das Herz ihrer Mutter brach. Ruth begann, an ihrem Haar herumszuschnippeln, nur ein paar Zentimeter jede Woche, so daß ihre Mutter (wie sie hoffte) nichts merken würde. Und dann ging sie eines Tages zu der wöchentlichen Unterhaltungsveranstaltung des lokalen Radiosenders und spielte ihr Akkordeon. So glitt sie immer mehr ins Weltliche hinein, und eh sie sich's versah, hatte sie ihre Mutter und die High-School und Lancaster insgesamt verlassen, war mit siebzehn verheiratet und nach Columbus gezogen.

Nein, ihre Erinnerungen an die Kirche stammen alle aus einer früheren Zeit, aus jener Zeit, als sie noch ein kleines Mädchen war und mehrmals in der Woche mit ihrer Mutter zum New Life Christian Center ging. Dort tauchte sie in eine Glaubenstradition ein, die so machtvoll wie Mondschein war. Sie weiß noch, wie sie manchmal während des Gottesdiensts einschlief, den Kopf im Schoß ihrer Mutter, und erst durch die merkwürdigen, vertrauten Geräusche des Pfarrers aufgeweckt wurde, der »in Zungen« redete oder vielmehr brüllte, oder durch das Keuchen und Durcheinanderschreien von Gemeindemitgliedern, die gespürt hatten, wie der Heilige Geist in sie gefahren war. Ruth selbst war mit neun oder zehn gerettet worden, sie hatte damals, wie die Gemeinde es ausdrückte, die Gabe des Zungenredens empfangen. Und ähnlich wie die Erinnerung an ihre einstige Gebetsheilung ist jenes ekstatisch-rhapsodische Erlebnis fest und unverwechselbar in ihrem Herzen verankert.

Immer wenn Ruth heute an dem gepflegten neuen New Life Christian Center, draußen an der Route 22, vorbeifährt und die geschwungene Raumschiffarchitektur und den riesenhaften asphaltierten Parkplatz sieht und dazu dieses Ding, das wie eine Filmleinwand aussieht und den Vorbeifahrenden verspricht: HIMMELWÄRTS! GRATIS-FLUGSTUNDEN DRINNEN, spürt sie, fast gegen ihren Willen, eine leichte Skepsis – nicht gegen den Glauben oder die Gabe des Zungenredens, oder gegen das Geheimnis jener Gegenwart, die Gott heißt, sondern gegen das neumodische Gebaren ihrer Kirche. Ein Skandal vor einigen Jahren um einen Pfarrer, der eine Affäre mit einem Gemeindemitglied hatte, machte die Sache auch nicht besser, obwohl sie damals gar nicht mehr regelmäßig zur Kirche ging, sondern nur hin und wieder am Gottesdienst teilnahm. Inzwischen sind zwei weitere Pfarrer gekommen und gegangen, ohne Ruth je zu Gesicht gekriegt zu haben, aber sie haben trotzdem zweimal im Monat Ruths Geld bekommen, zehn Prozent von jedem Gehaltsscheck. Richtig, manchmal schickt sie ihren Zehnten auch an die Heilsarmee oder an »Project Concern«, einen Hilfsfonds, den Anchor Hocking für Angestellte in Not eingerichtet hat, aber meistens schickt sie ihn weiter zum New Life Christian Center.

Vielleicht tut sie das zum Teil aus Treue zu ihrer Mutter. Vielleicht auch zum Teil aus Dankbarkeit für ihre Heilung durch das Gebet vor so vielen Jahren. Hauptsächlich aber hält sie sich an ein Versprechen, daß sie sich vor dreizehn Jahren gegeben hat. Damals war sie völlig am Ende gewesen, ohne jeden materiellen Rettungsanker, ohne irgend etwas, woran sie sich festhalten konnte, außer an ihrem Glauben. Sie hatte sich da auf ihre Mutter besonnen, hatte über die Geschichte dieser Frau nachgedacht, die so klein und so unbeirrbar und so heiter gewesen war, die Schmerzen und Verlassenheit und Armut tapfer durchgestanden hatte und über die stets – und dies ist der klingende Teil der

Geschichte, der, der wahrhaft vernehmlich silbern läutet –, all die neunzig Jahre ihres Erdenlebens lang, die Hand gehalten worden war.

Auch wenn Ruth sich nicht mehr als richtiges Mitglied dieser speziellen Religionsgemeinschaft fühlt und sie sogar in mancher Hinsicht ablehnt, findet sie es nicht befremdlich, ihren Zehnten dort abzuliefern. Für sich persönlich hat sie in ihrem Herzen beschlossen, daß der Austausch direkt zwischen ihr und Gott stattfindet, ganz unabhängig von seinem irdischen Mittler. Und darüber, wo ihr Zehnter dann endgültig landet, macht sie sich keine Gedanken. Geld an sich ist nur etwas Weltliches. Und so wie sie sich selbst als Instrument in Gottes Händen betrachtet, so wird es auch mit ihrem Zehnten sein, er wird gewiß am Ende den *Einen* erreichen, den sie im Sinne hat. An dieser Stelle verrät sich wieder der Glaube ihrer Mutter. Er ist für Ruth so natürlich wie das Atmen: an etwas zu glauben, was sie nicht mit Sicherheit weiß.

## *Basilio*

Fast jeden Morgen, wenn er auf seinem Weg wie üblich am Friedhof vorbeikommt, sieht Basilio frischgepflückte Blumen auf einigen Gräbern: sahnige Callas, zarte Tupfer von Schleierginsterblüten und andere Zweige in Pfauenblau, Purpurrot und in den Farben von Fuchsien. Lauter unverwelkte Sträuße, die am Tag oder am Abend zuvor dort hingelegt worden sind. Und deshalb ist der Friedhof von Pluma Hidalgo im Grunde nicht weniger lebendig als *el centro* oder die Hauptschule während der Pause oder das rote Fußballfeld am Eingang der Stadt, wo an den Wochenenden immer der Eselmarkt stattfindet. In Pluma Hidalgo sind die Toten genauso Teil des Lebens wie die Lebenden, und das Leben ist nicht endlicher als der Regen. All diese bonbonbunten Tupfer, die Basilio jeden Morgen ins Auge fallen, sind wie Szenen eines stummen Karnevals, wie Schauspieler einer jenseitigen Pantomime, die ihm Zeichen machen. Es ist angenehm, fast schon heimelig, so nahe bei all diesen Geistern zu leben; auch sie sind in Basilios Familie hineinverwoben.

Als er heute den Friedhof passiert, ist er auf dem Weg zur Schule, nicht zum *kinder*, der Schule für die Drei- bis Sechsjährigen, in den seine beiden Ältesten gehen, sondern zur Kaffeeschule, unten am Berg hinter dem Basketballfeld von La Palma. Heute ist ein merkwürdiger Tag, denn während seiner Wanderung berührt die Sonne schon die Dinge – hier die Hühner, die im Dreck scharren, dort das rostige Blechdach eines Hauses und auch seinen Kopf und seine nackten Arme. Basilio trägt nie einen Hut. Sein Haar ist genauso dunkel und dick wie *café natural* (einheimischer Kaffee, so nennen die Leute von Pluma das Getränk aus den minderwertigen Bohnen, die sie nicht verkaufen, sondern für den eigenen Gebrauch behalten). Und weil er es vorne ziemlich lang wachsen läßt, streicht er es sich mit der natürlichen Anmut eines kleinen Jungen ständig aus der Stirn. Heute ist seine Hand danach schon feucht von Schweiß.

Er ist heute später als gewöhnlich aufgebrochen. Sonst steht er mit seiner Familie immer um halb sechs auf, aber heute hat Basilio länger geschlafen. Das liegt daran, daß er gestern unten an der Küste in Pochutla war und an einem Treffen in Rincón Alegre, dem UCI-Hauptquartier, teilgenommen hat. Seit Basilio sich vor zwei Monaten für den Posten als UCI-*técnico* für Pluma Hidalgo gemeldet hat, ist er immer öfter zu Planungstreffen hinunter zur Küste gefahren, wo er mit den sieben anderen *técnicos* aus den benachbarten Regionen reden und außerdem an Seminaren teilnehmen kann, die Landwirtschaftsingenieure abhalten. Jetzt fährt er morgens mehrmals im Monat mit einer Handvoll Männern hinten auf Hipólito Pérez' Lastwagen hinunter – Señor Pérez ist der Präsident der örtlichen UCI-Zweigstelle – und kommt spätabends wieder nach Pluma zurück. Sein Körper ist dann immer ganz steif, weil er sich so lange auf der schaukelnden Ladefläche geradehalten mußte, und es wirbelt ihm der Kopf von all dem Nachdenken über organischen Dünger und Beschattung, von Aufpfropfen und Kollektivbesitz. Jedesmal, wenn er zur Küste hinunterfährt, begreift er ein wenig mehr von dem großen Gemälde: Er begreift, das Aztec Harvests nicht einfach die Kopfgeburt eines Gringo ist, sondern daß ein Elternteil die UCI ist. Und wenn das, was die Direktoren sagen, wirklich wahr wird, dann wird Aztec Harvests eines Tages die gemeinsame Frucht der Mühen aller Farmer sein.

Die Kaffeezentrale unten in Rincón Alegre (zu Deutsch Fröhliche Ecke) ist ein fast absurd heiter wirkender Ort. Um hinzukommen, muß man einige Kilometer über Pochutla hinausfahren und dann links von der Hauptstraße abbiegen zu etwas, was nach nicht viel mehr als einem breiten Sandstreifen mit ein paar hingestreuten Häusern aus Blech und Balken aussieht. Dann hält man mit seinem Lastwagen diagonal auf ein Baumdickicht zu und holpert ein paar hundert Meter über steinigen Boden, bis man, tief hinterm Gehölz versteckt, die zwei großen Gebäude aus Schlackenstein sieht. Das neue UCI-Hauptquartier wurde errichtet, nachdem das erste 1989 niederbrannte. Die Gebäude sind in den unmöglichsten Schattierungen von Knallrosa, Lavendel und Mitternachtsblau gestrichen und von einem liebevoll gestalteten Arrangement aus Palmen, Farnen und leuchtendrot blühenden Büschen eingerahmt. Der Patio zum Trocknen zwischen den beiden Häusern dient auch als Basketballplatz, er hat die richtige Größe sowie all die nötigen aufgemalten Kreise und Linien, und an den Korbringen hängen heile Netze. Hierher werden die in den Bergen wachsenden Bohnen gebracht, hier werden sie behandelt, sortiert und verpackt, und die erste Sorte wird entweder zum Hafen von Salina Cruz verschickt, wo sie nach San Francisco weiterverladen wird, oder nach Vera Cruz, von wo sie in den Osten geht: nach New Orleans, New York, Europa.

Wenn es den Eindruck erweckt, als wäre dieser Ort absichtlich den Blicken entzogen, so schadet das nicht. Das alte Hauptquartier, das mitten in Pochutla lag, war bis unters Dach mit versandfertigen Kaffeesäcken vollgepackt, als das Haus damals unter nie geklärten Umständen in Flammen aufging. Und wenn die Ästhetik für ein Kaffeeverarbeitungswerk leicht übertrieben scheinen mag, so schadet auch das nicht. Die UCI ist immer noch sehr jung und Aztec Harvests kaum aus den Kinderschuhen; bislang lebt das ganze Unternehmen ebenso sehr von Glauben und Stolz wie von Einsatz und Gewinn. In einer Kultur, in der spirituelle Dinge sich ganz selbstverständlich in materiellen Zeichen offenbaren, ist der unerschrockene Überschwang der neuen UCI-Behausung wie ein lebendiges Omen, wie ein Versprechen. Er ist etwas Handgreifliches, das die Farmer nach Hause in ihre Dörfer mitnehmen, von dem sie erzählen, das sie unter geschlossenen Lidern sehen können.

Als Basilio gestern abend heimkam, war es schon fast elf Uhr, während sie gewöhnlich ihre Schlafmatten drei oder vier Stunden früher ausrollen. Unten in Rincón Alegre hatte er nach dem Seminar mit den anderen *técnicos* noch eine Weile Basketball gespielt. Anschließend hatte es ein gemeinsames Abendessen gegeben, Hände waren zu schütteln und manches Wort noch zu wechseln, bevor sie endlich wieder die Berge hochkrochen. Señor Pérez' Lastwagen hielt in *el centro*, damit die Männer aussteigen konnten, und auf dem stillen Platz zerstreuten sie sich dann und gingen über pechschwarze, nebelverhangene vertraute Straßen und Wege heim in ihre Häuser.

Heute früh ist Basilios Bruder Lucío nach Palma gegangen, um die Kaffeebohnen zu harken, und Basilio hat länger geschlafen. Er hat gewartet, bis die Frauen das Frühstück gerichtet und Silvestre und Yolanda für die *kinder* fertiggemacht hatten, erst danach ist er aufgestanden. Deshalb ist es später als sonst, als er schließlich zur Kaffeeschule aufbricht – aber keineswegs so spät, daß die Sonne schon derart brennen sollte. Sie sticht brutal heute, die Sonne, und knallt ihre Strahlen gleichermaßen auf Blechdächer und Betonstraße. Das wird den Kaffee traurig machen.

So denkt Basilio nämlich über die zarten Nebelschwaden,

die normalerweise um diese Stunde wie duftige Seepferdchen zwischen den Bäumen und auf der Straße umherhüpfen: Sie schützen den Kaffee davor, daß er zu traurig wird, wenn die Sonne brennt. Jeder weiß, daß der Nebel die Kaffeepflanzen nährt, daß er sie wie eine Magd mit feuchten, kühlen Fingern streichelt, sie die ganzen trockenen Monate hindurch in einer feuchten Hülle birgt – und dieser Monat *ist* trocken. Im Mai und im Juni und wieder im September fällt das Wasser täglich vom Himmel, sämtliche Regenfässer sind ständig voll, und der Lehmfußboden in den Häusern beginnt aufzuweichen, so daß die Palmen-*petates* zum Schlafen immerzu muffig riechen. Aber im Augenblick ist Winter, die trockene Jahreszeit, und der Kaffee braucht jetzt den Nebel, um glücklich zu bleiben. Basilio biegt beim *kinder* um die Ecke, dort ist die Straße gepflastert und gabelt sich: ein Ende führt hinauf zu *el centro*, das andere fällt steil ab und führt an der Hauptschule vorbei nach La Palma. Dort wo das Land sich senkt, kann er ein bißchen Nebel entdecken, er wirbelt ins Licht wie Kreidestaub aus einem geschüttelten Tafellappen.

Auch Genoveva, seine Frau, sieht er mit kräftigen, ruhigen Schritten den Berg hochsteigen. Ihre Lippen verziehen sich zu einem Lächeln, als sie ihn entdeckt, aber sie sagt nichts, winkt nicht einmal, sondern lächelt nur, wie sie immer lächelt – als habe sie ein schönes Geheimnis. Ihre Kleidung besteht aus einer lockeren, ärmellosen Bluse, einem verblichenen schwarzen, mit blauen Rosen bedruckten Baumwollrock und braunen Plastikschuhen. Sie hat eine Art, diese Materialien zu tragen, daß es scheint, als hätten sie nichts mit ihrem Körper zu tun. Mit ihren kräftigen

Waden klettert sie die Straße neben dem *kinder* hinauf, und Basilio wartet auf sie. Sein Mund ist unter dem mächtigen Schnurrbart fast verschwunden, und er streicht sich eine dichte Haartolle aus den Augen.

»Hast du die Kleinen gesehen?« fragt Genoveva eher beiläufig, als sie schließlich neben ihrem Mann steht. Sie ist ein wenig außer Atem, Stirn und Schlüsselbein glänzen.

»Die Kleinen, nein, wieso?«

»Ja. Die *kinder* ist geschlossen.« Sie zeigt nach hinten auf das aus zwei Räumen bestehende Betongebäude, das hinter einem hohen Zaun in einem weitläufigen, unkrautbewachsenen Hof steht. Es wurde erst 1988 gebaut, davor blieben die Kinder zu Hause, bis sie mit sieben die Grundschule in *el centro* besuchen konnten. Die Hauptschule unten am Berg wurde 1985 gebaut, vorher mußten die Kinder, die auf weiterbildende Schulen wollten, ins benachbarte Candelaria oder an die Küste nach Pochutla. Ebenso wie Basilio haben die meisten anderen im Alter von zwölf einfach mit der Schule aufgehört. Inzwischen besucht etwa die Hälfte der Kinder von Pluma die Hauptschule, die in diesem Jahr 120 Schüler zählt. Von diesen werden vielleicht vier oder fünf auf eine weiterführende Schule nach Oaxaca City oder an die Küste gehen. Praktisch alle Schüler kommen aus Familien, die vom Kaffee leben. Sogar die Schulen scheinen mit dem Kaffee verbunden zu sein: Die Gebäude stehen inmitten der Kaffeepflanzungen, und alle Eltern melden sich während der Ernte freiwillig zum Pflücken und Entpulpen der reifen Kirschen, aus deren Erlös wiederum Unterrichtsmittel und Lehrergehälter finanziert werden.

Wie Genoveva gesagt hat, ist die Tür des *kinder* heute

geschlossen. Die Fenster sind dunkel, kein Kindergekreisch, keine Lieder dringen auf die Straße. »Der Lehrer ist nicht da und auch sonst keiner.« Genoveva beunruhigt sich nicht, sie wischt die Handflächen an ihrem Rock ab und schaut blinzelnd die Straße hinunter, die Basilio gerade gekommen ist.

Er versichert ihr, daß bei seinem Aufbruch nur noch Isidra im Haus war, um auf Juan Diego und das Baby Enriquetta aufzupassen, und er hat auch unterwegs niemanden getroffen. »Vielleicht sind sie ja bei meiner Mutter«, überlegt er. Doch nein: Genoveva kommt gerade von Los Naranjales, sie hat den Weg durch den Wald hinter La Palma genommen, und dort war niemand zu Hause. Das Spanisch der beiden klingt so flink und zart wie Blätterrascheln, und die Sprache gleitet wie auf leisen Sohlen aus ihrem Mund.

»*Entonces* ...« Mit dem Ausdruck leichter Belustigung zuckt Genoveva die Schultern und setzt gelassenen Schritts ihren Weg auf dem Teil der Straße fort, der nach *el centro* führt. Basilio begleitet sie. Es ist ein ruhiger Tag in Pluma. Hechelnde Hunde streunen umher, Herdfeuer würzen die Luft mit Moschusdüften, und man weiß, obwohl man sie nicht sieht, daß überall auf den bewaldeten Hängen oberhalb und unterhalb der Stadt Menschen bei der Arbeit sind, sie pflücken Kaffee, sammeln die Kirschen ein.

Etwas weiter links oben steht, leicht verwegen auf einem ebenen Fleckchen an einem Steilhang, ein Haus aus Wellblechplatten. An einer Wand wird auf englisch wiederholt für »Nature's Best Whipped Light Cream« geworben. In die Blechplatten einer anderen Wand ist mehrfach das Firmenzeichen für Eagle Peanuts eingraviert. An der einen Schmalseite des Hauses ist ein großes rahmenloses Fenster herausgeschnitten. Hinter diesem Fenster befindet sich ein kleiner Raum mit Regalen. Und von der Straße aus kann man sehen, daß diese Regale mit lauter Waren in buntbedruckten Verpackungen vollgestopft sind: Seife und Batterien, Toilettenpapier und Alka-Seltzer, Fabrikkekse, Kaugummi und Biskuitkuchen mit Zuckerguß. Alles Dinge, die nicht aus Pluma stammen, sie sind von Oaxaca-City hergereist oder kommen vielleicht von noch weiter her. Nach der Schule wimmelt es vor dem Kiosk von Kindern, die ein paar Centavos zum Vernaschen bekommen haben. Sie rufen nach »¡*Chicle!*« und »¡*Chocolate!*« und schwelgen in den Süßigkeiten aus der Fabrik mit ihrem bunten Einwickelpapier und der Plastikverpackung. Natürlich mögen sie die lieber als die hausgemachten Nachspeisen: die süßen *atoles* und die Teigtaschen, die Guajavencreme und den Karamelpudding.

Heute morgen stehen drei vertraute Gestalten vor der Bude: die Kinder Silvestre und Yolanda und Basilios Mutter, Señora Salinas. Beim Geräusch von Schritten drehen sich die drei Abtrünnigen um und grinsen: die Kinder mit Lippen, die verdächtig grün sind, die Großmutter ein wenig schüchtern. Señora Salinas, die kleine, rundgesichtige Frau mit einer prachtvollen Haltung, hat ihren Enkeln Limonenwackelpudding spendiert. Den verkauft das provisorische Geschäft in kleinen gläsernen Tassen, man ißt ihn mit Metallöffeln gleich auf der Straße und liefert die leeren Tassen wieder bei der Frau in der Bude ab.

Genoveva muß beim Anblick ihrer grünmäuligen Kinder lachen. Die Kinder lachen ebenfalls, sie finden es herrlich hier und klappern mit ihren Löffeln gegen die Glastassen. Señora Salinas sagt, sie habe gehört, der *kinder*-Lehrer sei bis zum Wochenende in Oaxaca City, weil er an einem Kurs teilnehme. »*Si, es verdad*«, bestätigt die Frau in der Bude und nickt langsam mit vor der Brust gekreuzten Armen. Darüber müssen die Kinder noch mehr kichern. Genoveva schnalzt mit der Zunge, als sei sie böse mit ihnen, aber sie tut nur so. Niemand scheint auch nur im mindesten verärgert über die fehlende Benachrichtigung. In Pluma Hidalgo ändern sich Pläne wie das Wetter, das Unerwartete gehört zum natürlichen täglichen Rhythmus.

Basilio verabschiedet sich nun und nickt seiner Mutter und seiner Frau zu, die noch warten, bis die Kinder mit dem Wackelpudding fertig sind. Vielleicht gehen sie auch alle zusammen nach *el centro*, denn Señora Salinas ist offenbar unterwegs zum Einkaufen. Sie hat einen wollenen Schal über den Rücken und eine Schulter geschlungen. Jetzt liegt er noch flach an, doch läßt er sich wie ein Rucksack füllen, und sie trägt darin Mais, Reis oder süße Brötchen nach Hause, eben ihre gesamten Einkäufe. Die jungen Frauen benutzen diese Art Schlinge als Tragegurt für ihre Babys. Silvestre läuft seinem Vater ein paar Schritte hinterher und ruft: »*Adiós!*«, und Basilio dreht sich um und nickt noch einmal, kühl, kaum lächelnd, fast scheu. *Tranquilo*, so wie es die Art der Männer seines Dorfes ist.

Die Männer hier sagen gern, ihre Frauen und Kinder seien schüchtern, deshalb müßten sie, die Männer, auch so gewissenhaft ihr häusliches Leben und ihre Familien beschützen. Aber die Frauen lachen darüber und behaupten, das Gegenteil sei der Fall: Die Männer seien schüchtern, und die Männer müßten behütet werden.

Als Basilio am Basketballplatz von La Palma ankommt, muß er um einen großen Teppich aus blaßgelben Kaffeebohnen herumgehen, die auf dem rissigen Betonboden trocknen. Sein Bruder Lucío war hier und ist schon wieder fort. Wenn die Sonne später schwächer wird, will Basilio die Bohnen noch einmal aufharken. Auf den riesigen *fincas* gibt es Männer, die nichts anderes tun, als den ganzen Tag lang Kaffeebohnen zu harken, sie drehen sie immer wieder um, damit sie gleichmäßig trocknen. Wenn man in den Bergen unterwegs ist und zwischen den Bäumen hindurchschaut, kann man sie manchmal tief unten entdecken, diese *patieros.* Sie sehen wie winzige mechanische Puppen aus, die unaufhörlich hin und her gehen und mit Strohhut und ihren langen hölzernen Paddeln die Trockenpatios abschreiten. Die Arbeit auf einer großen *finca* für einen reichen *patrón* ist viel aufreibender. So denkt Basilio darüber: Sie reibt dich einfach total auf.

Am einen Ende des Patio und im rechten Winkel zur jüngst fertiggestellten UCI-Schlafhütte steht ein älteres Gebäude. Hier sind die Bretter von der Witterung nachgedunkelt, sie sind wellig und verzogen, und das Wellblechdach ist voller Rostflecken. Dies ist das Hausmeisterhaus. Es hat schon dagestanden, als die UCI die *parcela* kaufte, und wurde auch damals schon von einer landlosen Zapotec-Familie bewohnt. Die UCI ließ die Familie dort weiter wohnen, und die Familie betrachtet jetzt die UCI als ihren neuen *patrón.*

Ein kleines Mädchen mit blauschwarzem Haar, das ihm bis fast in die Kniekehlen reicht, steht vor dem Haus. Das ist Gudelia Surita, das jüngste Mitglied der Hausmeisterfamilie. Weil heute kein *kinder* ist, lehnt sie über einem Tisch, der draußen an der Hauswand steht, und übt auf einem linierten Block mit einem Bleistiftstummel die Buchstaben des Alphabets.

»Gudelia« grüßt Basilio und nickt der Siebenjährigen im Vorübergehen kurz zu. Das Mädchen zieht das Kinn ein und strahlt.

Ihre Mutter Sabina streckt eine dünne Hand aus der offenen Küchenhälfte des Zweizimmerhauses und greift nach Gudelias Rocksaum. Sabina ist eine kleine, zurückhaltende Frau mit scheuem Lächeln, deren Rücken schon bucklig zu werden beginnt; sie zieht sich gern in ihre düstere, verrauchte Küche zurück. Für sie ist schon Basilio eine Art *patrón*, ein wichtiger Mann dieser *parcela*, auf der die Suritas im Austausch gegen Dienstleistungen leben dürfen. Mögen auch alle in Pluma arm sein, es ist trotzdem ein gewaltiger Unterschied, ob man arm ist und eine *parcela* hat, die man sein eigen nennt, oder ob man arm und landlos ist. Wenn das Land, auf dem man sich jede Nacht zum Schlafen niederlegt, nicht das eigene Land ist, wird man müde im Herzen. Und Sabina geht es so, sie ist müde von all den Jahren, in denen sie anderer Leute Kaffee bearbeitet hat, und sie ist müde von all dem verschüchterten Sichkleinmachenmüssen, das sie in ihre schmalen Knochen hat zurückschrumpfen lassen. Aber was soll sie machen, wo auch noch die eigenen Kinder ernährt und versorgt werden wollen? Jetzt flüstert sie Gudelia etwas zu, und das kleine Mädchen verschwindet so gräuschlos in der Dunkelheit der Küche wie Rauch um die Ecke.

Basilio überquert den Basketballplatz, biegt hinter der neuen Palmenschlafhütte der UCI ab und steigt den Berg hinunter. Auch wo die Bäume an den steilen Abhängen sehr dicht wachsen, ist immer noch so viel Platz zwischen ihnen, daß das Licht hindurchfluten kann, und der Wald leuchtet in lauter Schattierungen von Grün und Gelb, während ein feuchter Wind durch die Zweige fährt. Der Abstieg zur Schule ist so steil, daß man sich einen Zickzackpfad bahnen und kreuz und quer zwischen den Bäumen hindurchlaufen muß. Basilios Arbeitsschuhe bestehen aus einem alten Paar Zehensandalen aus Gummi. Einige Arbeiter tragen Ledersandalen, andere gehen barfuß, und nur die wenigsten besitzen etwas Solideres. Basilio kommt an einigen Pflückern vorbei, die ruhig am Hang arbeiten. Macheten und Körbe haben sie über die Schultern gehängt. Auch Juan Surita, Sabinas kleiner, schweigsamer Ehemann, ist unter ihnen und einige Genossenschaftler, die von La Pasionaria, der kleinen Siedlung oberhalb des Dorfes, heruntergekommen sind, um ein wenig auf der UCI-*parcela* zu arbeiten. Sie bekommen pro Tag fünfzehn Peseten. Auf dem Waldboden liegt zwischen trockenen Blättern und herabgefallenen Zitronen und Limonen hier und da ein Bonbon- oder Kaugummipapier und verrät, daß dieses unwegsame, entlegene Gelände auch eine tägliche Durchgangsstraße für Schulkinder ist, die die Abkürzung durch die *parcela* nehmen.

Weiter unten am Hang kommt Basilio zu einer grüneren und zutiefst friedlichen Insel. Das Gelände weitet sich hier zu einer Art geöffneten Handfläche, bevor es wieder zum Meer hinabfällt. Dieses Stück Land hat die UCI im vorigen

Jahr, kurz nachdem sie die *parcela* vom Vorbesitzer erworben hatte, gerodet und terrassiert. Anschließend wurde dort eine Baumschule angelegt.

Die Baumschule besteht aus zwei Teilen, dem *semillero*, wo die Samen gezogen werden, und dem *vivero*, wo die größeren Schößlinge bis zu ihrer Auspflanzung gehegt werden. All die Zärtlichkeit, die Basilio seinen Kindern in der Öffentlichkeit nicht zeigen mag, gestattet er sich hier auf diesem verschwiegenen Fleckchen Erde, das mit seinen ordentlichen Reihen, seinen gutversorgten Sprößlingen so rein und friedvoll wie eine Bergkapelle wirkt. Hier schlägt das Herz des *técnico* Basilio.

Zur Zeit zählt die Schule 10 300 Bäume. Jede der *semillero*-Pflanzen nistet in einem eigenen Klumpen aus *abono orgánico* (organischem Dünger), der mit Erde vermischt und in Folie eingewickelt ist, und alle werden sie von einer handgeflochtenen Laube aus Blättern und Kordeln, die von einem hübschen Bambusgerüst gestützt wird, vor zuviel Sonne geschützt. Um einen neuen Sämling zu ziehen, weicht Basilio über Nacht eine Kaffeebohne in Wasser ein. Am nächsten Morgen pflanzt er sie ein, bedeckt sie mit einem Stück Palmwedel und wässert sie zwei- oder dreimal am Tag, bis »das Herz der Bohne springt« – bis sie sprießt. Dann beseitigt er die Palmwedeldecke und wartet, daß sie wächst. Am Anfang produziert eine Kaffeepflanze nur zwei Blättchen, die wie Flügel aussehen; Basilio nennt sie in diesem Stadium »kleine Schmetterlinge«. Er umsorgt sie alle einzeln, sammelt tote Blätter und Zweige auf, die auf die Beete gefallen sind, und flickt den Sonnenschutz überall dort, wo sich etwas gelockert hat.

Nach sechzig Tagen im *semillero* sind die kleinen Schmetterlinge so weit, daß sie in den *vivero* versetzt werden können. Basilio umhüllt sie nun mit größeren Packungen der *abono*-Erde-Mischung und achtet beim Einpflanzen genau darauf, wie tief und in welchem Abstand sie gesetzt werden. Die einzelnen Bündel richtet er in regelmäßigen Abständen zu ordentlichen Reihen aus, die jeweils mit langen Bambusstreifen voneinander getrennt sind. Die größeren Pflanzen brauchen jetzt keinen mühsam handgefertigten Sonnenschutz mehr wie im *semillero*, ihnen genügen die natürlichen Schattenspender, die auch die ausgewachsenen Kaffeepflanzen schützen. In Pluma ist der bevorzugte Schattenbaum der *cuile chalu*, der schnell wächst und sein üppiges Blattwerk über die sonnenempfindlicheren Pflanzen ausbreitet. Als die UCI im vorigen Jahr mit der Baumschule anfing, wurden unten im *vivero* als allerserstes jede Menge *cuile chalu* gepflanzt, und viele dieser jungen Bäume überragen jetzt schon die Reihen der Baby-Kaffeepflanzen. Ihre schlanken, blattreichen Äste bilden weite Bögen und filtern das Licht wie ein Dom mit smaragdgrünen Glasfenstern.

Nach acht Monaten *vivero* sind die jungen Kaffeepflanzen soweit, daß sie an den Berghängen ausgepflanzt werden können, und das geht so: Sie werden in einem Abstand von zweieinhalb Metern gesetzt, und oberhalb jedes Stengels wird eine halbmondförmige Mulde gegraben und mit einem Kilo *abono* aufgefüllt, darüber werden dann Blätter gepackt, damit der *abono* nicht den Hang hinabgespült wird. In den folgenden Jahren werden Basilio oder andere Männer von Zeit zu Zeit herkommen, sich jede einzelne Pflanze anschauen, die Halbmonde nochmal nachgraben und, wenn die Pflanzen größer werden, weitere Kilos *abono* nachschütten. Jedes Jahr werden die Männer im März und April nach den *hijos,* den Söhnen, sehen, die aus dem Hauptstamm wachsen, und die schwächlichsten werden sie mit Macheten kappen, damit der Baum nicht vergeblich Kraft verschwendet, nur die kräftigsten *hijos* dürfen weiterwachsen. Bei sorgfältigem Beschneiden kann ein Kaffeebaum bis zu hundert Jahren alt werden. Drei Jahre nachdem sie gepflanzt worden sind haben die Bäume etwa Mannshöhe erreicht und werden zum ersten Mal Früchte tragen. Zuerst werden die Bäume sich mit süß duftenden weißen Blüten schmücken, und dann wird jede Blüte »ihre Kirsche auswerfen«. Anfangs hart und grün, werden sie allmählich rot und reif, und dann kommen die Männer mit ihren Körben und fordern mit ihren Fingern die Ernte ein.

Der *abono,* mit dem die Pflanzen gedüngt werden, stammt aus eigener Herstellung. Die Mischung besteht aus Asche, fermentiertem Beerenbrei, kleingeschnittenen Blättern, Kalk und Mist. Bis auf den letzten Bestandteil entstammt alles dem Boden von Pluma. Der Mist ist die einzige teure Zutat. Er muß von der Küste heraufgeschafft werden, da die Bewohner von Pluma nicht so viele Tiere besitzen, daß die Mengen Mist zustande kämen, die für den Kaffee gebraucht werden. Der *abono* gärt zwei oder drei Monate lang, bevor er ausgegraben wird. Hier in der Baumschule ist eine große Betonwanne mit einem Kubikmeter Fassungsvermögen für diesen Zweck vorgesehen. Alle zwei Wochen rührt Basilio den streng riechenden Brei mit einem Bambusstab um, dann zieht er den Stab wieder heraus und fühlt, ob er warm ist. Die Wärme zeigt nämlich an, daß der gewünschte chemische Prozeß stattfindet. Das hat er von dem Landwirtschaftsingenieur gelernt. Basilio gestattet es sich, auf das Rezept für diesen *abono orgánico* durchaus ein wenig stolz zu sein. Die Mischung ist zwar sehr viel aufwendiger und arbeitsintensiver als der chemische Dünger, den die Regierung subventioniert hat und den die meisten Farmer in den achtziger Jahren benutzten, aber Basilio bereitet es Vergnügen – Zufriedenheit, würde er sagen –, sie ganz und gar selbst und nur aus bekannten Zutaten herzustellen. »Alles was wir hier benutzen, kommt von hier«, sagt er, als liefere er eine Definition des Glücks.

Heute wandert Basilio mit unendlicher Geduld und Aufmerksamkeit durch die Reihen der Baumschule, er beseitigt, was sich aus dem Wald hierher verirrt hat, und zupft tote Blätter von den Setzlingen. Er ist methodisch und achtsam wie ein Mönch – aber ohne dessen Ehrfurcht oder Hingabe. Er träumt nicht während der Arbeit, er summt oder singt niemals und denkt sich auch keine Geschichten aus, um sich zu unterhalten. Einzig die Arbeit füllt seinen Kopf aus, sie ist etwas Volles, Rundes, das jede Ecke und jede Ritze besetzt, so daß kein Raum für andere Gedanken oder Ideen bleibt. Die Baumschule selbst ist gleichsam eine Idee. Sie ist überhaupt die größte Idee mit ihren Beeten voller kleiner Schmetterlinge, den Tausenden von Jungpflanzen in jungfräulichen Reihen unter ihrem Baldachin von *cuile chalu*, der von Zeit zu Zeit im Wind flüstert oder sich neigt, um einen Nebelschleier vorüberziehen zu lassen. Basilio bewegt sich in der Baumschule, als sei sie ein lebendiges Wesen, und diese Vorstellung läßt ihn klein werden.

Weder gefällt ihm seine Arbeit, noch haßt er sie. Diese Frage stellt er sich gar nicht. In diesem Sinne ist die Baumschule wie eine Kirche: Daß er herkommt, ist kein Willensakt, die Erfordernisse des menschlichen Lebens wollen es so. Es ist, als hätte die Vorstellung der freien Wahl hier keine Geltung, der Begriff verliert seine Bedeutung, wird taub und leblos. Basilio schlängelt sich durch die Reihen und bückt sich zu den Pflanzen mit derselben Selbstverständlichkeit, mit der er im Gottesdienst sitzt oder kniet. In der Baumschule kann er allerdings sein T-Shirt ausziehen, er kann die Witterung auf seinem Rücken fühlen, mit Händen und Knien die Erde berühren, die Vögel schwatzen und drüben an den Hängen die alten, trockenen Bäume ächzen hören, wenn der Wind über sie hinfährt. Und dennoch würde er nicht sagen, daß ihm seine Arbeit Spaß macht, ebensowenig wie er auf den Gedanken käme zu behaupten, seine Leber oder seine Lungen bereiteten ihm Vergnügen. Seine Arbeit ist eher etwas Absolutes.

Auch seine neue Rolle als *técnico* der UCI-Zweigstelle von Pluma beschäftigt Basilios Gedanken nicht. Er trägt die besondere Verantwortung ernst und bescheiden und scheint sie nicht als eine Veränderung, eine Wahl begreifen zu wollen. Und wenn man ihn fragt, warum wohl er mit seinen sechsundzwanzig Jahren für solch eine wichtige Aufgabe ausgesucht worden ist, dann wird er nur leicht zwinkern, sich mehrmals das Haar aus dem Gesicht streichen und unter seinem dichten, humorlosen Schnurrbart hervor die schlichte Antwort vorbringen: »Ich habe mich gemeldet.«

Es ist Nachmittag, als Basilio die Bergflanke überquert. Der Nebel hat inzwischen wieder die Herrschaft übernommen, auch richtige Wolken sind hoch oben am Himmel aufgezogen und färben ihn kittgrau, so daß vor diesem Hintergrund die Bergflora viel grüner wirkt, fast, als würde sie aus dem Erdinnern angestrahlt. Basilios Weg wechselt zwischen steilen, unmarkierten Abkürzungen und breiten, vielbegangenen Wegen, die sich an der Bergflanke entlangwinden. Mindestens nach jedem Kilometer verändert die Erde ihre Farbe; es gibt die *tierra roja* von der Farbe einer fast reifen Tomate, die *tierra negra,* die wie saftiger Schokoladenkuchen aussieht, und die *tierra blanca,* die hauptsächlich aus Lehm besteht. Hoch über sich sieht Basilio einen Geier kreisen: So häßlich sieht er unten auf der Erde aus und so wunderschön am Himmel.

Gelegentlich begegnet er Menschen: zwei Frauen und einem Mann, die Feuerholz sammeln, einer Gruppe junger Frauen und Kinder, die ihn fröhlich mit nassen Haaren und nasser Wäsche überholen, einem Mann, der im einen Arm ein Kind trägt und unter dem anderen ein Huhn. Jedesmal grüßen sie einander eher höflich und gedämpft. Selbst als er auf seinen Bruder trifft, nicht Lucío, sondern Guillermo, einen anderen Bruder, der dicke grüne Bananenbüschel von einem Baum hackt und sie auf dem Rücken seines Esels festbindet, grüßen sie einander ruhig und zuvorkommend, als sei der Wald jemandes Salon. Guillermo ist größer und glattrasiert, er hat langes Haar, und über seiner einen Schulter hängt das Lederfutteral für seine Machete. Er unterbricht seine Arbeit nicht, während er kurz mit seinem

Bruder redet. Seine Machete steckt in einem Hügel aus dunkler Schokoladenerde.

»Bald wird das Wasser fallen«, sagt Guillermo voraus, indem er kurz zum Himmel schaut. In dieser Weise sprechen die Menschen in Pluma vom Regen.

»Ja«, sagt Basilio ein wenig traurig. »*Jetzt* hat es beschlossen zu fallen.«

»Was soll man machen«, sagt Guillermo und zuckt leicht mit den Schultern. Es ist eine enttäuschend trockene Saison gewesen. Die Weltmarktpreise für Kaffee sind in diesem Jahr zwar hoch, aber die Erträge in der Region sind niedrig. Die Bedingungen können sein, wie sie wollen, es scheint, als kämen die Menschen von Pluma immer nur gerade so über die Runden. Guillermo zuckt noch einmal die Schultern, zieht seine Machete aus der Erde und schneidet ein paar Bananen aus dem Bündel, das er geerntet hat – eine *plátano macho* von der Größe eines menschlichen Oberschenkels und eine kurze grüne Banane, so groß wie sein Zeigefinger. Er reicht beide seinem Bruder.

»Also, bis bald.«

»Bis bald.«

Basilio nimmt seine Wanderung auf dem vielfarbigen Weg wieder auf, er klemmt sich die größere Frucht unter einen Arm und schält die kleinere, um sie unterwegs zu essen. Meistens besucht er noch ein oder zwei UCI-Genossenschaftler, bevor er wieder zu seiner *parcela* zurückkehrt. Zu seiner Aufgabe als *técnico* gehört es nämlich auch, daß er sich darum kümmert, ob die Genossenschaftsfarmer zurechtkommen. Er schaut, ob sie Hilfe beim Mischen ihres *abono* brauchen oder ob sie ihre Halbmonde ordentlich gegraben haben und wie weit sie mit dem Einbringen ihrer Ernte sind. Obwohl die Menschen hier schon seit Generationen Kaffee anpflanzen, gibt es einige neue Technologien, und jedesmal, wenn ein Gast-Landwirtschaftsingenieur in der UCI-Zentrale einen Vortrag oder ein Seminar hält, hat Basilio wieder weiteres Fachwissen erworben, das er mit nach Hause nehmen kann. Außerdem kann er, wenn er mit den Farmen aller Genossenschaftler vertraut ist, die Leute im Hauptquartier über Pluma immer auf dem laufenden halten. Dabei geht es nicht so sehr darum, wieviel Kilo Bohnen jede Woche vom Berg herunter kommen, sondern wie es den Familien geht, was sie für Sorgen haben. Vielleicht ist es gerade die Tatsache, daß Basilio sich nicht aufdrängt, daß er weder angeberisch noch ehrgeizig ist, die ihn für diesen Teil der Aufgabe so besonders geeignet macht.

Auf seinem Weg über den Berg durchquert er eine *parcela* nach der anderen. Obwohl keine niedrigen Steinmauern Trennlinien ziehen und keine Drähte zwischen die Bäume gespannt sind, weiß er jedesmal genau, auf wessen Land er sich gerade befindet. Es gibt noch nicht einmal Zeichen, die an die Bäume gemalt oder in sie eingekerbt sind. Die Zapotec markieren Grenzen, indem sie bestimmte Bäume, die jeder erkennt und respektiert, dort entlangpflanzen. Am häufigsten wird dazu der *tzompantle* oder »Machetenbaum« verwendet. Seinen Spitznamen hat er von den seidigen, karminroten Blüten, die wie spitz zulaufende, geschwungene Schneiden an den Bäumen hängen und den Boden darunter wie mit lauter fröhlichen Spielzeugmacheten sprenkeln. Diese Art Grenzen kann Basilio leicht überqueren, hier in Pluma gibt es kein unbefugtes Eindringen. Das gilt nur für die *fincas* und Haziendas, auf denen die Familien nicht selber Kaffee ernten, sondern ärmere Menschen für diese Arbeit einstellen. Diese riesigen Ranches und Plantagen können durchaus bewacht oder eingezäunt sein, auf jeden Fall wissen alle, daß sie für Unbefugte unzugänglicher Privatbesitz sind. Bei den UCI-Genossenschaftlern und anderen kleineren Farmern ist es jedoch üblich, daß man jederzeit fremdes Land betreten und durchqueren kann – nur Blütenmesser geben zarte Hinweise auf territoriale Grenzen.

Auf einem Stück bleicher Lehmstrecke bleibt Basilio stehen und ruft etwas zu den Bäumen hinauf. Nichts, nicht einmal ein Rascheln antwortet ihm. Er wartet regungslos mit hängenden Armen – die *plátano macho* baumelt an einer Hand – und läßt die Augen über den steilen Hang jenseits der Straße wandern. Nichts. Dann ein Pfiff. Zwischen den Bäumen taucht eine Gestalt in einem blaßgrünen Kleid auf, schnell und sicher kommt sie im Zickzack den Berg herunter. An beiden Armen hat sie einen Korb hängen und in einer Hand eine Machete im Futteral. Das ist Guadalupe Salinas, die auf ihrer *parcela* Predio Escondido (Verstecktes Grundstück) Kaffeekirschen erntet.

»*Tía Lupe*«, begrüßt Basilio sie. Sie ist die Schwester seines Vaters.

Lupe lächelt und kommt das letzte Stück des Abhangs hinuntergestiegen, wobei sie sich behende durchs Unterholz schlängelt. Sie ist groß und geschmeidig und sieht aus der Ferne viel jünger aus, als sie ist. Erst aus der Nähe merkt man, daß sie ein recht abgearbeitetes Gesicht hat.

Wie Basilio hat sie einige in Silber gefaßte Zähne. Sie ist barfuß und trägt Bluejeans unter ihrem Kleid. Die schwarzen Zöpfe, die ihr über den Rücken fallen, sind wie Seile. Sie hat sie unten mit einem Band zusammengebunden.

»Wie geht es?« fragt Basilio.

»Gut, gut.« Lupe schaut in ihre Körbe und zuckt die Schultern. Sie erzählt Basilio, daß sie dieses Stück Land schon zweimal abgeerntet hat und jetzt ein letztes Mal nachsammelt. In ihren Körben liegen hauptsächlich harte, grüne Kaffeekirschen, die am Baum nicht mehr ausreifen werden. Die weichen, roten Kirschen sind inzwischen alle abgeerntet. Sie möchte ihm ihre Ernte zeigen, und die zwei wandern die Straße entlang. Lupes *parcela* umfaßt zweieinhalb Hektar, die sie die meiste Zeit des Jahres allein bearbeitet, nur bei der Ernte hilft ihr eine halbwüchsige Tochter. Ihr Haus und ihr Trockenplatz liegen auf der anderen Seite der Straße weiter unten am Hang. Lupe und Basilio klettern und rutschen einen Schotterweg hinunter, der an einem brusthohen Hügel aus faulender Beerenpulpe endet. Die Pulpe, das Fruchtfleisch, das die Bohne umhüllt, wird in einem der frühesten Verarbeitungsstadien entfernt und sorgfältig aufbewahrt, da sie später dem *abono orgánico* beigemischt wird. Fruchtfliegen umschwirren das klebrige, stinkende Zeug, und als Lupe und Basilio näher kommen, auch sie. Keiner der beiden macht sich die Mühe, sie wegzuwedeln. Sie gehen zwischen den Palmmatten weiter, die schachbrettartig den Hof bedecken.

So isoliert, wie es da in einer der grauen Senken des Bergs, fast zwei Kilometer vom Dorf entfernt, liegt, hat Predio in der Tat etwas Trostloses. Heute ist der Platz sonnenlos und feucht. Aus einem Loch, das ins Blechdach geschnitten ist, windet sich ein schütterer Rauchfaden. Lupe lebt hier mit der halbwüchsigen Tochter und einem schwarzweißen Schwein, das an einem Pfahl im Hof angebunden ist. Sie ist Witwe, und ihre anderen Kinder sind schon erwachsen. Sie selbst findet den Ort nicht einsam, weiter hinten zwischen den Bäumen gibt es andere *parcelas*, und der Weg nach *el centro* ist gar nicht so weit, wenn man die Abkürzungen durch den Wald kennt. Außerdem hat sie immer viel zuviel zu tun, um sich einsam zu fühlen; Lupe selbst nennt ihr Leben friedlich – natürlich ist es Mühe und Arbeit, aber auf friedliche Weise.

Hier auf ihrem versteckten Fleckchen Erde läßt die Sonne sich jeden Tag nur unverschämt kurz blicken. Jetzt wälzt sich wieder deutlich sichtbar der Nebel heran und tätschelt die Bohnen, das Schwein und das windschiefe Holzhaus. Wie fast alle Genossenschaftsfarmer, Basilio eingeschlossen, besitzt Lupe keinen Betonpatio, auf dem sie ihre Bohnen harken könnte. Statt dessen trocknet sie sie auf Palmmatten, die die Feuchtigkeit konservieren und deshalb als Unterlage weniger tauglich als Beton sind. (Einige trocknen ihre Bohnen auch auf ihren Wellblechdächern.) Die Feuchtigkeit, die man sich zu Beginn der Beerenreife gewünscht hat, wird nun während des Trocknungsprozesses lästig.

»Keine Sonne, keine Sonne«, murmelt Lupe philosophisch. »Man muß wirklich eine Menge Geduld für die Arbeit aufbringen.« Und sie beginnt, die Matten mit den Bohnen darin zusammenzufalten, sie kollern verklebt in die Mitte. Zu Bündeln gerafft sorgen die Matten dafür, daß die Bohnen nicht allzuviel von der Nachmittagsfeuchtigkeit aufsaugen. Wenn die Sonne sich gnädig zeigt, sagt Lupe zu Basilio, kann sie vielleicht Ende der Woche drei fertige Säcke zur Küste runterschicken. Gemeinsam schauen sie zum Himmel und nicken dann den Bohnen freundlich zu, als wollten sie damit sagen, was ohnehin klar ist: *Es liegt nicht in unserer Hand.*

In dieser Woche waren die Kaffeepreise gut: 560 Peseten pro Sack. Jeder Sack faßt 47 Kilo, jedes Kilo bedeutet etwa 2000 mit der Hand gepflückte Bohnen. Basilio hofft, daß er dieses Jahr zwischen fünfzehn und siebzehn Säcke von seiner *parcela* ernten kann, das ergibt vielleicht 9000 Peseten Gewinn (etwa 1500 US-Dollar). Die UCI richtet den Preis, den sie ihren Mitgliedern zahlt, nach dem Kassakurs der New Yorker Kaffee-, Zucker- und Kakaobörse. Die entsprechende Information wird täglich per Computer nach Oaxaca City geschickt und über Funk weiter zur UCI-Zweigstelle von Pluma. Die Farmer von Pluma profitieren noch von einem zusätzlichen Bonus, der auf den Preis aufgeschlagen wird und den sie als Belohnung dafür ansehen, daß sie mit mehr Aufwand Kaffee biologisch anbauen.

In dieser Region wird erst seit 1870 Kaffee angepflanzt, also erst seit etwas mehr als einem Jahrhundert, aber während dieser kurzen historischen Periode wurde Kaffee fast nur biologisch produziert. Erst ungefähr um die Zeit, als Basilio geboren wurde, hat man chemischen Dünger und Pestizide in Pluma eingeführt und propagiert. Beides wurde vom mexikanischen Kaffeeinstitut, dem INMECAFÉ subventioniert. INMECAFÉ riet den Farmern, die Erde mit Chemikalien zu düngen und alle Schattenbäume zu fällen, um mehr Platz für Kaffeepflanzen zu gewinnen. Es dauerte allerdings keine zwei Jahrzehnte, da war INMECAFÉ zusammengebrochen, ebenso wie der internationale Kaffeemarkt, der seinen Tiefkpukt 1989 erreichte. Als die Regierungssubventionen ausblieben, konnten sich die Farmer den chemischen Dünger nicht mehr leisten; die Schattenbäume waren aber inzwischen verschwunden, und die Erde war ausgetrocknet und ohne natürliche Nährstoffe. In jener Zeit gaben viele Besitzer großer und mittelgroßer Farmen ihre *parcelas* auf und zogen fort, um ihr Glück in der Stadt zu versuchen (so wie der Vorbesitzer von La Palma). Die Kleinbauern hatten jedoch nicht die Mittel, um zu fliehen und sich für etwas anderes zu entscheiden. Sie hatten keine Alternative und mußten versuchen zu retten, was von ihrem ausgelaugten Land zu retten war.

All das führte zur erneuten Besinnung auf organischen Kaffeeanbau. Die UCI brachte ihren Mitgliedern wieder die alten Methoden bei, lehrte sie Schattenbäume zu pflanzen und den Boden mit natürlichen Stoffen zu versetzen. Seit 1992 besitzen alle UCI-Mitglieder in der Region von Pluma ein offizielles Zertifikat für ökologischen Landbau. Nicht zufällig war das auch das Jahr, in dem Aztec Harvests mit dem Verkauf begann (der Aufschlag auf den Preis für ökologischen Kaffee hat weniger mit den zusätzlichen Arbeitsstunden zu tun als mit der schlichten Tatsache, daß die Kunden in den Vereinigten Staaten und Europa für diesen »Spezialkaffee« gern mehr zu zahlen bereit sind). Um sich auf dem Weltkaffeemarkt eine Nische zu sichern und ein Profil zu geben, wirbt das Unternehmen damit, daß es eine Kooperative der Ureinwohner ist, die den Arbeitern gehört und die Gewinne auf alle verteilt – kommerziell gesehen zahlt es sich aber eher aus, daß auf dem Produkt das Etikett ökologisch stehen kann.

All das kommt in Lupes Gedanken allerdings überhaupt nicht vor, wenn sie so allein arbeitet und ihren *abono* mischt, Halbmonde gräbt, schwächliche *hijos* aus den Bäumen entfernt, Kirschen pflückt, sie entpulpt und zum Trocknen ausbreitet. Und auch in Basilios Kopf kommt es nicht vor, obwohl seine Reisen an die Küste ihm mehr Einblick in das Projekt von Aztec Harvests und die Verbindung zu ihm selbst vermittelt haben. Daß er aber ein Mitbesitzer des Unternehmens ist, will ihm immer noch nicht recht in den Kopf. In seiner Welt wird das für ihn nirgendwo konkret greifbar. Er praktiziert die neuen Methoden und gibt sie auch weiter, weil ihm gesagt worden ist, sie seien besser für die Pflanzen, und nicht, weil er glaubt, das gefalle den Gringo-Kunden, an die er sowieso nicht als an *seine* Kunden denkt, an die er im Ernst überhaupt nicht denkt.

Die Welt jenseits von Pluma bleibt für Basilio in mancher Hinsicht dunkel, im Grunde nicht richtig vorstellbar. Das Bild von der Welt, das in das Dorf gelangt, ist gelegentlich so fragmentarisch und merkwürdig, daß es schon unwirklich erscheint. Wenn ein riesiges Erdbeben Tokio erschüttert, lautet die Geschichte, die schließlich zu den Bauern durchsickert, das Ereignis habe in Mexiko City stattgefunden (oder einigen Versionen zufolge in Oaxaca City), und dann diskutieren die Arbeiter den ganzen Tag darüber, ob sie in der Nacht die Bewegung gespürt haben. Wenn der Kurs des Peso auf dem Weltmarkt stürzt, braucht es Wochen, bis diese Nachricht die Bewohner von Pluma erreicht, und selbst dann gehen die Spekulationen darüber, wie schlecht er steht und ob der Trend sich nicht womöglich schon wieder umgekehrt hat, weit auseinander. Aber auf seinen Fahrten zur Küste und dank seinem zunehmenden Umgang mit Menschen, die Fernseher besitzen, Zeitungen lesen und reisen, sammelt Basilio immer größere und deutlicher Fragmente jener äußeren Welt, und diese manchmal unklaren Teilstücke setzt er sich auf der Grundlage dessen zusammen, was er ganz sicher weiß.

Basilio verabschiedet sich von seiner Tante so beiläufig, wie er sie begrüßt hat. Er steigt zur Lehmstraße hinauf, aber kurz bevor er sie erreicht hat, hört er die körperlose Stimme von Lupe »Warte!« rufen. Er macht gehorsam wieder kehrt, starrt in das neblige Grüngeflecht, bis er eine Gestalt erkennt – nicht die von *Tía* Lupe, sondern von seiner jungen Cousine Sirenia, die halb rennend und scheu lächelnd mit zwei Büscheln Bananen den Abhang hochkommt, das eine rötlich, das andere grün. Sie reicht sie Basilio ohne ein Wort, nur mit leisem Keuchen, und er klemmt sie sich unter den Arm, wo schon die *plátano macho* steckt.

*»Ah, gracias, Sirenia.«*

*»Sí, sí«*, antwortet sie, und die zwei Töne klingen wie eine Piccoloflöte. Dann trabt sie eilig wieder nach Hause.

Als er nachmittags in La Palma ankommt, schlafen zwei der Hunde auf den Kaffeebohnen. Basilio verscheucht den einen mit einem fingierten Tritt, beide springen auf und verdrücken sich hinter die Schlafhütte. Basilio nimmt das Holzpaddel und beginnt die Bohnen zu einem Haufen zusammenzuharken. Die launische Sonne ist gerade wieder zwischen den Wolken aufgetaucht, aber der heißeste Teil des Tages ist mit Sicherheit vorüber, es wird Zeit, daß er die trocknenden Bohnen wieder in die Jutesäcke packt, wo sie jede Nacht vorm Tau geschützt schlafen.

Zu Hause haben die Frauen diese Aufgabe, Genoveva und Isidra. Sie breiten jeden Morgen vier Palmmatten auf dem Hof aus, verteilen die Bohnen ihrer *parcela* gleichmäßig darauf, wenden sie mit Holzrechen und Paddeln, solange die Sonne scheint, und schaufeln sie zurück in die Jutesäcke, sobald die Feuchtigkeit in der Luft zu überwiegen beginnt. Silvestre und Yolanda helfen. Morgens hocken sie neben den Matten und verteilen den Kaffee mit ihren kleinen Händen, und wenn er nachmittags wieder eingesammelt wird, krabbeln sie hinter frechen flüchtigen Bohnen her. Diese Arbeit ist Sache der Frauen und Kinder, die Männer machen alles übrige: sie ernten, entpulpen, mischen *abono*, verteilen ihn, beschneiden die Bäume und sehen nach der Baumschule – Basilio hat nämlich in El Corozo mit einer eigenen Kaffeebaumschule begonnen, einer kleineren Ausgabe von der der UCI in La Palma. Auch wenn Lucío ihm hilft, ist es eine Menge Arbeit, und Lucío hat noch Verpflichtungen anderswo: Er kümmert sich um den Kaffee auf der *parcela* des Dorfarztes. Basilio teilt seine Zeit jetzt in zwei gleiche Hälften: ein Tag in La Palma, ein Tag in El Corozo. Er führt auch schon den sechsjährigen Silvestre in die übrigen Aspekte des Kaffeebaums ein. Manchmal nimmt er seinen Sohn mit in die Bäume, und sie arbeiten gelegentlich Seite an Seite auf der *parcela,* um die sich eines Tages Silvestre kümmern wird.

Gerade kommen Sabina und Gudelia Surita aus dem

Wald, die Mutter schleppt mit beiden Armen einen Plastikeimer. Beider Haar ist naß und klebt ihnen in langen Strähnen im Nacken. Sie überqueren den Basketballplatz, wobei sie einen Bogen um die Bohnen machen, und lächeln stumm in Balilios Richtung, als sie zu ihrem Haus eilen. Basilio nickt ihnen zu und harkt weiter.

Die Surita-Frauen kommen vom Geburtsplatz des Wassers. So nennen alle die Quellen und Bäche, mit denen das Gebirge reichlich gesegnet ist. Beinah jede *parcela* hat zumindest eine Stelle, wo die Leute baden und ihre Wäsche und das Geschirr waschen. Gudelia und ihre Mutter haben nicht nur gebadet, sondern auch noch Krebse gefangen. In dieser Jahreszeit wimmeln die Gebirgsbäche von zarten jungen Krebsen. Das wird ein schönes Abendessen ergeben. Gudelia steht in ihrem weißen Baumwollkleid vorm Haus, langt in den gelben Eimer, kreischt kurz auf und fischt einen kleinen, zappelnden Krebs heraus. Ihre Mutter mit den hohen vorspringenden Wangenknochen und den fest geschlossenen Lippen über schlechten Zähnen sieht belustigt zu und muß ausnahmsweise richtig lächeln. Gudelia kämpft mit dem Krebs, wird von einer Zange erwischt und läßt ihn hastig wieder in den Eimer fallen. Sie stößt ein erschrecktes Lachen aus, hüpft herum und schaut ihre Mutter hilfesuchend an. Sabina greift sich einen anderen Krebs, reißt ihm vorsichtig ein Bein aus und reicht es dem Mädchen. Gudelia lutscht ihn wie einen Lolly.

Basilio lehnt das Paddel an das Surita-Haus und nimmt siich einen Stapel leerer Säcke und eine große Blechbüchse zum Einschaufeln. Ein Hahn kräht auf einem Nachbarhof, und ein Esel antwortet mit seinem melodischen Iaah.

Vielleicht rufen sie die Stunde auf einer Uhr mit seltsamer Einteilung aus, einer Pluma-Uhr, die die Zeit nach unsichtbaren Rhythmen mißt, phantasievoll und eigenwillig. Wenn die Menschen hier »jetzt sofort« sagen, meinen sie in Wirklichkeit »in einer Stunde oder, falls nicht, dann morgen«. Wenn sie »bald« sagen, meinen sie »irgendwann, vielleicht«. Sie wollen damit sagen, »wenn es notwendig oder möglich ist«. Die Stunden dehnen sich, sie treiben wie Nebel durch die Bäume, und es gibt keine Hast, keinen Grund zur Eile. Basilio bückt sich und schaufelt die trocknenden Bohnen in die Säcke. Sabina kämmt sorgsam das trocknende Haar ihrer Tochter.

Einer nach dem anderen tauchen nun die Tagelöhner mit ihren Körben voller Kaffeekirschen aus dem Wald auf. Die von La Pasionaria überqueren den Platz auf dem Weg zur Hauptschule, wo die gepflasterte Straße endet. Die UCI schickt fast jeden Abend einen Lastwagen, der sie wieder in die Berge hinaufbringt. An manchen Tagen kommt der Wagen jedoch nicht, dann warten sie eine Weile und machen sich schließlich auf den mühsamen, etwa einstündigen Heimweg bergauf. Unter den Zurückkehrenden ist auch Juan Surita. Ohne Frau und Tochter einen Blick zuzuwerfen, trägt er seine Körbe vors Haus und kniet nieder. Sabina legt den Kamm weg und hockt sich schnell neben ihn. Der landlose Hausmeister Juan hat sehr dichte Augenbrauen, die ihm einen Ausdruck dauernden düsteren Gekränktseins verleihen. Schon seine Haltung wirkt stumm und ergeben, wie ein Abbild seiner Existenz. Er sortiert die Kirschen mit Sabina in zwei Haufen, einen roten und einen grünen. Gudelia lehnt an der Wand und schaut zu. Nachdem Basilio die Säcke fertig zugebunden hat, trägt er sie zur Schlafhütte hinüber und deckt sie mit einer Plane ab. Niemand spricht.

Ein paar von den größeren Jungen aus der Hauptschule tauchen mit einem Gummiball auf, der zum Dribbeln zu schlaff ist, aber zum Schießen noch reicht, und beginnen lässig auf dem inzwischen freien Platz mit einem Spiel. Basilio macht ebenso mit wie einige der Tagelöhner von La Pasionaria, die von der Arbeit zurück sind und auf den Lastwagen warten, der sie heimbringen soll. Juan beteiligt sich nicht. Auf seine stille, langsame Weise wandert er außen um den Platz und schneidet mit einer Machete ein paar Blätter von einem Kaktus ab, der dort am Rand wächst. Die Blätter übergibt er Sabina, die in der Küchentür steht und nun mit einem kleineren Messer sämtliche Dornen ausschneidet. Die Blätter werden fürs Abendessen geröstet und ergeben, mit einer Prise Salz gewürzt, eine schöne Beilage zu den Krebsen. Juan zieht sich in das Schlafzimmer des kleinen Hauses zurück. Gudelia und ihre Mutter gehen in die Küche, und bald kräuselt sich beißender Rauch über dem Dach.

Die Luft wird jetzt aschfarben, dämmergrau. Die Tagelöhner auf dem Platz sagen, daß sie heute abend geduldig auf ihre Rückfahrt nach La Pasionaria warten wollen, denn es habe geheißen, daß Señor Pérez ihnen ihr Geld bringe. Sie arbeiten sechs Tage die Woche, und offiziell werden sie jeden Samstag bezahlt. Doch wird dieses Schema nicht streng eingehalten, genausowenig wie alles andere in Pluma. Und meistens werden sie an dem Tag bezahlt, an dem Señor Pérez die Wochenladung Kaffee zum UCI-Hauptquartier liefert und von dort das Geld für die Arbeiter mitbringt. Das wiederum hängt davon ab, ob der Lastwagen in Ordnung und vollgetankt ist. (Es gibt hier in den Bergen keine Tankstellen, und meist helfen die Menschen sich damit, daß sie das Benzin von einem Tank in den anderen umfüllen. Zu diesem Zweck liegen in jedem Fahrzeug hinten ein paar Gummischläuche, damit saugt man das Benzin aus dem einen Tank an, bis einem fast der Mund überläuft, und hält dann den Schlauch in den anderen Tank.)

Doch die Arbeiter beklagen sich nicht über ihre recht unregelmäßige Bezahlung. »Wenigstens werden wir pro Tag und nicht pro Korb bezahlt«, sagt einer und macht einen letzten Wurf mit dem schlaffen Ball. Dann geht er vom Platz zu der niedrigen Betonmauer vor der Schlafhütte, auch die anderen Arbeiter finden sich dort ein und überlassen die halbwüchsigen Jungen ihrem Spiel. Jeder weiß, daß die *finca*-Bosse nach Körben bezahlen, fünf oder sechs Pesos für jeden vollen, das ist in einem üppigen Herbst ein angemessener Preis, der bei einer mageren Ernte aber kaum fürs Nötigste reicht. Nach dem Herbst bezahlen die *fincas* auch nicht besser, vierzig Pesos je tausend getrimmte Kaffeepflanzen und fünfzig Centavos für jeden gegrabenen Halbmond. Die UCI zahlt immerhin einen garantierten Lohn pro Arbeitstag, so daß man sich in zivilem Tempo bewegen und seine Körbe nach besten Kräften füllen kann. Allerdings wäre es schon nett, bemerkt einer, wenn die UCI ein bißchen *mehr* pro Tag zahlen würde. Könnten sie nicht zum Beispiel achtzehn oder zwanzig Pesos lockermachen, jetzt wo der Kaffeepreis wieder steigt?

Basilio hört zu und nickt bedauernd. Er verdient auch

nicht mehr als seine Kameraden, die sich in der allmählich untergehenden Sonne an der Mauer unterhalten. Sie alle müssen hart arbeiten und haben doch nur gerade ihr Auskommen. Seit einiger Zeit drängen sie verstärkt auf eine Lohnerhöhung, vielleicht wollen sie nächsten Monat bei der Mitgliederversammlung darum bitten. Wie auch immer die Antwort ausfallen mag, sie haben jedenfalls das Recht zu fragen, und zwar als Mitglieder – als Mitbesitzer, falls das, was Basilio bei seinen Treffen in Pochutla lernt, wirklich stimmt – und nicht als Tagelöhner. Zumindest werden sie angehört, ihre Stimmen zählen bei der UCI, sie sind die UCI. Und sie können hier sitzen, während die Luft mit Einsetzen der langen Dämmerung blau und körnig wird, und tun, wonach ihnen der Sinn steht, nach Hause gehen oder Ball spielen, ohne daß sie in ihrer Freiheit eingeschränkt werden.

In *el centro* läutet träge die Kirchenglocke, und ein Chor von Hunden beginnt überall zwischen den Bäumen ein Bellkonzert. Einer der Jungen auf dem Platz holt eine Schleuder aus der Tasche und fängt an, mit Steinchen auf den Korbring zu zielen. Gudelia kommt gähnend aus dem Haus, nimmt den Eimer mit Krebsen und schleppt ihn halb schleifend in die Küche. Überall im Dorf verströmen die Herdfeuer ihr vertrautes leicht bitteres Aroma, nun machen sich auch die Jungen auf den Weg nach Hause, und die Tagelöhner sehen nach, ob der Lastwagen endlich gekommen ist, der sie zurück nach La Pasionaria bringen soll.

Auch Basilio steht auf. Während er den Platz überquert, muß er an die Männer denken, die auf den großen *fincas* arbeiten, sie schuften, essen und schlafen dort die ganze

Woche lang, fern von der Familie und von zu Hause, und er spürt, wie eine leichte Traurigkeit in seiner Brust nagt. Es ist eine merkwürdige Vorstellung, daß die *finca*-Bosse einst auch Zapotec waren, genau wie die Arbeiter. Basilio erklärt es sich so, daß damals um die Jahrhundertwende, als alles Land aufgeteilt und vergeben wurde, einige Familien eben einfach schlau waren, einfach gut vorbereitet. Sie waren irgendwie so vorausschauend, daß sie sehr schnell große Mengen Land für sich forderten – jeweils bis zu 3000 Hektar. Durch ihr tatkräftiges Zupacken wurden sie zu *finca*-Bossen und hörten nach Basilios Meinung gleichzeitig auf, Zapotec zu sein. Alle Bewohner des Dorfs und all die kleinen Farmer mit ihren überall im Gebirge verstreuten *parcelas* nennt er seine Familie, aber die *finca*-Bosse empfindet er nicht als Verwandte. »Früher gehörten sie zu uns, aber jetzt sind sie zivilisiert«, so beschreibt er es. Und wenn sie auch vielleicht schon seit Generationen in dieser Region leben, für ihn sind sie Fremde.

ZWISCHENSPIEL

# Zeit

In dem vollgestopften Laden bewege ich mich bedächtig. Das Schild über der Tür verkündet »Antiquitäten«, aber mir kommt dieses Geschäft eher wie ein Trödelladen vor, schon weil die Gegenstände auf staubigen Tischen und Regalen völlig durcheinander liegen. Die Artikel selber – ein Plastikgefäß mit angelaufenen Silbergabeln, eine Reihe Blechbüchsen für Pausenbrot, die höchstens aus meiner Kinderzeit stammen können, ein Sortiment gläserner Souvenir-Aschenbecher mit diversen angeblichen Herkunftsorten: den Niagarafällen, Shiprock, N. M., Havanna, Kuba und der Mint Julep Lounge – wirken weniger antik als gebraucht. Sie erscheinen mir auf unbestimmte, nicht unangenehme Weise schmuddelig und mit einer Patina von unsichtbaren Fingerabdrücken überzogen. Die meistens mit grünem Filzstift direkt auf die Gegenstände gemalten Preise sind nicht hoch.

Ich bin im strengen Sinne keine Kundin. Eigentlich warte ich auf den Bus und bin nur hineingegangen, um nicht im Regen zu stehen. Aber ich könnte ja etwas kaufen. Die Ladeninhaberin, in einer schäbigen grauen Strickjacke, sitzt ganz vorne, in ihrer dicken linken Backe klemmt ein Bonbon. Sie ist stets unhöflich. Draußen trommelt der

Regen wild auf den Gehsteig und die Markise. Es hört sich an, als brutzele etwas in heißem Öl.

Der einzige Mensch, der sich außer mir im Laden umsieht, ist ein Mann in tropfnassem Regenmantel, der mit einem hölzernen Metronom rumhantiert. Er löst das Pendel aus seiner Halterung und schiebt das Gewicht ganz nach oben. Es beginnt in großen Abständen zu schlagen, mit einem herrlich langsamen Geräusch. Die Inhaberin blickt ärgerlich hoch und schiebt ihr Bonbon in die andere Backe.

Ich wende mich zur Seite und mache mich ganz dünn, um an dem Mann vorbeizukommen, ohne seinen Körper zu berühren. Mein Mantel streift den Tisch hinter mir, ein Spielzeugschlitten fällt herunter und ein hölzernes Stopfei. Als ich mich bücke, um den Schlitten aufzuheben, sehe ich, daß er handbemalt ist, mit Schneeflocken und dem Namen *Cora M.* In anderer Handschrift und mit grünem Stift steht auf der Unterseite *2 $*. Als ich das Stopfei in die Hand nehme, fühlt es sich merkwürdig angenehm an. Ich drehe es um: *80 c*. Aus irgendeinem Grund beschließe ich, daß ich es haben möchte. Der Mann mit dem Metronom schiebt das Gewicht an dem Pendel runter, die Taktschläge hallen jetzt ein wenig schneller durch den Laden.

Neben dem Schlitten liegt ein Stapel Bücher. Ich nehme das oberste auf: eine Geschichte der Luftfahrt. Auf dem Deckblatt steht eine Widmung: *Fred, das ist ein verdammt gutes Buch. Wehe, es gefällt Dir nicht. – Ralph, Weihnachten 1937.* Das zweite ist ein Kochbuch und sieht aus, als wäre seine Bindung von Mäusen angenagt. Kaum habe ich es in die Hand genommen, klappt es an einer Stelle mit einem gepreßten vierblättrigen Kleeblatt auf. Ich starre den Klee an, der gut vierzig Jahre alt ist, dann das Rezept für eine Schokoladenbiskuittorte und den alten kakaobraunen Daumenabdruck am Rand der Seite. In einer plötzlichen Regung lege ich meinen Daumen darüber.

Das Metronom wird noch einmal schneller. Ich stelle mir kurz vor, daß sein Pulsschlag von all den verstaubten Gegenständen in dem Laden herrührt, und für diesen kurzen Moment macht es mich nervös. Ich lege das Buch wieder auf den Tisch und schaue auf die Uhr. Noch eine Minute, bis der Bus kommt. Ich bezahle das Stopfei und bin schon fast an der Tür, als mir klar wird: es sieht ganz genauso aus wie ein Ei, das ich im Haus meiner Großmutter gesehen habe. Als ich in die Nässe hinaustrete, wird der Taktschlag wiederum schneller, fast wie der Herzschlag eines Ungeborenen und ein wenig sanfter als der Regen.

VIER

# Der Fetisch

*Feitiço* – »ein Ding, das gemacht ist«. Dieses Wort benutzten die portugiesischen Seeleute, die im 18. Jahrhundert in einer Art Bogenmuster aus Anlegen und Fahren die bucklige Küste von Westafrika entlangsegelten. Mit diesem Begriff bezeichneten die Seeleute jene geschnitzten Holzstückchen, die ihre Handelspartner – die Menschen, denen sie begegneten – an Bändern um den Hals trugen oder in ihre Hauseingänge hängten. Die kleinen Figuren hatten finstere Gesichter, zumindest einige von ihnen. Einige waren mit Kaurimuscheln verziert. Einige bestanden aus nichts weiter als einem Fetzen steifen, seltsam gefärbten Stoffs, der an einen Stock gebunden war. Einige waren gut, und einige waren schlecht, alle aber besaßen große, geheimnisvolle Kräfte.

Diese Fetische wurden von *ogangas* oder »Zauberdoktoren« oder »spirituellen Führern« in besonderen Zeremonien erdacht und geweiht. Fetische konnten außer aus Holz auch aus Schneckenhäusern, Nußschalen, Gazellenhörnern, Tonperlen, Leoparden-Barthaaren, Kokavogelfedern, Löwenzähnen, Schildkröten-Klauen oder Schlangenwirbeln gemacht sein. Sie konnten mit der Asche von bestimmten Heilpflanzen eingerieben oder gestopft werden, auch mit Kautschuk, Gewürzen und Harzen oder mit den Eingeweiden oder Augäpfeln von Tieren oder Menschen. Wenn ein Fetisch über einen ganz bestimmten Menschen Macht haben sollte, dann konnte er auch Krümel von dessen Nahrung enthalten oder etwas von seinem Badewasser, abgeschnittene Fingernägel ebenso wie Haare oder einen Tropfen seines Bluts. Ein neugeborenes Kind erhielt einen Gesundheitsknoten-Fetisch um sein Handgelenk gebunden. Fetische hingen am Bug von Fischerbooten, um für eine sichere Fahrt zu sorgen, sie waren an Waffen für die Jagd gebunden, um sicheres Zielen zu garantieren, und wurden über Pflanzen im Garten gelegt, um Schädlinge und Diebe zu vertreiben.

Das Wort der portugiesischen Seeleute für derart komplizierte Gegenstände war täuschend einfach. Es kam vom lateinischen *facere* (machen) und bezeichnete etwas Hergestelltes, was menschliche Hände verfertigt hatten. Ineiner etwas weiter gefaßten Bedeutung konnte *feitiço* auch etwas Künstliches bezeichnen, eine Art Erfindung. Eine zweite Definition des portugiesischen Begriffs verdoppelt sich auf eigentümliche Weise in sich selber und weist so auf etwas noch Umfassenderes: »das, was gemacht ist, um zu machen«. Und *feitiço* beinhaltet in der Tat eine weitere, verwickeltere Bedeutung, die ins Wort hineingearbeitet ist wie Eier in einen Teig. Dann meint es ein Ding, das verzaubert oder verhext ist, ein Ding, in dem ein verzauberter, mächtiger Geist sitzt – das waren die Fetische: sie konnten bewirken, daß einem der Bauch weh tat, daß der Regen fiel oder daß man sich in seine Nachbarin verliebte. Das glaubten die Menschen, die mit Fetischen lebten, und aus eben diesem Glauben bezog der Gegenstand seine Macht.

In diesem frühesten Sinne meint Fetischismus also die religiöse Verehrung von konkreten Objekten. In gewisser Weise läßt er sich als eine Weltsicht begreifen, bei der Gott in allen Dingen wiedererkannt wird. Die Afrikaner waren nicht die einzigen, die Fetische besaßen, überall auf der Welt hatten Menschen Fetische, machten sie, entdeckten sie. Die Liste der Fetischobjekte war ebenso unbegrenzt wie die der Materialien, die den Geistern als Vehikel dienen konnten. Alles zwischen Himmel und Erde konnte zum Fetisch werden, konnte erfüllt sein von einem mächtigen inneren Wesen, das auf andere Dinge einzuwirken vermochte. Es konnte von Menschenhand so behandelt werden, daß die Macht, die ihm daraus erwuchs, normales menschliches Vermögen überstieg. Wir haben im Laufe der Zeiten Baumrinde und Wind, Sterne und Knochen fetischisiert und angebetet. Wir haben das Göttliche im Sonnenschein und in Eierschalen, in einem Ballen Seide oder in einem Gesicht im Mond wahrgenommen.

Selbst in Steinen, sogar den stumpfesten, gräulichbraunen Kieseln, die so ungeheuer leblos, so offensichtlich träge und seelenlos sind –, selbst in ihnen haben wir die Gegenwart von Geistern gespürt. Die alten Lappen glaubten, daß Steine sich nachts bewegten, und bestimmte Felsen waren für sie verwandtschaftlich miteinander verbunden, so wie Vater, Mutter und Kind. In mittelalterlichen Kirchen wurden Steine mit Öl, Blut und Wein bestrichen, als Opfer an die ihnen innewohnenden Geister. Meteoriten waren ganz besonders heilig und wurden als »Inkarnation von Sonnenstrahlen« begriffen. Aber auch Steine aus dieser Welt waren heilig, denn sie waren die Kinder von Gaia, unserer Mutter Erde. In ihrer furchterregendsten Gestalt türmten sie sich zu Bergen auf, und Berge wurden von Völkern der ganzen Welt fetischisiert, von Nordamerika über Afrika bis nach Sibirien.

Das Wasser ist erfüllt von Geistern, und seit dem Altertum haben Menschen es mit Gebeten und Opfern verehrt. In Akkra wurde ein Krug in einen Fluß geworfen, der als Bote das Gefäß zu allen anderen Flüssen und Strömen tragen sollte, so daß der Krug deren Wasser sammeln und wieder zurückbringen konnte, auf daß alle Felder bewässert würden. Die Kamtschatkalen besänftigten gefährliche Strudel, indem sie Gaben aus geschnitztem Holz und Tabak in ihre wirbelnden Tiefen warfen, wenn sie daran vorbeisegelten. Auf diese Weise versicherten sie dem Wasser, daß sie sich seiner Heiligkeit bewußt waren. Vor der Zeit der Inkas betrachteten die Peruaner das Meer als ihre höchste Gottheit. Und die Menschen haben, bevor sie in See stachen, diesem gewaltigen salzigen Element Gaben geopfert: tierische Eingeweide, Hirse, Blut und Gold.

Mit Münzen und Mehl, die man in die Luft warf, wurden Winde verehrt und Wirbelstürme besänftigt. Wenn der Wind so heftig tobte, daß er ihre strohgedeckten Hütten wegzutragen drohte, rissen die Payaguás in Südamerika ein brennendes Scheit aus dem Feuer und liefen damit dem Sturm entgegen, um ihn in Angst zu versetzen und zu bändigen. Oder sie trommelten einfach in die wirbelnde Luft. Feuer, Donner und Blitz wurden ebenfalls verehrt. Einige Völker haben den Regen als den Spender aller Dinge angebetet, für andere war er ein direkter Vorfahr. Auch der Regenbogen ist von vielen Völkern fetischisiert worden, meist als Überbringer von Reichtum und Glück oder als Brücke zwischen irdischen und göttlichen Regionen.

Flora und Fauna bezeichnen wir als lebendig, und so ist es kein Wunder, daß sie mit magischen und heiligen Geistern in Zusammenhang gebracht worden sind. Druiden streuten zur Wintersonnenwende Holunderzweige als Schutz gegen böse Elfen. Die Griechen von Dodona vernahmen im Rascheln der Eichenblätter eine heilige Sprache. Die niedergeschriebenen Worte ihrer menschlichen Orakel hielten sie für eine kabbalistische Transkription der Botschaften dieser Bäume. Auch die Germanen verehrten Eichen. Noch lange nach der Einführung des Christentums blieb es ein strafbares Vergehen, diesen Baum zu verletzen. Dem dreiblättrigen Zeichenwurz und der Alraune wurden magische Kräfte zugesprochen. Wenn jemand so tollkühn war und eine dieser Pflanzen pflückte, entstieg der Erde ein furchtbarer, dunkler Schrei, und der Pflücker starb auf der Stelle. Wenn man aber eine Alraunwurzel sachte aus der Erde löste, ohne ihr weh zu tun, und sie mit rotem Wein wusch, sie in rote und weiße Seide wickelte, sie jeden Freitag badete und sie an jedem Neumond mit neuen Kleidern versah – dann würde sie einem die Zukunft voraussagen.

Was die Tiere betrifft, so haben Menschen im Auge des gleichmütigsten Elefanten die Gegenwart einer Gottheit gespürt und dieses Tier heilig genannt. Für heilig erklärt wurden auch Kühe, Bären, Schlangen, Tiger, Haie, Elche, Ochsen, Wölfe, Affen, Krokodile und Schmetterlinge. Auch Wesen unserer Gattung haben wir fetischisiert und bei Albinos, Zwergen, Buckligen, Narren, Zwillingen sowie bei Blinden, Tauben und Verrückten eine besondere Verbindung mit dem Göttlichen entdeckt. Wenn solch ein Mensch zum Beispiel Sklave war, konnte er in die Freiheit entlassen werden, oder es wurden Locken seines Haares als heilige Reliquien verkauft. Überall im mittelalterlichen Europa boten Hausierer Säckchen undefinierbaren Inhalts zum Verkauf an und gaben ihn als Überrest eines toten Heiligen oder Märtyrers aus: als ein Stückchen Knochen vom kleinen Finger vielleicht, als einen Zahn oder ein wenig Asche von dem verbrannten Leichnam. Bei uns in Amerika hängt heute noch manch einer ein Kreuz oder ein Figürchen an seinen Rückspiegel und fühlt sich damit beim Autofahren behütet. Und einige von uns tragen seidige Kaninchenpfoten mit sich herum, die ihnen Glück bringen sollen, während andere darauf achten, wohin sie ihre abgeschnittenen Fingernägel tun – man kann ja nie wissen.

Fetischismus ist die älteste und weitestverbreitete Form der Anbetung, der Samen, aus dem alle Weltreligionen entsprungen sein sollen. Wissenschaftler haben ihn als »primitiv« und als Verhalten von »Wilden« klassifiziert. Ein Franzose, Charles de Brosses, hat den Begriff 1760 eingeführt, um jenen Typus von Religion zu beschreiben, der bei den »niedrigsten Rassen« zu finden sei. Fetischismus ist allerdings das vollkommene Gegenteil von Unwissenheit, Naivität oder stumpfem Denken. Er ist vielmehr eine höhere Art der Erkenntnis und verrät Hellhörigkeit für das Unbegreifliche und das Bemühen, mit ihm zu kommunizieren. Was könnte raffinierter und differenzierter sein, als im täglichen Leben das Wunderbare zu entdecken? Und wenn

Fetisch-Verehrung wirklich zum Verhalten von Wilden gehört, dann sind wir alle immer noch Wilde, da jeder von uns in gewisser Weise Fetischismus betreibt.

»Das, was das Ding zum Fetisch macht, ist nichts, was ihm selber innewohnt«, schreibt Fritz Schultze, ein deutscher Philosoph aus dem 19. Jahrhundert, »sondern die Vorstellung, die der Fetischist von ihm hat«. Dies trifft vollkommen auf die Gegenstände zu, die wir heute fetischisieren. Wenn eine Bluejeans einer anderen vorgezogen wird, die praktisch identisch ist, dann hat das Baumwolletikett, das hinten auf die Tasche der ersten aufgenäht ist, die Funktion eines Totems übernommen, der, mit Status und Begierde aufgeladen, diesen Nimbus auf seinen Träger übergehen läßt. (Sobald aber das Etikett aus der Mode kommt, verlieren die Jeans auf der Stelle ihren Status und sind nicht länger begehrenswert.) Und wenn der vom Onkel selbst eingelegte Mais oder der Couchtisch, den die Enkelin selbst geschreinert hat, den ebenso schönen, aber gekauften Waren vorgezogen werden, dann, weil die Geister von Onkel und Enkelin noch in den Produkten ihrer Mühe wohnen. (Sollte einmal jemand, der keinen Bezug zu Onkel und Enkelin hat, in den Besitz von Mais oder Tisch gelangen, dann werden jene besonderen Eigenschaften die Objekte sofort verlassen.) Alles was uns besonders gefällt, tut das in dem Maße, wie es *sinnhaft* ist, wie es Assoziationen und Bedeutungen beschwört und auch von ihnen widerhallt. Je sinnhafter ein Objekt wirkt, um so fetischhafter ist es.

Und wir brauchen keine *ogangas*, die die Dinge zu Fetischen machen – oder vielleicht haben wir auch alle einen *oganga* in uns, einen mitochondrischen Zauberdoktor als Teil unserer menschlichen Natur, als etwas Unvermeidliches, als ererbtes Privileg. Denn jeder weiß, daß die Dinge mehr sind, als sie scheinen: die Designer-Jeans, der eingelegte Mais vom Onkel, die Kaninchenpfote, das Glücksamulett. Eine Welt ohne Fetische wäre eine Welt ohne Gedächtnis, ohne Sprache und Bedeutung, eine Welt ohne Atmosphäre, für Menschen unbewohnbar.

Und so treten wir den Stuhl, an dem wir uns gestoßen haben, und verfluchen ihn; wir nehmen die Muschel, die uns einst jemand schenkte, den wir vermissen, in die Hand und streicheln sie; wir werfen den abscheulichen Brief *draußen* in die Mülltonne, da wir es nicht ertragen können, daß er die ganze Woche im Abfalleimer in der Küche liegt. All dies ist nicht vernünftig, und all dies ist nicht »wild«. All dies sind einfach wir, die wir hier im letzten blassen Zipfel des 20. Jahrhunderts leben, in dem alles mit Strichcode versehen und eingeschweißt ist und nach Fabrik riecht, in dem alles vergleichbar, austauschbar und auf seinen Preis zu reduzieren ist. Es sind einfach wir, die wir uns noch immer nicht taub stellen können gegen die Anwesenheit von Geistern in den Dingen.

Die Idee des Fetischs wurde in den vergangenen hundert Jahren zweimal ummodelliert und neu entworfen: einmal in ökonomischen Begriffen und einmal in psychoanalytischen. Die zweite Variante ist wahrscheinlich bekannter und geht auf die berühmte Neufassung von Sigmund Freud zurück, der lauter geistreiche Geschichten aus dem wahren Leben zu erzählen wußte, die seine Auffassung verdeutlichen. Nach dem Verständnis der Psychoanalyse ist Fetischismus eine Perversion, bei der sexuelle Erregung oder Befriedigung nur in Gegenwart eines Fetisch möglich ist – der meist in einem nichtgenitalen Teil des menschlichen Körpers besteht, wie zum Beispiel einem Fuß, einer Hand oder einer Haarlocke. Er kann aber auch ein unbelebtes Objekt sein, zum Beispiel ein Handschuh, ein Schuh oder ein Wäschestück, oder auch ein Gegenstand mit besonderer sinnlicher Qualität, wie Leder, Gummi oder Samt. Häufig vermag allein der Anblick des Fetischs schon den Orgasmus auszulösen. Und der Fetisch kann praktisch alles sein. Für einen von Freuds Patienten bestand er im Glanz auf der Nase der Person, zu der er sich hingezogen fühlte.

Nach Freuds Auffassung wird ein Fetisch nicht zufällig gewählt, er bezieht seine Macht vielmehr aus der Verbindung mit einem früheren sexuellen Erlebnis. So kann etwa die Vorliebe für Pelz auf jenen Moment zurückgehen, da das Kind zum ersten Mal Schamhaare eines Erwachsenen sah. Einem seiner Patienten half Freud, dessen Fußfetischismus bis zu einer starken Erinnerung des Knaben an eine Gouvernante zurückzuverfolgen, die ihren verletzten Fuß (schlank, zart und in einem Pantöffelchen) während des Unterrichts auf ein Kissen gebettet hatte. Auf jeden Fall ist der sexuelle Fetisch stets ein Stellvertreter, der Ersatz für ein Erlebnis aus dem wirklichen Leben. Und solche Fetischisten entwickeln auch meistens ein starkes Bedürfnis, den Fetisch zu besitzen, sie werden zu chronischen und leidenschaftlichen Sammlern der fetischisierten Objekte, und diese nehmen schließlich den Platz und die Rolle des »normalen« Liebesobjekts ein.

Die ökonomische Bedeutung des Fetischismus wurde von Karl Marx in *Das Kapital* entwickelt. Darin postuliert er, oft in überraschend schwingenden, traumähnlichen Sätzen, daß alle Waren Fetische sind, daß sich in dem Augenblick, da ein Objekt zur Ware wird, eine spezielle Art von Fetischismus daranheftet. Er spricht den Waren einen »mystischen« und »enigmatischen« Charakter zu, sie besitzen laut ihm »eine Fülle metaphysischer Feinheiten.« Von einem ganz gewöhnlichen Tisch behauptet er zum Beispiel: Sobald er das Reich der Waren betrete, verwandele er sich »und entwickelt aus seinem Holzkopf Grillen, viel wunderlicher, als wenn er aus freien Stücken zu tanzen begänne«. Und weiter sagt er, daß, wer den Warenfetischismus verstehen will, »in die Nebelregion der religiösen Welt flüchten« müsse:

> Hier schienen die Produkte des menschlichen Kopfes mit eigenem Leben begabte, untereinander und mit den Menschen in Verhältnis stehende selbständige Gestalten. So in der Warenwelt die Produkte der menschlichen Hand.

In diesem Sinne besteht der Fetisch der Ware in dem Wert, den die Menschen ihr kollektiv zuschreiben. Wenn wir Waren mit einem bestimmten Wert versehen, der nicht zufällig mit dem Preis verbunden ist, beginnt der Fetisch in dem Objekt zu gedeihen, er gewinnt die Oberhand, und schließlich verhalten wir uns so, als ob das Objekt fertig vom Himmel gefallen oder dem Kopf des Zeus entsprungen wäre und als habe das kleine Preisschild wie ein natürlicher Auswuchs schon immer daran gehangen. Dabei ist dieser Wert oder dieser Preis in Wirklichkeit etwas künstlich Hinzugefügtes, eine Abstraktion, die die wahre Identität des Objekts, die wahre Geschichte dahinter, *maskiert*. Die Vorstellung, daß ein Ding zwei Unzen Gold oder vierzig Dollar, ein Brot oder was auch immer wert sei oder ihm *gleich* komme, entstammt ausschließlich menschlicher Entscheidung, ist etwas, was dem entsprechenden Objekt übergestülpt wird. Der Wert, der in den Produkten wohnt, ist in nichts objektiv realer als der Geist, der in einem Stück Baumrinde wohnt – nur tun wir alle (meistens) so, als wäre dieser Wert objektiv real, und wir verehren ihn täglich durch Akte des Austauschs (und bestätigen ihn so).

Auf diese Weise fetischisieren wir Waren. Eine ganze Kette von Assoziationen verbrennt in der herrischen Flamme des Preises. So daß ein grüner Apfel nicht mehr eine glänzende, saure, runde Frucht ist, auch kein Symbol des Herbstes, kein Wunder der Natur oder Fingerzeig Gottes. Sondern er ist fünfzig Cents, ein Produkt, ein Ernteertrag, ein Lebensunterhalt. Und ein graues Cottage mit einem abschüssigen Rasen und einem Erkerfenster und an der Rückseite ein paar Reihen Getreide ist demgemäß kein Heim, sondern wird zu einer Investition, einer Immobilie, zu Besitz. Auch Schweinebauch und Antimon sind in entsprechender Weise nicht mehr der Stoff, aus dem Hotdogs bestehen, und die Nummer einundfünfzig auf der Tabelle des periodischen Systems, sie sind WAREN in Versalien, fast reine Abstraktionen. Wir können sie besitzen, sie kaufen und verkaufen, ohne sie auch nur einmal zu berühren, oder überhaupt zu wissen, was sie sind. Sie sind im Grunde gar keine *Dinge,* sondern die körperlose, substanzlose Essenz von Wert, Wert in seiner abgehobensten, verdünntesten Form: abgelöst von dem, was sich berühren läßt, und vorhanden nur als Produkt unserer Geldphantasien.

Natürlich kann ein Objekt seine Identität ändern, wenn es das Reich der Waren wieder verläßt. Wenn wir etwas kaufen ohne jeden Gedanken an Wiederverkauf – zum Beispiel einen Apfel –, ruht sein Tauschwert, und er wird wieder zu dem, was wir ihm zuschreiben. Er könnte vielleicht süß schmecken, uns an Apfelkuchen erinnern oder in der Sonne wie ein Edelstein in einer Schale leuchten. Der Investionscharakter eines Hauses, in dem man einst gelebt hat, könnte von seligem Gedenken an Gelächter, Sorgen, Gemütlichkeit und Familie überlagert werden. Und wenn versehentlich eine Ladung Schweinebäuche an der eigenen Haustür abgeliefert wird, sind sie mit Sicherheit nicht mehr die abstrakten Vehikel wachsenden Reichtums. Die 40 000 Pfund Schweine-Nebenprodukt würden ziemlich schnell etwas ganz anderes: zum Beispiel ein Ärgernis.

Doch in all diesen Fällen wird am Ende doch nur die eine imaginierte machtvolle Identität, der eine Fetisch durch einen anderen ersetzt. Nie wird die Maske abgeworfen, nie kommt das, was Marx die wahre Natur des Objekts nennt, zum Vorschein. Die ist, nachdem es erst einmal das Reich von Handel und Profit betreten hat, längst fortgespült und automatisiert. Jene Wahrheit, die unter dem glitzernden Trugbild des Fetischs liegt, besteht in der Beziehung zwischen Arbeiter und Produkt, sie ist der gesellschaftliche Rechenschaftsbericht über die Art der Entstehung jenes

Produkts. Nach dieser Vorstellung ist jede Ware, unter der Hülle ihres Preisschildes, eine Hieroglyphe, die entziffert werden will, ein Rätsel, dessen Lösung in der Geschichte des Arbeiters liegt, der es gemacht hat, und der Bedingungen, unter denen es gemacht wurde.

Der Zauberfetisch, der sexuelle Fetisch, der Warenfetisch: alle drei entspringen einer einzigen Wurzel, und alle drei haben bestimmte gemeinsame Grundeigenschaften. Es ist sicherlich nicht von ungefähr, daß die lateinische Wurzel des Wortes »Fetisch« auch in den Wörtern »Konfekt«, »Affekt«, »Kontrafaktur«, »Manufaktur«, »artifiziell«, »fiktiv« und »Faksimile« steckt. Und in der Tat fungiert jeder der drei Fetischtypen als Faksimile, als Ersatz von etwas anderem. Der Zauberfetisch ist eine Art direkte Repräsentation des Übernatürlichen oder Göttlichen. Der sexuelle Fetisch ist ein Ersatz für das, was Freud das normale Liebesobjekt nennt: nach seiner Vorstellung immer eine Person des anderen Geschlechts. Und der Fetisch der Ware – der Glaube an einen quasi angeborenen, selbständigen Wert – ist die Fabrikation, eine materielle Maske, die das tarnt, was in Wirklichkeit ein Verhältnis zwischen Menschen ist.

Und noch eine Eigenschaft ist allen gemeinsam: Was das Objekt jeweils zum Fetisch macht, ist ausschließlich Sache des Betrachters und seiner Überzeugung. Wenn ein Stück Rinde vom Bohamba-Baum, das auf besondere Weise gekocht wird, das Gedeihen des Getreides bewirkt – und der Glanz auf der Nase oder das Knirschen und der Geruch von Leder einen Orgasmus –, dann ist das nichts anderes, als wenn bestimmte Bodenflächen mit einem quasi angeborenen Grundstückwert versehen werden. Die Tatsache, daß wir letzteres in Amerika für selbstverständlich halten, bedeutet nicht, daß es die absolute Wahrheit ist, sondern verrät, wie stark wir Grund und Boden als Ware fetischisiert haben.

Wenn wir es anstrengend finden, hinter den Warencharakter der Dinge zu schauen, ihnen die Maske abzunehmen und zu erkennen, wenn auch nur für einen Moment, daß die Dinge allein deshalb Waren sind, weil wir sie uns als solche vorstellen, dann mag das daran liegen, daß wir so *viele* Dinge des Lebens zur Ware gemacht haben. Es fällt uns schwer, uns etwas zu denken, das wirklich und wahrhaftig jenseits des Warenbereichs liegt. Und doch ist es noch gar nicht so viele Jahrhunderte her, da war unser Land, da waren Bäche und Wiesen, Priele und Klippen, Wassergräben, Wüsten und Kiefernwälder kein Grundbesitz. Das Land besaß keinen Geldwert und konnte nicht gekauft, verkauft oder besessen werden. Den Menschen, die damals diesen Kontinent bewohnten, kam es nicht in den Sinn, das Land zu besitzen, ebensowenig wie es ihnen eingefallen wäre, die Luft oder den Regen oder den Sonnenschein oder Gott zu besitzen. Es waren die Kolonisatoren, die die Vorstellung von Land und Besitz mitbrachten und sie verbreiteten, bis schließlich wir kamen, wir, die wir nur wenige hundert Jahre später geboren wurden. Und heute halten wir diese Idee für etwas Gegebenes, für etwas, das seit jeher und bis in alle Ewigkeit gilt.

Alles, was wir kontrollieren können, und sei es auch nur ansatzweise, können wir zur Ware machen. Deshalb haben wir heute selbstverständlich Dinge wie Bäume, Felsen und Tiere vermarktet, ja, sogar den Kot von Tieren. Wir können uns für Geld Bienen liefern lassen, die unseren Obstgarten befruchten. Wir können unser Pferd für Geld von einem anderen Pferd decken lassen. Den Sonnenschein können wir noch nicht kaufen, aber wir können einen sonnensicheren Ort mieten oder kaufen, und wir können eine Anlage kaufen, die Sonnenwärme als Energie nutzbar macht, genauso wie wir Wind und Wasser nutzbar machen und die Energie, die sie produzieren, verkaufen können. Sofern Wasser nicht vom Himmel fällt, ist es als Bestandteil von Grundstücken persönliches Eigentum, oder es gehört dem, der es als Getränk in Flaschen abfüllt, die im Laden verkauft werden. Selbst die Luft ist heutzutage eine Ware, und ihr Preis hängt mit der »Lufthoheit« über Grundbesitz und der »Luftzeit« im Sinne von Sendezeiten und natürlich mit den hochwichtigen Ätherwellen zusammen. Über einige dieser Ätherwellen verhökern Radio- und Fernsehprediger aufs emsigste nichts Geringeres als den perönlichen Segen Gottes. Und auf den meisten dieser Wellen fordern uns andere Hausierer auf, weitere Waren und Dienste zu kaufen, die uns, je nachdem, frischen Atem, natürlich wirkende Locken, inneren Frieden, vollkommene Freude, den Neid unserer Freunde, ihre Bewunderung, ihre ganze Liebe und weniger Kalorien versprechen. Wenn es nach den Hausierern ginge, dann gibt es wenig, falls überhaupt etwas, das sich nicht zur Ware machen und in Schachteln mit Schleifchen packen ließe.

Diese Bombardierung mit Informationen, bei denen alles als Ware vorkommt, trägt ohne Zweifel viel dazu bei, daß die Maske noch fester haftet, sie bekräftigt die Vorstellung, daß die reinste Erscheinungsweise eines jeden Dings sein

Preis ist. Was uns Amerikanern allerdings am meisten daran hindert, den Warenfetischismus als ein uns von uns selbst aufoktroyiertes Konstrukt zu begreifen, ist das Erbe, das unserem Land anhaftet: daß wir unseresgleichen zur Ware gemacht haben. Zweieinhalb Jahrhunderte unserer Geschichte sind unlösbar mit der Versklavung und folglich der Besitznahme menschlicher Wesen verknüpft: Menschen wurden gebrandmarkt, in Ketten gelegt, angepriesen, versteigert, gewogen, inspiziert, quantifiziert, gekauft und verkauft. Und in der relativ kurzen Zeitspanne nach Beendigung dieser Praxis haben wir andere Wege gefunden, menschliche Körper und Funktionen zu vermarkten. Die Methoden haben dabei immer bizarrere Formen angenommen, so daß wir heute – legal oder auch nicht – Sperma, Geschlechtsverkehr (ebenso wie die Inszenierung praktisch sämtlicher sexueller Phantasien), Plasma, Organe und Babys kaufen, mieten und verkaufen können. Wir können sogar für neun Monate einen Uterus sowie alle reproduktiven Fähigkeiten eines weiblichen Körpers mieten, um ein Baby zu erwerben. So etwas nennt sich Leihmutterschaft und gilt vor Gericht nicht als strafbar. 1990 betrug der gängige Preis für diesen Dienst zum Beispiel 10 000 Dollar.

Doch auch jenseits dieser extremen Weisen vermarkten wir Teile von uns. Vermarktung findet nämlich bei all der eher normalen Arbeit statt, die fast jeder von uns verrichtet. So ist es durchaus gängige Praxis, seine Zeit zu vermarkten, das ist lediglich eine andere Art, den eigenen Wert in Sechzigminutenblöcken zu benennen. Je offensichtlicher der Zusammenhang zwischen dem eigenen Wert und den standardisierten Zeitblöcken ist – etwa bei Jobs, bei denen man eine Stechuhr bedienen muß –, desto niedriger ist gewöhnlich der Status der Arbeit und von daher auch der des Arbeiters. Selbst dort, wo es keine Stechuhren gibt, ist diese Hierarchie häufig fest verwurzelt: Die Sekräterin, die am Schreibtisch im Vorzimmer sitzt, erhält einen Stundenlohn, während der Beamte direkt hinter der geschlossenen Tür ein Jahresgehalt bezieht.

Natürlich trifft das nicht auf alle zu. Der hochkarätige Anwalt läßt sich nach Stunden bezahlen, und der Arbeiter in einer Ausbeuterklitsche kennt keinen garantierten Stundenlohn, er wird nach Stückzahl entlohnt. Die Vermarktung einer Anwaltsstunde mindert mit Sicherheit den Selbstwert des Anwalts. Offensichtlich muß der eigene Preis nur hoch genug sein, dann schadet die Vermarktung nicht mehr. Die Arbeiter in Ausbeuterbetrieben dagegen, von denen viele in einer Art Pacht-Sklavenschaft leben, werden eher wie Milchvieh oder Legehennen gehalten und eher als Besitz betrachtet denn als Menschen. Und die paar Dollars oder Cents, die sie für jeden genähten Ärmel oder jedes zusammengebaute Spielzeug bekommen, sind eher so etwas wie Instandhaltungskosten für den Maschinenpark als Angestelltenlöhne.

Tatsächlich gibt es unter uns, die wir arbeiten und Geld verdienen, nur sehr wenige, die der Vermarktung entkommen. Denn *wofür* werden wir schließlich bezahlt? Die meisten von uns verkaufen ihre Zeit, ihr Wissen, ihre körperliche Kraft oder Geschicklichkeit, ihren Sachverstand, ihr Aussehen oder ihre Zeugnisse. »Im Kapitalismus«, so schrieb Marx vor hundert Jahren, »ist die Arbeit nicht die eigene Lebenstätigkeit des Arbeiters, seine eigene Lebensäußerung, sondern eine Ware, die der Arbeiter verkaufen muß, um sich die nötigen Lebensmittel zu sichern.« Marx war überzeugt, daß diese Art von Arbeit eine Fessel ist, daß sie die Menschen nicht nur ihrer Freiheit beraubt, sondern auch des Gefühls für ihren Wert. Doch was er als Übel von Industrialisierung und Kapitalismus ansah, existiert in Wahrheit schon seit Jahrtausenden. So schrieb Aristoteles im vierten Jahrhundert v. Chr.: »Jene Menschen aber machen aus allen diesen Dingen einen Gelderwerb, als wäre das das Ziel, worauf alles bezogen werden müßte.«

Nicht jeder fällt unter diese Kategorie. Da sind etwa die Erwerbslosen sowie die sehr Armen und die sehr Reichen. Ferner sind da jene, deren Arbeit nicht mit Geld entlohnt wird – zum Beispiel der Elternteil, dessen Vollzeitbeschäftigung darin besteht, für Haus und Familie zu sorgen. (In diesem Falle wie auch in dem des erwerbslosen Armen kann der Preis dafür, daß sie der Vermarktung entgehen, sehr hoch sein.) Da sind noch die, die arbeiten und Geld verdienen, selber jedoch außerhalb des Reichs der Waren bleiben. Farmer zum Beispiel, die Sojabohnen oder Pflaumen anbauen, Künstler, die Aquarelle oder Opern schaffen, Kunsthandwerker, die Weidenkörbe oder Wolldecken herstellen – sie alle verkaufen die Früchte ihrer Arbeit und nicht die Arbeit selbst. Sie vermarkten ihr Produkt, aber nicht die Zeit, ihren Körper oder ihren Kopf. Und schließlich sind da die Kinder. Wir betreten diese Welt praktisch alle unvermarktet, und in den ersten zwölf oder fünfzehn, oder achtzehn Jahren unseres Lebens – der Zeit, bevor wir uns zu vermieten beginnen – erfahren wir uns in dieser Weise, mit einer Haut, die rein ist, noch nicht infiziert von

Wert. In der Regel betrachten Kinder sich selbst und ihre Handlungen nicht als etwas, das sich in Geld umsetzen läßt. Doch gegen Ende ihrer Kindheit wird von den meisten erwartet, daß sie mehr oder weniger problemlos diesen semiotischen Sprung tun, um in der Erwachsenenwelt funktionieren zu können. Das Erstaunliche ist, daß so viele diesen Übergang widerstandslos und ohne Krise vollziehen.

Ich hatte eine Schulfreundin namens Mary McDonald. Irgendwann kam die Zeit, wo wir alle unter dem Druck der Entscheidung standen, »was wir werden wollten«, und das hieß eigentlich: was wir tun würden, um Geld zu verdienen, damit wir die Miete zahlen und Lebensmittel kaufen und insgesamt für uns sorgen könnten. Zu diesem Zeitpunkt waren selbst die von uns, die schon vorher gearbeitet hatten, sich der seltsamen Veränderung bewußt, die jedem bevorstand, der die Erwachsenenwelt der Vollzeitarbeit betritt. Und ich weiß noch genau, wie Mary eines Tages mit großer Klarheit und Erregung verkündete: »Ich finde, jemand sollte mir einfach dafür ein Gehalt bezahlen, daß ich Mary McDonald bin!« Dieser Vorschlag erschien mir ebenso absurd wie merkwürdig vernünftig. Ihre Idee hatte nichts mit Arroganz, auch nichts mit Faulheit zu tun. Es ging nicht darum, daß sie keine Lust zu arbeiten hatte. Doch war die Vorstellung, ihre Fähigkeit, sich zu versorgen beziehungsweise buchstäblich zu überleben, sei abhängig von der Quantifizierung und Vermarktung ihrer Person mittels Arbeit, eine Beleidigung für ihr Empfinden als Mensch. Nur weil die meisten von uns, wenn sie die Schwelle zum Erwachsensein erreichen, dieses Empfinden mit Erfolg verdrängt und unterdrückt haben, erscheint

Marys Idee grotesk. Im Grunde ähnelt sie der Formulierung in Abschnitt 6 des Clayton-Antitrust-Gesetzes, das 1914 vom Kongreß ratifiziert wurde, in dem es klar und deutlich heißt: »Die Arbeit eines Menschen ist keine Ware und kein Handelsartikel.«

Wir wissen allerdings, daß trotz Mary McDonald und trotz des Clayton-Antitrust-Gesetzes dieses Ideal sehr weit von der Wirklichkeit entfernt ist. Menschliche Arbeit kann wie Boden und Äpfel, Kuchen und Gänseblümchen, wie Gold und gefrorener Orangensaft, Schweinebauch und Antimon, wie Zeitungen, Kaffeebohnen und hohe Glasbecher jeden Tag zur Ware gemacht werden, zu etwas, das gekauft und verkauft wird. In dieser Hinsicht tragen auch wir Masken – ebenso wie all die Produkte, die wir sammeln und an die wir uns klammern.

Wir alle befinden uns in einem Fiebertraum und sitzen in der Falle unserer grotesken Fetischmasken. Einige haben Katzenaugen, sind mit Pfauenfedern, rosa Glitzersteinen, oder Pailletten verziert und lassen sich an schlanken Stielen vors Gesicht halten. Andere sind aus Pappe, die Augenschlitze sind grob mit einem Mehrzweckmesser ausgestanzt, und sie werden mit Gummiband über die Ohren gehakt. An jeder einzelnen – sei sie aufwendig oder schlicht – flattert über der linken Schläfe ein weißes Etikett, darauf steht eine Summe in Dollar. Welch ein Anblick, die wir da alle miteinander in unserem Viertel aufmarschieren, als nähmen wir an einem ewigen Karneval teil: Menschen, Fahrräder, Kinderkarren, Hunde, Schuhe, Mülleimer, Regenschirme, Bäume, Autos – nichts von Wert ohne Maske! Und all die Geschichten verschwinden dahinter.

Wenn er abends aus dem Wald zurück ist, seinen orangen Overall in die Wäschekammer geworfen, sich geduscht und neue Sachen angezogen hat, wenn er danach etwas vom Stew oder ein Fertiggericht vom Chinesen gegessen hat, bringt Brent Boyd seine kleine Ellen zu Bett. Joy hat sie schon gebadet und ihr Schlafanzug und Hausschuhe angezogen, und dann toben sie alle drei wie jeden Abend ein wenig auf der schwarzen Ledercouch im Wohnzimmer herum, das vom flackernden Leuchten von Holzofen, Fernseher und Aquarium gleich dreifach erhellt wird. Joy hat Brent schon wegen seiner ungleichen Socken aufgezogen, und Brent, der sich gegen die Kälte zu kleiden pflegt und nicht, damit er gut aussieht, hat den grünen und den blauen Socken an seinen Füßen studiert und geantwortet, das sie doch zusammenpassen – in der Dicke. Ellen ist schon fast eingeschlafen und liegt quer auf ihrer Mutter, die auf dem Bauch ausgestreckt ist. Das Kind ist mit seinem abendlichen Ritual des Daumenlutschens beschäftigt und reibt seine Nase gleichzeitig mit einer Handvoll braunen Haars ihrer Mutter.

Sobald Ellens Gebrabbel wieder lauter statt leiser zu werden beginnt, ist der Moment gekommen, wo Brent erklärt: »Also ab ins Bett« und sie die Treppe hochträgt. Dann strekken sich beide, Vater und Tochter, nebeneinander auf Ellens weißem Kastenbett flach auf dem Rücken aus – Ellen, weil sie ins Reich der Träume entschwinden soll, und Brent, weil diese Lage nach zehn Stunden Wald und noch mal vielleicht drei auf der Straße ihm die liebste ist. In dieser Lage schauen Vater und Tochter zum Bilderbuch hoch, das Brent in seinen ausgestreckten Armen hält. Ellens Lieblingsbuch kann alles sein, was sie auswendig kennt, und die abendliche Parade der alten Lieblinge hält ihn gut in Trab, da er kein einziges heiliges Wort auslassen darf.

Hier auf dem Bett, unter den umgeblätterten Seiten, sind beide in Schichten von Familie gehüllt. Überall sind noch die liebevollen Hände zu spüren, die so viele Gegenstände in diesem Zimmer hergestellt haben. Mit der türkisen Tulpenbettdecke, die Brents Mutter gemacht hat, ist Ellen jetzt zugedeckt. Und die taubenblauen Vorhänge, die Joys Mutter genäht hat, hellen freundlich die mittlerweile schwarzen Fensterscheiben von Ellens Schlafzimmer auf. Unter dem Fenster steht die Spielzeugkiste, die Grampy Boyd vergangene Weihnachten gebaut hat, und darauf sitzt das von Grammy Boyd rosa und blau angemalte Holly-Hobbie-Mädchen. Da sind auch die gerahmten Babyfotos und die Vase mit getrockneten Blumen, die noch von der Hochzeit einer Tante stammen, und nicht zu vergessen, Ellens ganz besonderer Besitz: ihre Sooky-Puppe.

Sooky-Puppe ist vielleicht acht Zentimeter groß. Sie ist ein hartes, gummiartiges Ding in einem leuchtendgrünen Kleid. Ihr überraschendstes Merkmal ist das Haar, eine blaugrüne Mähne aus einem steifen Synthetikzeug, das ihr starr vom Kopf absteht – so hoch, daß es sie fast doppelt so groß macht. Die Puppe ist das Geschenk einer Babysitterin als Ellen erst vier Monate alt war. Schon damals hatte sie eine heftige Vorliebe für das Haar ihrer Mutter entwickelt. Wenn Joy nicht da war, wühlte das kleine Mädchen zum Trost in Sooky-Puppes blaugrünen Strähnen.

Sie zottelte sie über ihr Gesicht und lutschte gleichzeitig am Daumen, während ihre Finger fest in der Ersatzmähne vergraben waren.

»Sooky« kommt von der Insel Cape Breton und ist ein Wort aus Joys Kindheit am äußersten Zipfel von Neuschottland, wo das Wort *to sook* bedeutete, daß man mit Schmollen oder Jammern seinen Willen bekommt. Joys Vater nannte sie immer seinen kleinen Sooker. Wenn Joy heute an das Wort denkt, dann fällt ihr statt der ursprünglichen Definition meist sein liebevolles Frotzeln ein. Brent und Joy sind nicht gerade darüber erbaut, daß Ellen von all ihrem Spielzeug ausgerechnet dieses ziemlich scheußliche grüngekleidete Figürchen am liebsten mag. Selbstverständlich hat Sooky-Puppe für Ellen überhaupt nichts Lächerliches. Sie ist ein Totem, ein Zauber und schön in ihrer großen magischen Kraft: ein kleines Stück von ihrer Mutter.

Doch der Zauber hat Grenzen. Wenn sie abends manchmal alle drei zu Hause sind, scheint der Geist der Wärme und des Trostes den stummeligen Körper der Puppe zu verlassen, da will Ellen nur noch die echte Sache. Und dann schlüpft sie mitten in den Gutenachtgeschichten, wenn ihr waldmüder Daddy häufig schon zu schnarchen beginnt, leise unter der Decke hervor und krabbelt durch den Flur in das große Bett. Brent bleibt liegen und träumt auf den Minnie-Maus-Laken, während sie sich bis zum Morgen in die echten Locken ihrer Mutter kuschelt.

Wenn Tag und Nacht ständig durcheinandergeraten und während der halben Woche die eine die Kleidung des anderen trägt – wie ein mutwilliges Zwillingspaar, das einen Streich ausheckt –, dann kommt der Schlaf nicht immer sofort, wenn sie ihn erbittet, zu Ruth Lamp. In den frühen Morgenstunden, wenn die Uhr langsamer zu gehen oder fast stillzustehen scheint, wenn das Universum noch ein wenig höher zu steigen scheint, wenn der Himmel am schwärzesten ist und alle Sterne noch ein bißchen ferner rücken, dann liegt Ruth bei brennendem Licht wach in ihrem Bett. Bis auf Shenna ist sie heute abend allein im Haus. Ein schlafloser Hund ist ein Widerspruch in sich: kraftvoll wölfische Schnarchtöne dringen von dem Platz draußen im Flur vor Ruths Schlafzimmer, wohin Shen in all ihrer massigen Lebhaftigkeit jeden Abend ausgellgert wird.

Das Farmhaus ist nicht groß. Unten liegen die Küche, die Waschküche, Ruths Wohnzimmer und das Wohnzimmer der Jungen (wobei die beiden letzteren gut auseinanderzuhalten sind, eines ist blitzsauber und freundlich; durch hohe Fenster mit Vorhängen fällt das Licht auf einen cremefarbenen Teppich. Das andere ist eng und düster, und die Einrichtung besteht aus einem Holzofen, einer Tapete mit Hirschmuster, dem ausgestopften Hirschkopf eines Achtenders, dazu Pfeile und Gewehre und eine Wanduhr, deren Zeiger sich um ein Hirschbild drehen). Oben verjüngt sich das Haus und bietet gerade für zwei Schlafzimmer Platz, das von Ruth und das Roberts, welch letzteres häufig, so wie heute, leer bleibt.

Ruths Schlafzimmer liegt auf der hellen Seite des Hauses. Die nach drei Richtungen gehenden Fenster bieten ihr fast eine Panoramaansicht der Farm. Sie kann ihren Weg sehen, den Graben, die Scheune, den Garten und den Hügel hinterm Haus, wo an der Wäscheleine, die sie gespannt hat, ein Paar Handtücher und eine Jeans flattern. Auch die Gartenstühle samt Tisch kann sie sehen, die sie etwas weiter oben unter einem kahlen, dürren Apfelbaum aufgestellt hat. Wenn der Frühling kommt, wird er blühen und sich in einen Mantel aus wehenden, süß duftenden Blüten hüllen. Wenn der Frühling kommt, wird sie dort mit einem kühlen Getränk sitzen, unter einem Baldachin aus milchig rosa Blüten und Bienen.

Im Augenblick steht das alles nur vor ihrem inneren Auge. Wirklich vor Augen hat sie nur ihr Schlafzimmer. Die Spitzenvorhänge vor jedem Fenster fangen das Licht ihrer Leselampe auf und werfen es in den Raum zurück, über die Schlafzimmereinrichtung von der Stange, die gerahmten Fotos ihrer Kinder, die Blümchentapete und das geblümte Sofa sowie ihr altes Carmen-Hohner-Akkordeon. Sie hat seit Jahren nicht darauf gespielt. Das Gebläse ist inzwischen sicher hin, die Papierfalten sind ausgetrocknet und rissig. Aber sie weiß noch, wie sie die Finger setzen muß, kennt noch die Muster, die sie auf den Knöpfen und Tasten spielen muß, um all jene Lieder herauszuquetschen.

Sie packt es nicht weg. Selbst als sie von Forest Rose auf die Farm zog, hat sie es nicht eingelagert. Obwohl sie weiß, daß es sich jetzt nicht mehr spielen läßt, bewahrt sie es hier auf dem Fußboden in der Ecke beim Kleiderschrank auf, wo sie es von ihrem Bett aus sehen kann. Ihre Mutter hat damals im Jahre 1948 neunzig Dollar dafür bezahlt. Ruth war damals zwölf und wünschte sich ganz schrecklich ein Akkordeon. Ein durchreisender evangelikaler Prediger und seine Frau hatten ihre Kirche besucht, und Ruth hatte sich in die wunderschöne Stimme der Frau verliebt und auch in die Art, wie sie sich selbst auf einem komischen Apparat begleitete, den sie wie einen Muff hielt und immer auf und zu machte, während ihre Finger über eine Leiste mit kleinen schwarzen Knöpfen glitten. Das war ein Akkordeon, wie Ruth erfuhr, und in ihren vorpubertären verliebten Augen kam es an Schönheit erst an zweiter Stelle hinter der Frau des Predigers. Ruth sagte zu ihrer Mutter, wenn sie groß sei, würde sie furchtbar gern Akkordeon spielen. Und ihre Mutter, die damals magere fünfundzwanzig Dollar die Woche verdiente, vollbrachte das erstaunliche Wunder, daß sie irgendwie genug Geld sparte, um zu Bruneys Musikgeschäft in der South Columbus Street zu gehen und Ruth ein Instrument zu kaufen. Das Gebäude war grauschwarz marmoriert, und der Name CARMEN war in erhabenen Lettern draufgesetzt, so daß man, wenn man mit den Fingern darüberfuhr, so tun konnte, als läse man Braille.

Ruth spielte und sang dann tatsächlich sonntags in der Kirche, aber auch bei Erweckungsversammlungen. Da spielte sie jedesmal zwei Wochen hintereinander jeden Abend und quetschte all die beliebten Lieder, wie »Precious Memory« und »What a Friend We Have in Jesus« heraus. Später in der High-School begeisterte sie sich für Country-Western und Bluegrass-Musik, sie kriegte sogar ein Engagement beim lokalen Radiosender WHOK. Jeden Samstag spielte Ruth live mit einer Gruppe dort im Studio, und sie wußte, es brach ihrer Mutter fast das Herz, daß sie solche weltliche Musik spielte. Dann wurde sie siebzehn, heiratete und ging fort nach Columbus. Sie nahm ihre Hohner mit, spielte jedoch kaum noch darauf, nur manchmal für ihre Kinder, aber nur, wenn ihr Mann und ihre Schwiegermutter nicht da waren. Beiden gefiel die Musik nicht, und sie hielten auch nichts davon. Dort in der Stadt spielte sie immer weniger, so daß das Instrument beinahe versteinerte oder einfror, als wäre es ein Schnappschuß oder ein Denkmal seiner selbst, das an andere Zeiten und Orte erinnerte.

Und so wirkt es auch jetzt, wie es da mitten in der schwärzesten, kältesten Nacht wachsam und stumm in der Ecke neben dem Kleiderschrank steht. Mit seinem luftleer zusammengequetschten Gebläse und den fest verschlossenen Haken ist es nicht mehr eine Quelle der Musik, sondern ein Symbol vergangener Zeiten, eine Erinnerung an vielerlei Arten von Glauben.

## *Pluma*

Wenn der heißeste Teil des Tages allmählich vergeht, so etwa gegen ein, zwei oder drei Uhr nachmittags – je nachdem wie entschieden sich der Nebel an dem entsprechenden Tag noch mal vorwagt –, dann harkt Basilio Salinas den Kaffee in La Palma wieder zu einem Haufen zusammen. *Tshhhhhk, tshhhhhk.* Das hölzerne Paddel fährt durch die trockenen Bohnen und türmt sie in der Mitte des Patio auf.

Blechern und undeutlich ist aus dem Wald Musik zu hören. Einige der Pflücker unten am Berg haben ein Radio.

Die Hunde sind jetzt erhitzt und treiben sich bei den Holzbauten herum, die den Platz säumen: bei der neuen Palmenschlafhütte und dem Hausmeisterhaus. Gudelia Surita steht in der offenen Tür des letzteren und blickt zu Basilio und in den Himmel hinter ihm. Ein Geier segelt weich und einsam in einem großen schwarzen Kreis durch die Luft. Gudelia trägt einen roten Rock und ein langes weißes T-Shirt und um den Hals an einem Band ein schokoladenfarbenes, quadratisches Stück Stoff, auf das in Gold eine winzige Jungfrau Maria gestickt ist. Ein Geschenk von ihrer Großmutter, die in *el centro* wohnt. Und ein ganz besonderer Zauber: Er beschützt das kleine Mädchen vor bösen Träumen.

Gudelia ist das einzige der Surita-Kinder, das noch in Pluma wohnt. Ihre älteren Geschwister sind alle schon aus dem Haus und arbeiten in Oaxaca City: eine Schwester in einem Tagesheim, eine andere in einer Cafeteria und ein Bruder als Betongießer. Ihr Vater ist jetzt unten am Berg beim Pflücken. Ihre Mutter, direkt hinter ihr, ist in der düsteren Küche nicht zu sehen. Dort riecht es nach Kaktusasche und auch nach Feuchtigkeit. Die Küche hat kein Fenster, aber eine der Wände reicht nur halb bis zum Dach, und in dem Spalt sowie in der offenen Tür hängen einige durchsichtige Plastiktüten mit Wasser, auch sie eine Art Zauber, der Mücken und böse Geister fernhalten soll.

Auch Gudelia ist ein Mitglied von Basilios Familie: nicht seiner Blutsfamilie, sondern seiner Arbeitsfamilie. Wenn man ihm beim Kaffeeharken zusieht, so ist das genauso, wie wenn man ihrer Mutter beim Feuermachen zusieht oder den Hunden, die sich ihre Flöhe kratzen, oder dem

Sonnenaufgang: alles ist Teil des täglichen Rhythmus. Gudelia nimmt sich eine von den paar Dutzend Melonen, die sie vorhin im Wald zusammen mit ihrer Mutter von den niedrigen Bäumen gepflückt und auf dem schmalen Tisch gestapelt hat, der draußen an der Hauswand steht. Soviel von dem, was sie haben, kommt auf diese Weise zu ihnen – direkt von der Erde in ihre Hände: Limonen, Bohnen, Feuerholz, Wasser und Krabben. Gudelia beißt mit den beiden Schneidezähnen in die Schale. Es sind noch ihre Milchzähne, und sie sind schwarz verfault. Sie spuckt ein bißchen harte grüne Schale aus und benutzt dann die Finger, um den Rest abzupellen.

Als Basilio mit Zusammenharken fertig ist, holt er sich die große, rechteckige, goldene Dose, die draußen vorm Surita-Haus steht. Auf dem roten Etikett prangen ein gemaltes Schwein und das Wort *Paraíso*, ein Hinweis darauf, daß die Dose früher Schweineschmalz der Marke Paradies enthalten hat. Mit dieser Dose schaufelt er die Kaffeebohnen in die Jutesäcke. Keiner weiß mehr, wie die Paradiesdose in den Patio gelangt ist. Solange die Leute zurückdenken können, hat sie schon als Kaffee-Schöpfkelle gedient. Das Schaufeln macht ein ganz spezielles, hübsches Geräusch: ein gleichmäßiges Aneinanderscheuern von Bohnen, Metall und Beton.

In *el centro* läutet die Kirchenglocke ein paarmal, so wie sie es in lockeren Abständen den ganzen Tag über tut. Das Läuten dringt nur schwach und undeutlich bis nach La Palma und mischt sich mit dem fernen Radio der Arbeiter und mit Basilios Schaufelgeräusch. Zwei winzige weiße Würmer ringeln sich aus der Limone, die Gudelia gerade ißt. Sie schüttelt sie auf den Boden, tritt sie mit einer ihrer Zehensandalen tot und lutscht dann weiter an der Frucht in ihrer Hand. Der Nachmittag ist friedvoll. Die Hunde strekken ihren Bauch in die kühle Brise. Basilio stellt die Dose weg und bindet die Jutesäcke ordentlich zu. Nachts werden die kleinen Füße der Nagetiere, die vom Kaffee stehlen wollen, übers Dach trippeln. Aber aus den fest verschlossenen Säcken werden sie nichts ergattern.

Manchmal hört Gudelia sie oben auf dem Wellblechdach. Auch ihr Getrippel gehört zum Rhythmus eines Tages. Die ganze Nacht lang liegt sie inmitten all dessen, was ihr vertraut ist. Sie schläft auf ihrer *petate* neben Mutter und Vater und träumt nur süße Träume, mit der Jungfrau um ihren Hals.

Ein wesentliches Kriterium des Warenfetischismus ist die Zersetzung der Einzigartigkeit des Objekts.

*Hier im Someday Café sitze ich an einem wackeligen Holztisch und habe vor mir eine Zeitung, sonntäglich fett, und ein hohes Glas mit dampfendem Kaffee.*

*Hier im ($ 300 000) sitze ich an einem ($ 24,00) und habe vor mir eine ($ 1,50) und ein ($ 0,6) mit ($ 1,25).*

Geld ist das eigentliche Esperanto. Es ist der ASCII-Code, in den sich alle Dinge, die materiellen wie die immateriellen, übersetzen lassen. Die Spiegelglasfenster vom Someday, seine Hängepflanzen und sein Jazz, seine deftigen Ölgemälde, sein Gebäck und seine Flohmarkt-Möblierung, sogar der Irish Setter – all dies ließe sich in der Form von Preisen ausdrücken. Die Kunst an den Wänden und die Kuchen sind ausgezeichnet, der Preis ist fürs menschliche

Auge jeweils deutlich sichtbar. Der Preis der Pflanzen und der CDs, der des Hundes und der Möbel ist nicht sichtbar, jedoch nicht weniger real. Und wer auf eine Rechenaufgabe Lust hätte, könnte logische und praktische Gleichungen aufstellen, die all die unterschiedlichen Gegenstände miteinander ins Verhältnis setzen. Zum Beispiel, wie viele CDs einem Hund entsprechen und wie viele Hunde einem Gemälde und so weiter.

Und wir stellen solche Vergleiche ja auch immer wieder an: *Wenn ich das Rauchen aufgebe,* sagen wir, *dann habe ich in drei Monaten so viel gespart, daß ich einen neuen Kühlschrank kaufen kann. Wenn wir statt mit dem Taxi mit dem Bus fahren, können wir uns im Kino Popcorn kaufen. Diese Kette könnte die Anzahlung auf ein Haus sein. Diese Stützbalken kosten ein Jahr Unterrichten.* Das Geldsystem macht es möglich, daß wir Dingen – und manchmal auch Ideen oder Menschen – ihre ursprüngliche Identität nehmen und sie mit neuen Rollen und relativen Werten ausstatten können. Unter der Rubrik Geld findet ein ungeheurer Reduktionismus statt: Wir stellen fest, daß wir tatsächlich Äpfel mit Birnen vergleichen können. Diese allen geläufige Sprache dient nicht dazu, Unterschiede hervorzuheben, sondern sie auszulöschen. Georg Simmel, der deutsche Philosoph aus dem 19. Jahrhundert, schreibt:

> [Geld] wird der fürchterlichste Nivellierer, es höhlt den Kern der Dinge, ihre Eigenart, ihren spezifischen Wert, ihre Unvergleichbarkeit rettungslos aus. Sie schwimmen alle mit gleichem spezifischem Gewicht in dem fortwährend bewegten Geldstrom ...

Wenn wir in der Gesellschaft zurechtkommen wollen, können wir kaum umhin, diesen Vertrag zu schließen. Aus freiem Entschluß verhalten wir uns so, als ob der Geldwert fest mit den Dingen verwachsen wäre. Aus freiem Entschluß vermeiden wir es, an die tatsächlichen Produktionskosten oder an das gesellschaftliche Arbeitsverhältnis zu denken, das in die Produktion eingegangen ist. Aus freiem Entschluß glauben wir an den Warenfetisch und vertrauen auf die übernatürliche Macht von Dollars und Cents. Und weil wir daran glauben, unsere Nachbarn und Fremde daran glauben, alle Arbeitgeber und Arbeitnehmer, Vermieter und Mieter, Bankiers, Geldverleiher und Geldleiher, Lebensmittelhändler und Farmer und Busfahrer, Regierungen und Armeen und Ärzte und Kreditkarteninstitute und Klempner und Minister und Ballerinas daran glauben, ist der Kreis geschlossen: unser Glaube wird belohnt. Geld ist der große gemeinsame Nenner, Geld schmiert alles Tun in der Welt. Es macht möglich, daß wir die Milch im Eckladen bekommen, und es macht möglich, daß wir Verträge quer über den Ozean aushandeln. Wenn es darüber hinaus dazu führt, daß wir vergessen, über die Geschichten zu staunen, die vom Zustandekommen der Dinge erzählen, nun gut, dann mögen wir uns damit beruhigen, daß das ein geringer Preis ist.

Geld ist nicht als Maske oder als schrecklicher Gleichmacher in die Welt gekommen. Es wurde aus Gründen der Bequemlichkeit erfunden: Es ist bequemer, wenn man, um Handel zu treiben, nicht dauernd reale Schafe und Scheffel Getreide mit sich herumschleppen muß. Wenn man etwas Kleineres herstellen könnte, daß stellvertretend für den tatsächlichen Wert einer Sache steht, ließe sich der Tausch beschleunigen. Und wenn dieses kleinere Objekt außerdem beständig wäre und weiter unten in der Straße auch noch denselben Wert repräsentieren würde, dann ließe sich der Tausch aus seinen engen Zeitfesseln befreien. Denn bevor die Menschen sich das Geld ausdachten, konnten sie nur unmittelbar – etwa das Schaf gegen das Getreide – tauschen. Und das bedeutete, daß man völlig auf eine zufällige Übereinstimmung angewiesen war – unsere Nachbarin mußte genau zu dem Zeitpunkt den Gegenstand besitzen, den wir haben wollten, wenn wir den besaßen, den sie wollte. Mit einem standardisierten, dauerhaften Tauschmittel waren die Menschen in der Lage, Reichtum zu horten und einen Kauf dann zu tätigen, wenn es ihnen paßte – auch lange nachdem das Schaf schon tot und das Getreide schwarz geworden war.

Wie schwierig muß es allerdings in der Frühzeit gewesen sein, sich von seinen konkreten Gütern zu verabschieden und statt dessen das Vertrauen in eine Art Totem zu setzen. Ganz zu Anfang wird dieser geforderte Glaubenssprung vielleicht noch nicht so gewaltig gewesen sein, weil das benutzte Tauschmittel gewöhnlich selbst eine Ware von Wert war. In Ba Bunda dienten Salzpäckchen als Geld, in Tibet erfüllten Täfelchen aus Tee diesen Zweck, in Alaska waren es Angelhaken, in Nigeria Kupferdrähte. Ansonsten haben die Menschen im Laufe der Geschichte auch Seide, getrockneten Fisch, Biberpelze, Kognak oder Tabak benutzt. Solcherlei Dinge gingen nicht in ihrer bloßen Stellvertreterfunktion auf, sondern besaßen einen eigenen konkreten Gebrauchswert. Selbst wenn ihre Rolle als gültige Währung plötzlich erlöschen sollte, hielte ihr Besitzer immer noch etwas in Händen, das sowohl nützlich als auch tauschbar war.

Es muß das Aufkommen von Stein-, Knochen- und Erzwährung gewesen sein, das zum entscheidenden Prüfstein wurde – das Metallglockengeld von Sambia, die Krokodile und Hähne aus Zinn auf der Malaiischen Halbinsel, die Delphinkieferknochen auf den Marshall-Bennett-Inseln, die Kaurimuscheln in Westafrika, die Walzähne auf den Fidschi-Inseln, die Bronzestäbe des nigerianischen Tiv-Volks, die bronzenen Miniaturschuhe, die winzigen Hakken und Hippen in China oder die Gegenstände aus Ton, Glas und Porzellan in Thailand. Diese Dinge müssen ganz wie Fetische gewirkt haben: Es waren stumme, reglose, von Menschen bearbeitete Gegenstände, die trotzdem von einer Art magischen Kraft erfüllt waren. Sie hatten als solche keinen Nutzen, konnten aber Dinge beschaffen, konnten wie durch stummen Zauber Güter und Dienste bereitstellen oder waren wie abgewandelte Dschinns: Pro Kunde wird ein Wunsch gewährt, und der Fetisch wechselt den Besitzer. Doch auch dieser Glaubenssprung war vielleicht noch nicht besonders mühsam. Das Geld rückte zwar immer weiter ins Reich des Abstrakten vor, zirkulierte aber jeweils nur innerhalb relativ kleiner und homogener Gesellschaften, unter Menschen, die einander persönlich oder indirekt kannten. Im Grunde ist der Glaube an eine Währung nur die Erweiterung des Glaubens an alle anderen Menschen – die eigenen Handelspartner oder die Nachbarn –, er setzt die kollektive Anerkennung und Respektierung der Idee dieser Währung voraus. Und solch ein Glaube läßt sich vielleicht eher unter Menschen erwirken, die eng zusammenleben und einander gut kennen.

Vor etwa 4000 Jahren nahm die Bedeutung kostbarer Metalle gegenüber den anderen Währungstypen immer mehr zu, und noch vor hundert Jahren waren sie das bevorzugte Tauschmittel. Zeitweise experimentierten die Menschen zwar auch mit Symbolen aus Glas, Holz, Ton, Federn, Leder und sogar Siegelwachs, doch keines von ihnen konnte sich gegen die überlegenen Eigenschaften von Metallmünzen behaupten (gewöhnlich aus Silber, Gold, Kupfer, Eisen oder einer natürlichen Legierung aus Gold und Silber, die Elektrum hieß). Metall nutzt sich nur langsam ab. Der Nachschub ist relativ konstant und begrenzt, das Aufkommen ist nicht von Regen oder Sonnenschein, Krankheit oder Krieg abhängig. Metall ist tragbar, dauerhaft, erkennbar. Außerdem ist es teilbar, was seine Vor- und Nachteile hat: Zeitweilig drohte das »Rasieren« der Münzen die Einheitlichkeit ihres Werts zu unterminieren. Doch die Kaufleute mußten sich nur mit einer Waage ausrüsten, wenn sie nachprüfen wollten, ob sie auch wirklich einen echten Sovereign, Schekel oder Schilling erhalten hatten.

Vor allem aber ist Metall homogen. Es kann zu identischen Münzen gehämmert, gepreßt oder gegossen werden. Vielleicht ist Gleichförmigkeit die entscheidende Eigenschaft von Geld. Das Währungssystem basiert auf der Bedingung, daß die einzelnen Stücke keinen je besonderen Wert für sich besitzen. Das gilt heute genauso wie vor Tausenden von Jahren. Und die Ausnahme bestätigt die Regel: der »erste Dollar«, der in einem Lokal aus sentimentalen Gründen über der Kasse an der Wand klebt, oder der

Glückspfennig mit dem eigenen Geburtsjahr, den man mit dem Kopf nach oben auf dem Bürgersteig findet. Abgesehen von solchen Sonderfällen funktioniert Geld, gerade *weil* es so vollkommen austauschbar ist, so absolut ohne individuelle Besonderheit.

Die fetischartigen Eigenschaften des Münzwesens lassen sich schon an seinen Erscheinungsformen erkennen. Seit frühester Zeit sind Münzen mit einer zeremoniellen Sorgfalt entworfen und hergestellt worden, die in absolut keinem Verhältnis zu ihrem bloßen Nutzwert steht. Münzen sind zu Quadraten, Ovalen, Sechsecken und Achtecken geformt worden, zu Diamanten und Kuchenkringeln, zu Bohnen, Delphinen, Schalen und Blumen. Sie waren mit Bildern von Olivenzweigen, Gerstenähren, Palmzweigen und Lilien verziert, sie trugen Abbildungen von Persephone und Athene, von Pegasus und Herkules, von Pharaonen und Kaisern, von Kleopatra und Brutus, von Christus, der Jungfrau Maria und den Heiligen. Es gab Münzen mit Pfeil und Bogen, mit Käfern, Löwen, Rhinozerossen, Elefanten, Pferden und Tauben. Auf wieder anderen waren die Sternzeichen, der doppelköpfige Janus, das Siegel Salomos oder die Swastika zu sehen. Das Studium der Numismatik ist mit dem Studium von Zauberei, religiösen Ikonen oder all dem bedeutungsvollen Plunder auf dem Grunde von Merlins Sack leicht zu verwechseln.

Auch unser derzeitiger Papierdollar ist nicht ganz ohne kultische Züge. Am deutlichsten treten sie vielleicht in dem Medaillon links auf der Rückseite des Scheins zutage, das mit seiner unvollendeten Pyramide zu mancherlei spekulativen Interpretationen verführt hat. William Barton, der im späten 18. Jahrhundert mit am Entwurf des Scheins beteiligt war, hat diese Pyramide ziemlich platt als Symbol für die materielle Macht des Landes und sein ständiges Ringen um Fortschritt beschrieben. Das hat die Menschen aber nicht daran gehindert, dem Bild alle möglichen weit verwegeneren Deutungen unterzuschieben. So wurden Anspielungen entdeckt, die vom alten ägyptischen Symbolismus bis zur geheimnisvollen Bruderschaft der Freimaurer reichten. Das seltsame Auge in seinem dreieckigen Rahmen mit Strahlenkranz oben auf der Pyramide stammt angeblich von Benjamin Franklin, es soll das allsehende Auge der Vorsehung darstellen und darauf hinweisen, daß aller irdische Reichtum von einem göttlichen Wesen überwacht wird. (Benjamin Franklin war, zufällig oder nicht, Freimaurer, ebenso wie viele andere Gründungsväter.) Das leuchtende ANNUIT COEPTIS, das sich über das körperlose Auge wölbt, bedeutet: »Er (Gott) ist unseren Geschäften wohlgesonnen«. Das irdischere NOVUS ORDO SECULORUM auf dem wehenden Band unter der Pyramide bedeutet: »Eine neue Ordnung für die Jahrhunderte«. Das Datum MDCCLXXVI am Fuße des Gebäudes, 1776, bezieht sich auf das Jahr der Unabhängigkeitserklärung. Und rechts von all dem trumpft, aus irgendeinem Grund in langweiligem ordinären Englisch, unverfroren der Knüller auf: IN GOD WE TRUST.

Natürlich ist das noch nicht alles. Der Dollarschein steckt voller schmückender symbolischer Details. Da ist der Adler mit seinem Schild, der in den Krallen Pfeile und einen Olivenzweig hält und im Schnabel ein weiteres Band mit lateinischen Schriftzügen (E PLURIBUS UNUM oder »Eines aus vielen«). Da sind die dreizehn Sterne und noch ein Lichtstreif. Da sind die eingewebten winzigen roten und blauen Fäden und die Schnörkel, Papierrollen, Blätter und Beeren, die Siegel, Klammern und Borten und das kaum sichtbare geometrische Flechtwerk vorne und hinten auf dem rechteckigen Stück Papier. All das ist auf jeder Dollarnote gleich, und gerade in seiner Gleichförmigkeit trägt es zur fetischartigen Aura der Note bei.

Und wozu dieser ganze aufwendige Schnörkelkram? Natürlich gilt: Je komplizierter der Entwurf, desto schwieriger seine Fälschung. Aber wozu dann der ganze Mystizismus? Das Latein? Die römischen Ziffern? Die Anspielung auf Gott den Allmächtigen? Wozu all diese verschlüsselten, rituellen Details, dieses minuziöse Ineinander von Reichtum und Spiritualität? Wenn doch der Zweck eines Währungssystems – die Menschen sollen leichter an Hufeisen, Musselin, Schweineschmalz oder was auch immer kommen – letztendlich seit jeher sehr irdisch und ganz einfach profan ist?

Weil der Glaube es nicht ist. Der Glaube, der nötig ist, damit das System funktioniert, ist nichts weniger als ungeheuerlich. Die Alchimisten, die sich jahrhundertelang um das Geheimnis bemühten, wie aus »niedrigen« Metallen Gold wird, würden diese Ungeheuerlichkeit begreifen. Sie würden sich in reuiger Erkenntnis an die Stirnen schlagen – denn jener Glaube ist die unbezahlbare Formel, die ihnen stets entgangen ist: Was sie nie begriffen haben, ist die Tatsache, daß das Geheimnis der Alchimie darin besteht, nicht Metalle zu manipulieren, sondern die Wahrnehmung der Menschen.

Wir haben es heute soweit gebracht, daß die menschliche Wahrnehmung tatsächlich Gold aus Papier oder aus Plastikkarten macht, ja selbst aus unsichtbaren, nicht anfaßbaren Dingen wie Transfers per Kabel oder Telefongeschäften. Die menschliche Wahrnehmung soll sogar aus gewöhnlichen Spielkarten Gold gemacht haben. Dies geschah im späten 17. Jahrhundert in Kanada. Damals waren Metallmünzen so rar, daß die französische Regierung verfügte, in ihren westlichen Kolonien hätten Spielkarten als Geldersatz zu dienen. Nur ein schlichter Stempel mit dem Siegel des Schatzmeisters und ein paar Regierungsunterschriften machten aus jeder Karte eine Geldnote, und das kanadische Volk glaubte ein dreiviertel Jahrhundert lang an den Geldwert der Karten.

Was allerdings nicht bedeutet, daß der menschliche Glaube ans Geld, wenn er sich einmal durchgesetzt hat, nicht zu erschüttern ist. Es wäre ein Fehler, diesen Glauben für selbstverständlich zu halten – wie sich immer wieder in Zeiten finanzieller Krisen erwiesen hat. Viele Amerikaner verloren zum Beispiel während des Bürgerkriegs das Vertrauen in die Regierung, sie begannen kostbare Metalle zu horten, und die Staatskasse löste keine Scheine mehr in bar ein. 1861 billigte der Kongreß die Ausgabe von »Demand Notes« – jenen berüchtigten *greenbacks*, die durch nichts anderes als den Glauben an die Regierung abgestützt waren –, und prompt schlingerte ihr Wert auf einem Achterbahnkurs, je nachdem wie die Unionsarmee sich laut Presseberichten an dem betreffenden Tag schlug.

Oder auch Deutschland vor dem Zweiten Weltkrieg. Da konnte man mit einem ganzen Karren voller Geldscheine plötzlich nicht ein einziges Brot mehr kaufen. Das Vertrauen in Regierung und Wirtschaft war zusammengebrochen, und auch das Vertrauen der Menschen untereinander begann zu bröckeln. Der wunderbare Schleier wurde ihnen von den Augen gerissen: der Glaube an den eingeborenen Wert des Geldes hatte keine Bannkraft mehr. Verwundert und verletzt starrten alle auf einen Kaiser ohne Kleider. Papier entpuppte sich gegenüber Brot als wertlos, und Chaos, Häßlichkeit und Panik waren die Folge.

In Zeiten finanzieller Krisen, wenn etwa das Vertrauen schwindet oder schlicht nur die Metallmünzen rar werden, verlassen die Menschen sich instinktiv lieber wieder auf Tauschhandel und einen konkreten Ersatz für die Währung. Während des Bürgerkriegs wurden zum Beispiel Briefmarken benutzt, die in Messing eingefaßt waren und auf der Vorderseite einen Glimmerüberzug hatten, der den jeweiligen Wert noch erkennen ließ. Scheine, die örtliche Geschäftsinhaber und Wirtshausbesitzer ausgegeben hatten, waren begehrter als die von der Regierung beglaubigten, aber eher windigen Greenbacks. Im Neuengland der Kolonialzeit wurden häufig Nägel und Musketenkugeln als praktische Tauschmittel benutzt, und im Süden war Tabak mehrere Jahrhunderte lang gesetzliches Zahlungsmittel. In Kriegszeiten wiederum haben Zigaretten, Kognak, Seidenstrümpfe und Bezugsscheine als Währung gedient. Patriotismus gilt offenbar wenig für das Vertrauen der Menschen: Wenn die Wirtschaft eines Landes in Schwierigkeiten gerät, sehen die Menschen sich gewöhnlich nach einer anderen, stabileren Landeswährung um, die dann meist auf dem Schwarzmarkt gehandelt wird. In der Frühzeit Amerikas vermischte man gerne britische Schillinge, spanische Peseten, portugiesische Kronen, französische Ecus und Louisdors sowie holländische Dukaten mit der eigenen kolonialen Währung, die generell weniger stabil und weniger angesehen war als die verbreiteteren ausländischen Münzen.

Angesichts dieses äußerst anfälligen Vertrauens in die Abstraktion ist es kein Wunder, daß wir, wenn wir Geld verdinglichen wollen, es nahezu vergöttlichen müssen. Das ökonomische System ist vielleicht nur eine Idee, aber es ist wahrscheinlich die einzige Idee, an die die Menschheit geschlossen glaubt. Es gibt keine Religion, die die Menschen derart umfassend eint. Keine Gottesvorstellung, keine Moral, keine Wahrheit hat so viele Anhänger. Keine Sprache ist so weit verbreitet, wird von so vielen versprochen und verstanden. Die Macht des Geldes, seine Vitalität, gleicht einem alle einschließenden Spiel, dessen Wesen wir vergessen haben. Wir wissen nicht mehr, daß wir es nur spielen – wie alle Kinder der Nachbarschaft in der Dämmerung Räuber und Gendarm spielen: Es existiert nur solange, wie jeder mitmacht und so tut als ob. Sobald auch nur zwei Kinder zum Abendbrot gerufen werden, bricht das Phantasiegebilde zusammen, das Licht auf der Veranda geht an, der Wald wird wieder zur Platane. Solange wir aber mitspielen, gelten die Spielregeln als real und bindend.

Und wir versinken ständig tiefer im Spiel. Früher war das Geld, mochte es auch noch so luftig und theoretisch sein, immerhin durch etwas Solides abgestützt: nämlich durch Gold. Lange Zeit wurde diese Deckung sehr wörtlich genommen, und zwar in einem Ausmaß, das uns heute schon rührend vorkommt. So wurde zum Beispiel, wenn die Vereinigten Staaten etwa Frankreich Geld geliehen hatten, die entsprechende Menge Gold tatsächlich auf Handwagen in das »Französische Zimmer« bei der Bundesbank gerollt. Das Komische dabei ist, daß *Gold* (außer in wenigen Fällen wie beim Zahnarzt oder als Strahlungsschutz im Weltall) nur in unserer Vorstellung einen Wert darstellt. Seine Eignung als Standardbezugsgröße leitet sich unter anderem aus bestimmten Eigenschaften des Metalls her: vor allem aus seiner Seltenheit (nur 100 000 Tonnen sind bisher überhaupt gefördert worden) sowie seiner Homogenität und Beständigkeit und so weiter. Doch es sind gar nicht primär diese Merkmale, die dem Gold seinen exklusiven Status verliehen haben. Es waren die Menschen, die das taten, Menschen überall auf der Welt, in einem gewaltigen Akt kollektiver Vorstellungskraft, im einträchtigen Glauben an eine Phantaasie sehr großen Maßstabs.

In der ersten Hälfte dieses Jahrhunderts geschah dann etwas sehr Seltsames. Das Geld wurde von der Golddeckung abgekoppelt – das Geld aber nicht durch Silber, Kupfer, Vieh, Wein oder irgendwelche anderen Güter ersetzt, die es während der vorhergehenden vier Jahrtausende abgesichert hatten. Es wurde vielmehr zum ersten Mal Papiergeld ohne Deckung: gänzlich und unverhüllt frei flottierend, abstrakt und imaginär. Die Regierung erklärte das Geld zwar immer noch zur gesetzlichen Währung, machte jetzt aber nicht mehr das Angebot, die Scheine gegen ein entsprechendes standardisiertes Warengut beziehungsweise gegen überhaupt irgend etwas einzulösen. Das Phantasiespiel des Geldes erreichte einen neuen, atemberaubend hohen Abstraktionsgrad.

Trotzdem fuhren die Menschen fort, für dieses Zeug zu arbeiten, für dieses Stück Papier mit der Pyramide, dem Auge und dem Latein. Sie verrichteten ihre Arbeit dafür und tun es noch. Ohne jede Bedenken geht das Spiel weiter. Ladeninhaber händigen weiter Waren für das Zeug aus, Mechaniker reparieren unser Auto dafür, Gasthäuser bringen uns dafür eine Nacht unter, Fischer liefern ihre Fässer mit Kabeljau und Heilbutt ab, Schneider säumen unsere Hosen, Lehrer unterrichten unsere Kinder, und Apparate spucken Kaugummi, Cola und Kondome aus – all das für ein paar dieser Papierfetzen, dieser grünen Rechtecke, die den Namen Gottes anrufen. Und die Menschen sind bereit, immer weitere Abstraktionen der Abstraktion zu akzeptieren: zuerst nahm der Gebrauch persönlicher Schecks rapide zu, und dann geschah dasselbe mit Kreditkarten. Zeichen, die für Zeichen stehen, gedruckte Zahlungsversprechen. Inzwischen müssen wir nicht einmal mehr persönlich anwesend sein, um unser Versprechen abzugeben, wir brauchen nicht mehr mit unserem Namen zu unterschreiben, müssen keine Hand mehr schütteln, niemandem ins Auge sehen, sondern können unsere Kreditkartennummer einfach über Telefon eintippen und können via Computerschirm und Modem Geldsummen transferieren, einzahlen und abheben. Und es funktioniert, es geht alles völlig reibungslos. Jeder hat vollkommenes Vertrauen und sichert so wiederum jedermanns Vertrauen.

»Geld«, so warnte Henry David Thoreau, »stellt sich zwischen den Menschen und seine Gegenstände.« Seiner Meinung nach können wir einen Gegenstand besser begreifen, ihn vollständiger und wahrheitsgemäßer erkennen, solange er noch nicht unter die Herrschaft des Geldes geraten ist. Nachher sind wir eher ratlos, den Dingen entfremdet, die wir kaufen und verkaufen. Denn Geld bringt die Menschen zwar in gewisser Weise zusammen, es übt aber auch eine Art bösen Zauber auf die Dinge aus, verändert sie und zersetzt ihre innere Natur.

Was Marx so zu schaffen machte, war die Tatsache, daß ein Gegenstand, sobald er in die Warenwelt gelangt, sobald er in Geld umgewandelt wird, seinen gesellschaftlichen Charakter verliert. Die in ihn eingegangene Arbeit wird verschleiert, wir vergessen die Arbeiter, ihr Verhältnis zu dem Produkt und unser Verhältnis zu ihnen. Statt dessen sehen wir nur ein einziges Verhältnis, ein Verhältnis, so stramm und sauber wie eine mathematische Gleichung: das zwischen einem Produkt und einer bestimmten Menge Bargeld. Die Arbeit, die in das Produkt eingegangen ist, verschwindet, sie verbirgt sich hinter jener Geldmenge, und auf diese Weise entkleiden wir sowohl den Gegenstand als auch den Arbeiter seiner Individualität. Geld ist der Fetisch, der über die Geschichte realer menschlicher Hände herfällt und sie verdrängt. Das war es, was Marx Sorgen bereitete. Doch es gibt noch andere Geschichten in den Dingen, die keine Geschichten der Arbeit sind.

Wir brauchen nur an Thoreau zu denken, wie er über sein »bescheiden sprießendes Land« wanderte oder auf seinem von Bäumen – jenen »schlanken Wimpern, die ihn umrahmen« – umgebenen Teich umherpaddelte. Und alles ohne jedes Preisschild, alles bot sich ihm in tiefer Schlichtheit dar, in seiner wahren Natur, die so viel wunderbarer ist als jeder Fetischismus, den wir im Zuge der Verdinglichung darüberlegen könnten. Ebenso wie Marx beunruhigte Thoreau jene perverse Kurzsichtigkeit, die alle Dinge warenförmig erscheinen läßt. Er hat sie in seinem Tagebuch beschrieben, diese eigentümliche, allgegenwärtige Anbetung des Goldes, wie sie die Menschen blind macht für das, was auf der Erde wirklich ist. Ein Eintrag lautet:

> Neulich gegenüber dem alten Mr. B. den Überfluß an Äpfeln erwähnt. »Ja«, sagt er, »und auch so hübsch wie Dollars.« Das ist die Art von Schönheit, die sie in Äpfeln sehen.

Für Marx wären es die Arbeiter und die Arbeit gewesen, die dabei aus dem Blick gerieten. Die Dinge, die Thoreau dagegen vor allem beschäftigten, Dinge wie Äpfel, Gras oder Ulmen, betrachtete er nicht unter dem Gesichtspunkt ihrer Produktion mit den Händen irgendwelcher Arbeiter (wofern wir nicht von dem einen, einzigen, ewigen *Arbeiter* sprechen wollen), sondern unter dem Gesichtspunkt seiner *Liebe* zu ihnen und der Art, wie sie ihn bewegten und anregten.

Sein Gesichtspunkt ist nicht unbedingt feinsinniger oder wahrer als der von Marx, ebensowenig wie der von Marx feinsinniger oder wahrer als der von Thoreau ist. Und beider Sicht ist wiederum nicht jenem Blick überlegen, der die Dinge in ihrer Warenform betrachtet. Die unterschiedlichen Wahrnehmungsweisen können miteinander in Konflikt geraten, aber sie vermischen sich auch und bestehen nebeneinander mit genügend Raum für alle.

Es gibt Geschichten über Glas, Kaffeebohnen, Papier (über Äpfel, Diamanten und Milch), die absolut nichts mit ihrer Produktion zu tun haben, aber auch nichts mit ihrer Entstehung in der Natur oder ihrem Geldwert. Einige dieser Geschichten wurden von Romanautoren, Stückeschreibern und Dichtern erfunden. Andere haben Werbeleute erfunden. Wieder andere entstammen unseren privaten Phantasien und Assoziationen. Wir lagern Bedeutungen in unseren Köpfen ab, ohne daß wir es wollen. Wir sammeln Geschichten, so wie wir Minuten und Güter sammeln. Und *sämtliche* Geschichten beleben die Gegenstände mit Fetischgeistern. Marx schrieb so, als könne er unterscheiden zwischen der wahren Natur der Dinge und ihrer künstlichen, eben jener Fetisch-Imago, mit der wir ihre ehrliche Nacktheit überziehen. Doch wer sind wir, daß wir mit unseren sterblichen Augen sagen könnten, welche Geschichte am wahrsten ist? Es gibt unzählige Weisen, wie ein Ding sich betrachten läßt. Und alles, was wir tun können, ist, uns dieser Tatsache zu stellen und die verschiedenen Linsen auszuprobieren.

Wir sind daran gewöhnt, daß die Dinge in der Literatur (wie auch im Film, im Theater, in Gemälden und beim Tanz) überhöht und mit Sinn und Bedeutung aufgeladen werden. Im Englischunterricht lernen wir in den höheren Klassen, die besondere Bedeutung bestimmter Requisiten herauszufinden: da sind etwa die sauren Gurken in *Ethan Frome* (»Die Schlittenfahrt«), die Muschelschale in *Herr der Fliegen*, der Messingring in *Fänger im Roggen*, Mr. Gruffydds Bleistiftschale in *How Green Was My Valley*. Wir lernen, daß es in der Literatur – anders als im täglichen Leben – natürlich und angemessen ist, daß ein Gegenstand für mehr als sich selbst steht, daß er mit einem Leben angefüllt ist, das sein eigenes übersteigt.

In der *Glasmenagerie* entdecken wir ein Bord mit winzigen durchsichtigen Tieren und ein verkrüppeltes Mädchen in violettem Kimono, das sie poliert. Ein Einhorn mit einem abgebrochenen Horn, ein Schaufenster mit farbigen Glasflaschen »wie Stücke eines zersprungenen Regenbogens«. In den Regieanweisungen zu seinem Stück legt Tennessee Williams fast aufdringlich viel Wert darauf, daß seine Glasmetaphorik auch genau verstanden wird, und zählt auf, was Glas zu bedeuten hat. »[Es] drückt die oberflächliche Munterkeit des Lebens aus mit den darunter liegenden Anklängen von unabänderlicher und unbeschreiblicher Trauer. Wenn man ein Stück filigranes Glas betrachtet, denkt man zweierlei: wie schön es ist und wie leicht es zerbricht.« »Die anmutige Zerbrechlichkeit von Glas« ist ein Bild für das Mädchen in Violett. Wie ein Stück ihrer Glassammlung wird sie schließlich »zu erlesen und zu zerbrechlich, um vom Regal heruntergenommen zu werden«. Das Glas besitzt so viel Fetischmacht über das Mädchen, daß eine Wunde in ihrem menschlichen Herzen entsteht, als ein Stück ihrer Sammlung zerbricht.

In *Cyrano de Bergerac* kommt Papier in Form von Buchseiten vor, die ein Bäcker in Ehren hält, und in Form eines Blatts mit Versen, das jemand als Bezahlung für Windbeutel hinterlassen hat. Butterfleckige Sonnette und zerrissene Stanzen, Werke, die zerlegt und zu Papiertüten gemacht werden. Edmond Rostant hat sich einen Tortenbäcker ausgedacht, der mehr an Versen als an Geld interessiert ist. Der

Bäcker wird von seiner praktischen Frau gequält, die den »Kritzeleien«, die die Dichterkunden ihres Ehemanns ihm anbieten, keinen Wert beimißt. Sie übernimmt es selbst, das, was sie als Wert erkennen kann, zu retten, und benutzt das Papier zum Einwickeln des Gebäcks, das ihnen ihren Lebensunterhalt sichert. Sie wiederum leidet unter ihrem Ehemann, der ständig »gratis« Lebkuchen und Mandeltörtchen für Gedichte verteilt. Die Spannung zwischen ihrer jeweiligen Sicht der Dinge wird komisch ausgespielt. Während die beiden darüber streiten, welche Funktion wertvoller ist, taumelt und schwankt das Papier zwischen eben diesen beiden Rollen: als Aufbewahrer von Sprache und als Aufbewahrer von Kuchen.

In *A Tree Grows in Brooklyn* ist Kaffee der einzige Luxus eines armen Kindes. Eine dünne Brühe, die mit Zichorie verstärkt und mit einem Schuß Kondensmilch gemildert ist. Eine bittersüße Flüssigkeit, deren Duft und Hitze genossen werden, die aber nicht getrunken wird. Ein Schatz vielmehr, der stehengelassen und schließlich, kaltgeworden, ins Spülbecken gekippt wird. Etwas, das auf köstlichste Weise vergeudet wird. So wie Betty Smith den Kaffee beschreibt, ist er mehr als ein Getränk, sogar mehr als ein Tröster, etwas, das gut zu haben war, »wenn man gar nichts hatte und es regnete und man allein in der Wohnung war«. Er stellt eine Verbindung zur Welt der Reichen her, verleiht einen Hauch von Wohlstand und lässiger Extravaganz, weil er das einzige ist, was das Kind verschwenden darf. »*Ich* finde es gut, wenn Menschen wie wir hin und wieder etwas verschwenden können«, sagt die Mutter des Kindes, um zwei alarmierte Tanten zum Schweigen zu bringen, und sie schaut mit einer seltsamen Zufriedenheit zu, wenn das Kind jeden Tag die ganze ihm zugeteilte Tasse in die Kanalisation schickt.

Zerbrechlichkeit, Dichtung, Luxus. Nur eine kleine Auswahl. In der Literatur kann derselbe schlichte Gegenstand auf hunderterlei Weisen erhöht werden. Doch so normal wir es finden mögen, daß solche Transformationen in der Literatur stattfinden, so wenig halten wir sie im gewöhnlichen Leben für möglich. Und doch geschieht es ständig. Gegenstände laden sich mit Bedeutung auf und werden symbolisch veredelt. Auch die Nüchternsten unter uns beteiligen sich an dieser Praxis – nicht aus einer heimlichen Laune heraus oder einem Hang zur Vermenschlichung, sondern unabsichtlich: schlicht, weil es uns nicht gegeben ist, es *nicht* zu tun. Wir konstruieren unsere Symbole vielleicht nicht so klar und gezielt wie Romanciers oder Dichter, aber sie haben darum nicht weniger Einfluß auf die Geschichten, die wir leben. Jeder von uns besitzt sein persönliches Lexikon, das so einzigartig ist wie ein Fingerabdruck. Und damit deuten wir uns die Welt. Die Einträge in unsere persönlichen Symbollexika für Kaffee, für Becher, für Zeitungen und alles übrige sehen bei jedem ein bißchen anders aus. Häufig überwiegen die Ähnlichkeiten allerdings die Unterschiede, so daß wir, wenn wir miteinander reden, manchmal auch wissen, was der andere meint, selbst wenn wir uns subtil, metaphorisch oder abstrakt geben.

Werbegestalter sind, ebenso wie Künstler, Meister im Erkennen der Fetischmacht jener Geschichten – jener Masken, in die wir die Dinge hüllen. Künstler nutzen diese Macht, um ihren Werken Resonanz zu verleihen, um eine anspielungsreiche Struktur zu erschaffen und sie mit Bedeutung aufzuladen. Werbegestalter nutzen diese Macht, um die Leute dazu zu bringen, daß sie nach ihren Produkten verlangen. Sie möchten in uns das Bedürfnis nach Besitz wecken, uns zu chronischen und fieberhaften Sammlern der begehrten Objekte machen – ähnlich wie Freuds Sexualfetischisten.

Allerdings kommt diese Fetischmacht den Werbern und Künstlern – oder all jenen, die ein großes Publikum ansprechen möchten – nur dann zugute, wenn die Geschichten Allgemeingut sind. Werbefachleute wissen, daß ihre Produkte den privaten und nicht unbedingt vorhersehbaren Interpretationen der Menschen unterliegen, daß jeder möglicherweise persönliche Assoziationen mit ihnen verbindet. Letztendlich wird jeder Verbraucher das jeweilige Produkt seiner individuellen psychischen Disposition gemäß bewerten. (Eine Zeitungsanzeige für American Express, die mit dem Pariser Modehaus Hermès wirbt, bekennt das mit entwaffnender Offenheit: »Wir erschaffen das PRODUKT. Die Kunden hauchen ihm LEBEN ein.«) Williams, Rostand und Smith haben Zeit gebraucht, um für ihre Werke das entsprechende Lexikon zu entwickeln und jene Besonderheiten von Glas, Bohnen und Papier hervorzuheben, die wir begreifen sollen. Ebenso versuchen auch Werbegestalter, Uneindeutigkeiten und Interpretationsvielfalt auszuschließen. Sie legen alles darauf an, uns genau zu instruieren, wie wir die Bilder und Symbole, die sie benutzen, zu verstehen haben.

Und es klappt, wir kriegen es mit, es funktioniert. Wir können sogar widersprüchliche Informationen ohne

Schwierigkeiten verarbeiten und verdauen. Wir lesen im wöchentlichen Postwurffaltblatt die Anzeige mit dem Sonderangebot für einen Karton mit acht Gläsern Götterspeise und in einer Hochglanzillustrierten eine andere, die die Exklusivität eines einzigen importierten Champagnerkelchs anpreist. Und unser Kopf ist absolut in der Lage, den Unterschied zu erfassen: in der einen Anzeige ist es der billige Preis, der das Produkt begehrenswert macht, und in der anderen die Kostspieligkeit. Wir treffen auf die doppelseitige Werbung eines internationalen Papierkonzerns, in der von seinem großen Einsatz für Umwelt und Recycling die Rede ist. Dann blättern wir weiter und stoßen auf die Anzeige einer Firma, die uns auf Anfrage die Originalausgabe einer Zeitung vom Tag unserer Geburt schickt. Wieder fällt es uns nicht schwer, die offensichtlich widersprüchlichen Botschaften einzuordnen: das eine Unternehmen sollen wir gut finden, weil es Zeitungen recycelt, und das andere, weil es sie aufbewahrt. Im Fernsehen sehen wir einen Mann, der, vom Aroma einer frisch gebrauten Tasse Kaffee geweckt, die Augen aufschlägt und lächelt. Wenige Minuten später ist eine Frau zu sehen, die sich in Strumpfsocken auf ihrer Couch zusammengerollt hat, um es sich mit einer Tasse desselben Getränks gemütlich zu machen. Und wir begreifen automatisch, daß der Kaffee einmal ein Stimulans ist und das andere Mal der Entspannung dient, obwohl die chemische Zusammensetzung beide Male identisch ist. Wir behalten sogar, welche Verpackung mit welcher Stimmung verbunden ist, und wenn wir das nächste Mal in einer der beiden Verfassungen sind, sagt unser Kopf uns, welche Marke wir wählen sollen.

Häufig erfinden die Werbetexter für die Geschichten, die sie uns erzählen wollen, eine fiktive Herkunft der entsprechenden Produkte und fiktive Menschen, die sie produzieren. Diese Menschen tragen anheimelnde Namen, wie Uncle Ben und Aunt Jemina und Mrs. Butterworth, und sie haben strahlende Gesichter, wie Juan Valdez oder der Pillsbury Doughboy oder Mr. Clean. Sie sind glücklich, daß sie ihre Produkte für uns herstellen dürfen, und ihre Arbeit ist eigentlich ein Spiel. Das merkt man, wenn man den Keebler-Elfen in ihrem Baumhaus zusieht oder Sprout und Jolly Green Giant, wie sie vergnügt auf den Feldern herumtoben. Zumindest ist ihre Tätigkeit hochgradig befriedigend für sie. Manche Produkte brauchen nicht einmal fiktive Arbeiter zu ihrer Herstellung, sondern fertigen sich selbst: Pralinen tunken sich bereitwillig in Couvertüre, Thunfisch bittet praktisch darum, in die Dose zu kommen, und Toilettenpapier entsteigt kichernd wattigen Wolken. Von sprechender Margarine bis zu tanzenden Rosinen treten die Produkte als beseelte, autonome Objekte auf – ohne jede Verbindung zu menschlicher Arbeit. All das führt in geradezu übertriebener Anschaulichkeit vor, was Marx voraussah: Die wirklichen Geschichten der Arbeit gehen verloren, statt dessen scheinen die Waren fertig und schon mit Preis versehen vom Himmel zu fallen.

Vor einiger Zeit haben die Werbeleute allerdings einen neuen Dreh für ihre Marktstrategien gefunden und im Einsatz von Geschichten und Symbolen gewissermaßen eine 180-Grad-Wende vollzogen. Der neue Plan sieht folgendermaßen aus: Weg mit Elfen und Marionetten, mit Schauspielern und gemalten Hintergründen, statt dessen her mit der

Wahrheit! Die neue Verkaufstaktik ist in zunehmendem Maße darauf angelegt, Masken herunterzureißen und den Verbraucher hinter die Kulissen blicken zu lassen. Saturn schaltet TV-Spots mit Miniporträts seiner Firmenangestellten. Land's End präsentiert einen Katalog, in dem zwischen die mehrfarbigen Seiten mit Polohemden und Knitterleinenshorts in Schwarzweiß quasidokumentarische »Artikel« über einige ihrer Arbeiter eingestreut sind. Und auf dem Deckblatt des Katalogs steht, er sei ein Gruß an die »Baumwoll-Leute«. In einer Werbung für irische Pullover steht, sie würden in »Heimarbeit« handgestrickt. Und eine Anzeige für Christbaumengel aus Metall hebt hervor, daß die Figuren aus recycelten Ölfässern gestanzt und von »zeitgenössischen haitischen Künstlern« handgefertigt seien. Die Betonung des Wortes »handgefertigt« tut so, als wäre diese Verbindung zwischen Produkt und Macher nicht die Norm, sondern etwas ganz Neues. Als würden die meisten Produkte üblicherweise ohne jede menschliche Mitwirkung auf diesem Planeten erscheinen.

Diese Taktik, mehr und mehr über den wahren Ursprung eines Produkts zu verraten und die Verbraucher auf eine Art Reise hinter die Kulissen mitzunehmen, hat jetzt auch die Verpackungen erobert. So kann man zum Beispiel auf den Kartons mit Florida-Natural-Orangensaft oder Ben & Jerry-Eiskrem, auf Annie's Instant-Makkaroni mit Käse oder auf Tom's Zahnpastatuben kurze Biographien der Unternehmen und ihrer Arbeiter finden, manchmal sogar die Ansichten der Firma zu Wirtschaft und Umwelt oder zu gesellschaftlichen Themen. Es hat sich überdies eingebürgert, daß Unternehmen versprechen, ein Teil des Geldes, das wir für das Privileg bezahlen, Besitzer ihres Produkts zu sein, werde für einen sogenannten guten Zweck verwendet – für die christliche Rechte, städtische Entwicklungsprogramme oder die Yanomani-Indianer in Brasilien: Wer einkauft, erwirbt nicht nur Waren, sondern wendet sich gleichzeitig seinen unmittelbaren oder globalen Nachbarn zu, hilft ihnen und teilt mit ihnen.

All das scheint auf den ersten Blick meilenweit entfernt von mythischen Werbefiguren wie Ann Page oder Betty Crocker oder Chef Boyardee. (Auf einer Packung mit Annie's Makkaroni heißt es etwa: »Hallo! Ich heiße Ann Whitey. Mich hat keine Werbeagentur erfunden. Mich gibt es wirklich, ich lebe auf einem Bauernhof ...«) Es scheint, als hätten einige Unternehmen einen neuen Bereich für die Werbung erschlossen, der ernst, entwaffnend und selbstreferentiell ist. Die Geschichten, in die sie ihre Produkte pakken, werden kunstlos und schlicht als Wahrheit präsentiert. Aber natürlich werden diese Geschichten – diese scheinbar vertraulichen, aufrichtigen Enthüllungen – durchaus mit Kunst und Raffinement entwickelt. Bedruckter Raum und Sendezeit kosten immer noch Geld. Ob alte oder neue Art von Werbung – dafür Geld auszugeben hat einen einzigen Grund: In den Köpfen der Menschen soll eine Empfänglichkeit für das Produkt erzeugt werden, die sie zum Kauf animiert.

Besteht zwischen den beiden Werbemethoden ein grundlegender Unterschied? Im einen Fall wird das Produkt mit Elfen, nackten Damen oder majestätischen Landschaften umkleidet und beginnt schließlich, selber Spaß, Sex oder Macht auszustrahlen, als sei es auf übernatürliche Weise aufgeladen. Im anderen Fall wird das Produkt mit Arbeiterporträts, politischen Stellungnahmen oder pädagogischen Hinweisen versehen und verwandelt sich am Ende selber in ein sozial engagiertes Wesen, in ein Stück Natürlichkeit oder einen Anwalt moralischer Lauterkeit. Sobald sie zum Verkauf eines Produkts benutzt werden, dienen die Bilder leibhaftiger Angestellter genau demselben Zweck wie die Bilder von Elfen. Beide Male wird das Produkt mit etwas aufgeladen, das nicht ursprünglich zu ihm gehört. Beide Male landen wir schließlich bei einem Fetisch, und gleichzeitig wird etwas anderes dabei verschleiert.

Kinder begreifen, daß Geld ein Spiel ist. Kinder können sich so hingebungsvoll im Spiel verlieren, daß sie die selbst ausgedachten Regeln, an die sie halb glauben, noch bis weit in den nächsten Tag befolgen. Kinder meiden Ritzen im Bürgersteig und besiegeln Wetten mit verhakeltem kleinen Finger und verstummen gehorsam, wenn jemand ihnen »Verzaubert!« zuruft. Kinder glauben, daß im Wäschekorb manchmal ein Monster haust, daß sie eines Tages bestimmt die verborgene Tür in die Vergangenheit finden und daß der Griff vom Schirm ihnen damals ganz wirklich ein kleines Lied vorgesungen hat, nein, das war kein Traum. Doch diese selben Kinder bleiben Geld gegenüber seltsam zurückhaltend, sie lassen sich nicht gänzlich davon überzeugen.

Andere Währungen finden sie einleuchtender. Ein Kind kann einen blauen Stein aus dem Fluß gegen ein Kaugummi tauschen. Ein Kind kann Vaters alte Armbanduhr hergeben, um einmal deine Narbe zu betrachten. Oder eine winzige Glasbirne für einen grünen Bleistiftstummel. Oder drei frische Kiefernzapfen, um einmal von deinem Butterbrot abzubeißen. Oder dein Milchgeld für eine Fahrt auf dem Lenker. Und solange Kinder noch nicht in das Erwachsenenspiel hineingeschlittert sind, solange sie noch nicht begriffen haben, daß dieses Spiel für die Erwachsenen genauso wichtig, echt und unverletzlich ist wie ihre eigenen Mutter-und-Kind-, ihre Weltall- und Dschungelexpeditionsspiele, solange werden sie womöglich mehr für Nikkelstücke als für Dimes übrig haben, weil deren Rand sich weicher anfühlt oder weil sie schwerer sind oder weil der Mann mit dem Pferdeschwanz ihnen besser gefällt als der mit dem Bürstenschnitt.

Wenn Kinder einen heimlichen Blick ins Herz unserer Finanzzentren werfen könnten – in den Börsensaal, wo mit Aktien und Waren gehandelt wird –, dann würde ihnen die Atmosphäre bestimmt bekannt vorkommen. Und bestimmt würden sie es komisch finden, wie all die Erwachsenen sich dort aufführen, als wären sie in der Turnhalle. Selbst auf dem Weg zu der großen Halle, während man einen dieser Flure entlanggeht, hört man haargenau dieselben Geräusche wie aus einer Schulsporthalle, wo die Großen gerade mit einem besonders aufregenden Hockey- oder Volleyballspiel beschäftigt sind: ein stetiges dumpfes Stimmengewirr, das sich zwischendurch zu einem angespannten, erwartungsvollen Summen abschwächt oder in kurzen Abständen von aufgeregtem Brüllen übertönt wird, während alle Viertelstunde das schrille Quäken der Zeituhr erklingt, das die Pause anzeigt. Auch wenn man die Halle erreicht hat, wirkt die Analogie nicht abwegig, nur war die

Turnhalle früher nie so turbulent, lärmig und überfüllt oder, na ja, *archaisch*. Alle möglichen Verhaltensweisen, die sonst in der Geschäftswelt der Erwachsenen als verpönt gelten, sind hier erlaubt: Menschen schubsen und drängeln und treten sich auf die Zehen, sie atmen dem Nachbarn in den Nacken und belästigen ihn mit ihrem Schweiß. Der rein körperliche Kontakt ist überwältigend.

Und auch die Mannschaftskleidung war in der Schule nicht halb so ausgeklügelt. Die Wertpapierhändler, die Broker, die Boten und die Parkettbeobachter – überhaupt alle sind je nach Rolle und Position in eine phantastische Collage aus farbkodierten Jacketts gekleidet: aquamarin, gelbgrün, magenta, kastanienbraun, golden, rosa, karmesinrot, lavendelfarben, orange, violett. Manche sind zweifarbig, und manche sind kariert. Manche haben aufgebügelte Bilder am Rücken, und manche sind gestreift oder sogar gebatikt. Und weil man in der Hitze des Handels so leicht ins Schwitzen gerät, haben manche richtige Einsätze aus demselben dünnen Netzgeflecht wie jene farbigen Stoffstücke zum Anstecken, die früher in der Turnstunde zur Unterscheidung der Mannschaften ausgegeben wurden.

An der New Yorker Börse spitzt sich das Ganze noch durch verschiedenfarbige Linien und Kreise auf dem Holzfußboden des Saals zu. Sie markieren die Wege und Handelszonen für den Fußverkehr, sehen allerdings sehr nach Foullinien und Dreipunktkreisen aus. Die Handelsbörse von Chicago, der »größte Marktplatz der Welt«, verkündet stolz, ihre räumliche Ausdehnung sei so gewaltig, daß die Cubs und die White Sox gut im unteren Saal üben könnten und sogar noch Platz für Zuschauerreihen bliebe.

Und an der New Yorker Börse für Kaffee, Zucker und Kakao lassen die Händler sich, wenn sie unbedingt ganz schnell zu einem bestimmten Maklerstand wollen, einfach auf alle viere nieder und kriechen zwischen diversen Beinen hindurch, als nähmen sie an einem höchst bizarren Staffellauf teil. Große Handelsunternehmen sollen sogar ehemalige Footballspieler als Broker angeheuert haben, weil sie aufgrund ihrer großen körperlichen Ausdauer und ihres sportlichen Geschicks ganz spezielle Vorzüge für die Börse mitbringen.

In der Börse drängeln und schubsen sich die Körper. In den Pausen zwischendurch sacken sie zusammen und lehnen sich manchmal in einer Art erschöpfter Kameraderie aneinander. Und wenige Augenblicke später kann es schon wieder weitergehen mit dem Brüllen, dem Stoßen und Winken und den geheimnisvollen Handzeichen, die die Händler benutzen, um einander zu signalisieren, was sie kaufen oder verkaufen wollen – nicht viel anders als ein Fänger, der dem Werfer anzeigt, wie er den Ball schleudern soll. Statt Mittagspause zu machen mümmeln viele Händler endlos Kaugummis, schlucken Gatorade, Kaffee und Cola und vertilgen M & M-Päckchen und Automatenkuchen. Die leeren Plastikverpackungen landen dabei auf dem Boden. Während einer Flaute kann auch mal eine Papierschwalbe durch die Luft segeln oder ein typischer Umkleidekabinenscherz. An den meisten Börsen gibt es eine Kleiderordnung (mal ist sie strenger, mal weniger streng), sie verbietet Überschreitungen wie Bluejeans, T-Shirts und Röcke, die mehr als fünf Zentimeter über dem Knie enden, ebenso wie Turnschuhe, Shorts, bunte Halstücher, Blaumänner, Trainingshosen, Flanellhemden und Zehensandalen. Vielen Händlern gelingt es jedoch, die Regeln zu unterlaufen, selbst wenn sie sie dem Buchstaben nach erfüllen. Folglich ist die Gesamtwirkung sehr viel chaotischer und respektloser, als man es von einer so geheiligten Institution erwarten würde.

Gar nicht selten rufen sich die Beteiligten in der Hitze des Gefechts mit voller Lautstärke und hochroten Gesichtern ziemlich häßliche Beleidigungen zu. Doch kaum ertönt das Klingelzeichen und ist der Handel beendet, wissen alle, daß es sich um ein Spiel handelt, und dieselben zwei Händler, die bis dahin absolut unversöhnlich schienen, ziehen nun vielleicht gemeinsam los auf einen Hamburger und ein, zwei Bier. Hingegen wird jemand, der sich im Börsensaal nicht an die Regeln hält, als unfair gebrandmarkt. So einer wird gezielt geschnitten, vom Handel ausgeschlossen und schließlich sogar um seinen Job gebracht – Händler können geschickt zusammenarbeiten, um jemanden lahmzulegen. Die Regeln, die Codes sind alles. Und das Tolle ist, daß das Spiel Wirklichkeit ist: Die installierten elektronischen Bildschirme, die wie riesige Spielstandtafeln ringsum an den Wänden hängen, übertragen die Transaktionen unmittelbar und beeinflussen so das Geschehen. Und das nicht nur im Börsensaal, sondern überall auf der Erde.

Die modernen Warenbörsen haben ihren Ursprung in den frühen Märkten und mittelalterlichen Jahrmärkten, wo im Laufe des Tages Lebensmittel und Rohmaterialien versteigert wurden, die vom Ersteigerer noch am selben Abend oder am Ende der Woche abgeholt wurden, wenn der Jahrmarkt vorbei war. In jenen Tagen waren die Bieter auf eine Ware gewöhnlich auch diejenigen, die sie eigenhändig nach Hause fuhren und für den persönlichen Gebrauch nutzten. Erst sehr viel später – mit dem Aufkommen von solchen Dingen wie Eisenbahn und Kühlschrank, von standardisierten Güteklassen und verbesserter Telekommunikation – war es möglich, quasi abstrakt zu handeln, das heißt, man kaufte eine Ware nicht mehr, um sie zum persönlichen Gebrauch mit nach Hause zu nehmen, sondern um sie weiterzuverkaufen, und dadurch einen Profit zu erzielen. Ziemlich bald kam man dann überhaupt nicht mehr mit konkreten Waren in Berührung, sondern handelte statt dessen ausschließlich mit Papierstreifen, die Terminverträge hießen.

Das Warentermingeschäft entstand in den USA vor etwa 150 Jahren. Es galt lange Zeit als leicht anrüchig. Bis zum Ende der achtziger Jahre des 19. Jahrhunderts waren an die 200 Gesetzesvorlagen im Kongreß eingereicht worden, mit denen man versucht hatte, Termingeschäfte als eine Form des Glücksspiels zu verbieten. Keine der Vorlagen hatte Erfolg, doch die skeptischen Vorbehalte, die dazu geführt hatten, lassen sich leicht begreifen. Zum ersten Mal handelten Menschen mit Verträgen statt mit Rohprodukten. Sie verhandelten über das Recht auf den Besitz von etwas statt auf den tatsächlichen Besitz. Diese abstrakte Form war anfangs schwer zu verdauen, sie hatte den Ruch von Schwindel und Betrügerei, zumindest von etwas Windigem und Unklarem, vielleicht sogar Unmoralischem. Und solcherlei Geschäfte waren eine potentielle Bedrohung für die Farmer und Unternehmer, die darauf setzten, daß die Handelsbörsen ihre ehrlichen Geschäfte beförderten.

Wir Menschen können auf eine lange Tradition der Anpassung zurückblicken. Wir haben unsere moralische Einstellung immer parallel zu den wechselnden Formen ökonomischer Aktivität verändert, und zwar meistens zugunsten derjenigen, die gerade die vorherrschende war. Vor vielen tausend Jahren wurde die Vermehrung über Zinsen, die wir heute praktisch für eine organische Eigenschaft des Geldes halten, als übelste Profitmacherei geahndet. Aristoteles urteilt bündig: »Das Geld ist für den Umtausch aufgekommen, der Zins aber weist ihm die Bestimmung an, sich durch sich selber zu vermehren.« Auch die frühe christliche Lehre verurteilte den Zinsgewinn und verglich ihn mit Wucher. Erst im Mittelalter setzte sich diese Praxis durch, doch die Berechnung von Zinsen für Geld, das man aus persönlicher Not geliehen hatte, und nicht, um ein geschäftliches Abenteuer zu finanzieren, wurde auch dann noch mißbilligt. Was Amerikas ursprünglichen Widerstand gegen Warentermingeschäfte angeht, so läßt der sich mindestens bis auf Thomas von Aquin zurückverfolgen: »Sohin ist teurer zu verkaufen oder billiger einzukaufen, als das Ding wert ist, an sich ungerecht und unerlaubt.« Aller Handel, der dem Lebensunterhalt diente, wurde von ihm gutgeheißen, wenn er jedoch allein dem Profit diente, verurteilte er ihn.

Im Zeitalter des Merkantilismus setzten sich jedoch jene Zinssammler und Profithändler durch, und die ethischen Lehren eines Aristoteles oder Thomas von Aquin, selbst die von Christus, verloren an Geltung. Die Jagd nach Wohlstand hatte nun keinen unmoralischen Beigeschmack mehr. Und in der zweiten Hälfte des 18. Jahrhunderts konnte Adam Smith in seiner folgenreichen Theorie der freien Marktwirtschaft den finanziellen Eigennutz nicht nur für natürlich und respektabel erklären, sondern sogar behaupten, daß er gesellschaftlich nützlich sei. Das entspricht genau der heutigen amerikanischen Grundeinstellung: Geschäftlicher Erfolg ist Zeichen aufrechter Bürger, und leitende Persönlichkeiten der Finanzwelt werden vorbehaltlos mit den leitenden Persönlichkeiten der Nation in Verbindung gebracht. In *The Merc*, der offiziellen Geschichte der Chicagoer Warenbörse, schreibt Bob Tamarkin: »An kaum einer Bürowand eines Merc- oder Handelskammer-Angestellten fehlt ein Foto mit Autogramm, auf dem der- oder diejenige mit einem US-Präsidenten oder Kongreßabgeordneten zu sehen ist.«

Im strahlenden Glanz solcher gesellschaftlichen Tugend wirft der Handel sich gierig auf jenes letzte Echtzeitspiel. Tag für Tag strömen Tausende von Männern und Frauen in ihren gestylten farbenfrohen Jacketts in die Säle verschiedener Marktplätze und handeln mit Terminen und Optionen auf alles mögliche, von Hühnern über Eurodollars bis zum Aktienindex. Firmen für Computer-Software bieten privaten und kommerziellen Investoren, die bei diesem Spiel mitmachen wollen, interaktive Programme an. Ein automatisiertes elektronisches Nachbörsensystem macht den weltweiten Handel mit Terminen und Optionen rund um die Uhr möglich. Und in den großen Handelstempeln kann es nun die ganze Nacht durch geschäftig summen und pulsieren. Geld oder die Idee von Geld ist zu jeder Stunde gültig und im Einsatz, dieses Spiel braucht kein Licht, es schert sich nicht um Dunkelheit.

Doch nichts im Börsensaal ist wirklich. Selbst die Waren existieren nur dem Namen nach oder noch nicht einmal dem Namen nach, sondern nur als Symbol, als Code, als Kürzel. Die Vorstellung von der Ware ist nur insoweit wichtig, als sie die Gelegenheit für eine Transaktion bietet, die Möglichkeit zu kaufen oder zu verkaufen, und ganz zuletzt steht sie dann auch für eine verlorene oder gewonnene Summe Geldes. Doch beim Austausch selber ist absolut nichts von Seidenraupenkokons, von Schlachtschweinen oder von Müll zu sehen. Die reale Ware spielt im Zuge ihrer Fetischisierung so gut wie keine Rolle mehr.

ZWISCHENSPIEL

# Person

Mein Vater hat mich auf dem Arm, es ist schon weit über meine Bettgehenszeit. Ich bin noch sehr klein: vier oder fünf. Über seine Schulter hinweg sehe ich meine übrige Familie und die Tunnel aus Schatten und Laternenlicht, die den Park durchkreuzen.

Wir kommen gerade aus der Kirche auf der anderen Straßenseite, wo wir eine Aufführung gesehen haben. Ich habe das Stück nicht verstanden, aber es hat mir gefallen, besonders die Lieder und die Kostüme. Manche Lieder waren traurig, und manche waren lustig. Eine Frau trug ein knallrosa Trikot und kaute sehr schnell Kaugummi. Ein Mann hatte einen Polizeihelm auf.

Jetzt ist es spät, aber wir sind nicht in Eile. Niemand im Park hat es im geringsten eilig. Die Nachtluft legt sich warm und angenehm wie Haut auf unsere Körper.

Der Brunnen mitten im Park hat kein Wasser. Ein Feuerschlucker benutzt ihn als Podium. Zwischen seinen Schlukken sagt er Sachen, über die die Leute, die drumherum stehen, lachen müssen.

Auf einer Bank schlagen zwei Männer große Trommeln. Von irgendwoher erklingt aus einem Radio ein anderes Lied. Jemand dribbelt in der Dunkelheit langsam mit einem

Basketball. Rote Lichtpünktchen sind Zigaretten, die in den unsichtbaren Händen von Menschen aufleuchten und verglühen.

Mein Vater dreht sich zum Brunnen um, so kann ich jetzt in die Ferne schauen und sehe ein Stück unbeleuchteten Wegs mit einer leeren Bank. Meine Familie und der Feuerschlucker sind jetzt in meinem Rücken. Ein Mann pinkelt gegen einen Baum. Als er fertig ist, macht er seinen Reißverschluß zu und bückt sich nach seiner Flasche.

Der Mann kommt nun in Schlangenlinien auf uns zu. Er bleibt stehen, trinkt aus seiner Flasche, geht wieder weiter. Er hat keine Schuhe an. Als er direkt hinter meinem Vater steht, blinzelt er mir zu und sagt: »Na, wie geht's?« Seine Stimme kommt scheppernd aus seiner Kehle, wie Nägel, die aus einer Blechbüchse kollern.

Ich antworte nicht. Ich schmiege mein Gesicht an die Schulter meines Vaters. Mein Vater spürt das und wendet sich um.

»Wunderschöne Nacht«, sagt der Mann.

»Das kann man wohl sagen«, bestätigt mein Vater leichthin. Er sagt es so, als wäre dieser Mann kein Fremder für uns.

»Okay!« sagt der Mann. »*O-kay*!« Er geht schon wieder weiter.

»Eine schöne Nacht noch«, sagt mein Vater.

Der Mann dreht sich um und würdigt den freundlichen Wunsch, indem er seine Flasche schwenkt. Doch seine Botschaft gilt mir, und ich habe jetzt wieder den Kopf gehoben und schaue ihn an, als er sie verkündet: »Dein Daddy hat eine Menge Liebe zu verschenken.«

FÜNF

# Abend

Im All dreht die Erde sich gegen den Uhrzeigersinn und taucht ein Tal in Schatten. Taglilien falten ihre Blütenblätter wie Hände, die sich zum Gebet ineinander verschränken. Die Sonne erreicht das Erdgeschoß der Häuser nicht mehr, und in einem Büro, einer Küche wird das elektrische Licht angeknipst. Ein See verliert schnell sein Blau, er sieht jetzt stumpf aus, unzugänglich, hat sich in stählernes Grau gehüllt. Vögel verstummen. Stechuhren werden bedient, Schecks eingelöst, Trinkgelder gezahlt. Die Börse schließt, Männer lockern ihre Krawatten, Frauen wechseln die Schuhe. Auf einem Hügel wird eine Eidechse auf einem auskühlenden Stein kalt. Ladeninhaber drehen ihr Schild mit der »Geschlossen«-Seite nach außen, ziehen die Markisen hoch. Unverkaufte Artikel bleiben auf den Regalen liegen, geduldig wie die Luft.

In Fabriken und Klassenzimmern, auf Baustellen und Hafenmolen werden Zeitungen zusammengefaltet, in Mülltonnen geworfen oder auf Altpapierhaufen gelegt. Andere Zeitungen, die acht oder zehn Stunden jünger sind, werden erworben, unter den Arm geklemmt, in Aktenköfferchen und Einkaufsbeutel gestopft. In Bahn- und Busstationen suchen Pendler sich liegengelassene Exemplare für die Heimfahrt. Obdachlose sammeln Boulevardblätter und Reklamefaltblätter, um sich für die Nacht ein frisches Lager herzurichten. Männer und Frauen reißen Rezepte, Kleinanzeigen und Kreuzworträtsel heraus und nehmen sie mit. Andere Seiten benutzen sie zum Einwickeln von Fleisch, zum Stopfen von Ritzen unter Fensterbrettern oder als Matten, auf die sie ihre schlammigen Stiefel stellen.

In Städten und Dörfern füllen und leeren sich die Cafés, sie füllen und leeren sich immer wieder in den Stunden der schwindenden Sonne. Zu dieser Tageszeit bleiben die Gäste nie lange. Allein oder zu zweit bezahlen sie ihren Kaffee, besetzen Tische und Stühle, schauen auf die dunkel werdende Straße. Dann trinken sie aus, und wortlos verschwinden sie wieder. Sie lassen nur ihr Glas zurück samt zerknüllten Servietten und schmuddeligen Kleingeldhäufchen.

Das Licht zieht sich noch weiter aus dem Himmel zurück. Für einen Moment wirken die Wolken am Horizont phantastisch: wie rosa Zuckerwatte oder purpur- und orangefarbene Gräten oder Streifen zerlaufenen Eigelbs von einem zerschmetterten Riesenei. Dann dreht die Erde sich noch ein Stück weiter, und den Wolken wird das Licht entzogen. Ein weiteres Tal steigt in ein Schattenbad, ein weiterer See wird grau und verschließt sich. Weitere Finger bedienen den Lichtschalter, zünden Kerzen an, ziehen Vorhänge zu. Weitere Füße eilen über Bürgersteige und Schotterstraßen und Feldwege heimwärts. Die Arbeit ruht, Dunkelheit strahlt aus, setzt sich fest, Menschen zerstreuen sich. Sie ziehen sich ins Private zurück, zu den Orten, an denen ihr Leben beginnt.

So geschickt seine Maschine auch die Erde verändern mag, Brent muß sich doch immer noch der Natur beugen, und zwar das ganze Jahr hindurch. Spätsommer und Herbst bringen die Gefahr von Waldbränden mit sich, und wenn die Wahrscheinlichkeit besonders hoch ist, kann er tagsüber nicht in den Wald. Er muß seinen Zeitplan ändern und seine Arbeit nachts verrichten. Im Winter sinkt die Temperatur so weit unter Null, daß er gelegentlich eine Kaltstarthilfe benutzen muß, um den Harvester in Gang zu bekommen, und den Transporter muß er eine Weile ziehen, bevor er anzuspringen geruht. Außerdem zerbrechen bestimmte Dinge in der schneidenden Kälte leichter; dann muß er in seinen hohlen Händen das Eis an den Werkzeugen abtauen, bevor er sich ans Reparieren machen kann. Doch die eigenwilligste Jahreszeit ist der Frühling, dann gerät alles ins Fließen, und Brent ist aus dem Wald ausgesperrt. Jeden Tag kann es nun passieren, daß genau zu dem Zeitpunkt, da alle Kreatur aus dem Winterschlaf erwacht, gen Norden fliegt und sich einrichtet, Harvester und Transporter gezwungenermaßen ruhen müssen. Zwei Monate lang werden sie nicht einen Baum fällen und abtransportieren.

Brent hat ein unsentimentales Verhältnis zu all dem. Was seine Rolle in den Wäldern angeht, sieht er sich weder als Held noch als Bösewicht. Täte er es, so würde das ein moralisches Gerüst voraussetzen, das bei etwas, das so ungeheuer groß und verwickelt, so frei von moralischen Grundsätzen ist wie der Wald, fehl am Platze ist.

Denn der Wald ist kein Wesen. Ein Wald hat kein Ziel.

Ein Baum hat ein Ziel. Ein Busch, ein Grashalm, ein Vogel, der Fichtenknospenwickler, Brent: sie alle haben ein Ziel, und all diese Ziele ergeben – miteinander verflochten wie die Stränge einer schweren Samtkordel – die lange, endlose Geschichte des Waldes. Doch der Wald als solcher hat kein Gesamtziel. Ein Baum drängt den anderen aus der Sonne und nimmt ihm Raum für seine Wurzeln, der Fichtenwickler vernichtet die Fichten, ein Fuchs schlägt seine Zähne in den Hals eines Kaninchens, Dave jagt Rebhühner zwischen den Preiselbeeren und den Schlehen, und Brent läßt von den Schwarzfichten in einer Senke nichts übrig.

Erst gibt es ein statisches Rauschen, dann krächzt über das Kurzwellenradio eine Stimme in die Kabine des Harvesters. Es ist Dave, der etwas weiter weg in Straßennähe steht und sich vom Transporter meldet. »Du hast Zuschauer.«

Norm, der Distriktingenieur, und vier andere Männer tauchen gleichzeitig aus dem Gebüsch auf. Sie bleiben in gut zwanzig Meter Entfernung neben dem Harvester stehen. Alle tragen sie Mützen und Stiefel, aber keine Handschuhe. Zwei haben sich auf Baumstümpfe gestellt, um besser sehen zu können. Brent lächelt und winkt ziemlich förmlich aus dem Fenster, schlüpft dann aber mit seinem Zwei-auf-einmal-Programm in seine Unterhalterrolle. Er rollt mit dem Harvester vor, umfaßt mit dem Greifer zwei schlanke Stämme gleichzeitig, mäht sie nieder, bringt sie in die Waagerechte, entastet sie und schneidet beide auf einmal in Stücke. In Wirklichkeit ist diese Erntemethode gar nicht so zeitsparend, sie macht aber Eindruck, und die Männer jenseits der Senke lächeln mit offenem Mund und schütteln die Köpfe.

Brent legt den Rückwärtsgang ein, lenkt den Greifarm zu einem anderen Baum, diesmal einem ziemlich dicken mit gut sechzig Zentimeter Wurzelspannweite, und führt seinen zweiten Trick vor. Die Schneide des Harvester kann maximal einen Durchmesser von fünfzig Zentimeter bewältigen, aber Brent schafft auch dickere Bäume, indem er sie von der einen Seite halb durchschneidet und an der anderen Seite noch einmal ansetzt. Der Baum ist jetzt durchgesägt und fällt um, wobei die Krone einen weiten Bogen beschreibt. Sie bricht durch die Äste anderer Bäume und landet mit einem nachhallenden Krachen auf dem Boden. Es bereitet unleugbar mehr Vergnügen, die großen Bäume zu fällen. Brent mag die Art, wie sie niederstürzen.

Auch heute noch ist Forstarbeit ein gefährliches Geschäft. Die moderne Technik hat zwar einige Risiken vermindert, dafür aber andere erst geschaffen – man denke nur an die Motorsägen und die schwereren mechanisierten Maschinen. Auch arbeiten die Männer nicht mehr wie früher Seite an Seite. Meistens sind sie weit über das Gelände verstreut, und jeder sitzt isoliert und autonom in seinem versiegelten Forstfahrzeug. Was sie allerdings an Waldkameradschaft verloren haben, gewinnen sie an anderer Stelle. Dank der gepflasterten Straßen und ihrer Autos können heutige Forstarbeiter jede Nacht zu Heim und Familie zurückkehren, sie können baden, ihren Kindern vorlesen, mit ihren Frauen zu Abend essen und im eigenen Bett schlafen.

Brent für seinen Teil hat nie Angst gehabt, weder vor dem Wald noch vor den großen Forstmaschinen. Er liebt beide seit eh und je und fühlt sich zwischen ihnen wahrscheinlich am meisten zu Hause. Er beendet jetzt die Bearbeitung dieses letzten Baums, indem er ihn der Länge nach zum Schälen durch die Rotorsäge schickt und ihn dann in Stücke schneidet. Als er fertig ist, stellt er den Motor ab.

Die Zuschauer werfen einander Blicke zu, schütteln erneut die Köpfe, spucken in den Schnee. Brent weiß genau, was sie jetzt fühlen. Das Ganze hat etwas sehr Urtümliches, etwas, was an alte Sandkastenzeiten erinnert. Die Männer nähern sich der verstummten Maschine. Brent stößt die Tür auf, tritt höflich auf den Reifen hinaus und begrüßt sie.

»Ein toller Sattelschlepper, den Sie da haben.«

»Wie viele Bäume können Sie damit fällen?«

»Wie groß ist die Schneide?«

»Wieviel Sprit braucht der?«

Er bedient sie mit Antworten, die alle mit Zahlen zu tun haben, während die Männer die Maschine mit ungeheurem Wohlgefallen begutachten – fast mit einer Art trauriger Ehrfurcht.

»Dein Vater ist aber immer noch unschlagbar«, bemerkt Norm. Unterwegs waren die Männer Howard begegnet. Offenbar war er gerade zu einer Pause gezwungen, konnte es aber nicht lassen, unter der Motorhaube seines Lastwagens rumzufummeln. Zuletzt war er gesichtet worden, als sich unter seinem Wagen eine große Öllache ausbreitete.

Brent lacht sein kurzes, federndes Lachen. »Ich weiß«, sagt er. »Es ist, als ob er unter der Knute arbeitet.«

Das scheint alle daran zu erinnern, daß es allmählich spät wird. Die Männer danken Brent und verschwinden wieder im Gebüsch. Brent schlüpft noch einmal in seine Kabine. Der Himmel stählt sich für den Abend und dreht die Wattzahl für das dunkler werdende Blau hoch. Die Sonne trödelt, sie ist jetzt nur noch schwach hinter einer dichten Wolkenbank auszumachen und sieht aus wie ein Klacks Butter, der auf erkaltetem Kartoffelmus nicht schmelzen will. Das leichte Tröpfelgeräusch am Rande der Senke hat sich gelegt, für die Nacht ist alles wieder festgefroren. Doch unter der Eishaut fließt der Saft der Erde weiter und wird jeden Tag flüssiger.

Zeit vergeht, Minuten verrinnen im Rhythmus fallender Bäume. Dave ist gegangen, der Transporter steht dunkel an der Straße, seine letzte Last ist am Straßenrand aufgeschichtet. Howards Fahrrillen frieren über Nacht fest. Auf der Hauptstraße leuchten die Scheinwerfer heimfahrender Autos weiß wie die Augen riesiger Eulen, die entschlossen durch die Nacht sausen.

Brent liebt diese Wälder. Er träumt davon, daß er sich eines Tages eine eigene Holzhütte in einem Waldstück am Wasser baut – weit drüben an den Ufern des Washademoak-Sees oder vielleicht auch dort, wo er geboren ist. Da wird er dann wie ein Vogel auf der Saphirnadel der Belleisle-Bay hocken. Er gehört zu den Menschen, die stehenbleiben, um Waldtiere zu beobachten – zwei Elchbullen, die frühmorgens in einer vereisten Lichtung ihre Geweihe scheuern, einen Rotfuchs, der hinter dem Haus seines Großvaters durchs Gras schnürt – mit dem stummen Blick eines Pilgers, der soeben sein Ziel erspäht hat. Er ist jemand, der einen zerfledderten Audubon-Vogelführer vorne im Handschuhfach seines Halbtonners liegen hat, einer der stehenbleibt, um nachzublättern, welche Sorte Specht er da im Wald gesehen hat. Ein Mann, der einfach nur für sich lernt (er weiß die Dinge gerne), daß der Name des Vogels »Haubenschwarzspecht« lautet und daß er in totem Holz lebt – mit anderen Worten, daß dieser Vogel sich normalerweise von den Insekten und Raupen nährt, die sich im verrottenden Gehäuse umgefallener Bäume aufhalten, solcher Bäume, die Brent nun aus dem Wald entfernt, die er zur Mühle fährt, um im Austausch dafür Geld zu erhalten, das er später eintauscht gegen Diesel, Eis, Socken, ein Dreirad für Ellen und ein paar Holzäpfel, die er dann sauer einlegt, um sie schließlich zu verschenken.

Er ist ein Baumfäller, der die Bäume liebt. Fragt man ihn, ob er sich nicht für unnormal halte, dann kontert er die Frage sofort mit einer Gegenfrage, und seine Stimme klingt dabei freundlich, unbeschwert und aufrichtig neugierig: *Es gibt so viele verschiedene Menschen auf der Welt, wie könnte da einer von uns unnormal sein?*

Endlich macht Brent alles dicht und springt vom Harvester. Dort wo der Wald abtransportiert worden ist, wirkt der Boden sternenhell und makellos. Durch die dichte Tapete der Bäume, die noch stehengeblieben sind, kann er nicht hindurchsehen, aber er weiß, daß direkt hinter der Senke, auf der Anhöhe oberhalb von Plumweseep Cross, die Lichter der Häuser in Form eines sauber untergliederten E's leuchten. Und in einem dieser Häuser brennt ein Holzofen, wird ein Eintopf fürs Abendessen aufgewärmt, plaudert ein kleines Kind mit der Mutter in seiner Privatsprache: halb Englisch, halb Vogelgezwitscher. Sie ruft ihn nach Hause.

In den frühen Morgenstunden greift Ruth Lamp in ihre Essenstasche. Gestern abend hat sie eine Orange, einen Apfelstrudel, zwei kleingeschnittene rohe Möhren, ein Plastikgefäß mit Truthahnresten und eine kleine, kompakte Plastikflasche mit einem dickflüssigen Kirschgetränk eingepackt, das sich Squeeze-It nennt und das Ruth zur Vorbeugung gegen Osteoporose trinkt. Gewöhnlich stellt Ruth sich zu Hause eine Mahlzeit zusammen, aber manchmal vergißt sie es auch. Anchor Hocking besitzt eine kleine Cafeteria, nachts kann man sich dort jedoch nur was aus den Automaten holen. Ruth zieht es vor, jemandem, der drüben im Spielsalon auf der anderen Straßenseite was zu essen holt, ihre Bestellung mitzugeben. Der Spielsalon ist eine ziemlich komische Einrichtung, irgendwie dunkel und geheimnisvoll. Frauen ist der Zutritt zum Saal nicht gestattet, aber sie machen dort ganz anständige kleine Hamburger und Huhnsandwiches und ähnliches. Für die Fabrik ist das recht praktisch.

Zerstreut rollt Ruth die Orange zwischen den Händen, läßt die Augen über den Schreibtisch gleiten und überlegt im stillen, was als nächstes zu tun ist. Das schrille Läuten ihres Tischtelefons kommt ihr zuvor; sie nimmt ab. »Ruth«, verkündet sie und hört dann stirnrunzelnd zu. »Gesprungene Böden? ... Okaychen.« Sie drückt kurz den Hörerknopf, wählt eine Nummer, wartet einen Moment, und plötzlich verschwindet ihr Arbeitsgesicht, es verschönt und belebt sich, als schmölze es in der Wärme. Feine Linien überziehen ihr Gesicht und leuchten wie winzige Lichtstrahlen, als sie ins Telefon lächelt. »Hi, *Joe!*, Süßer.« Ihre tiefe Stimme wird rauh, lebhaft und munter wie Wasser, das durch ein Bachbett plätschert. Joe Barrett – Indian Joe, wie sie ihn liebevoll nennen – ist ihr ganz spezieller Freund unten im Brennraum. »Hallo«, sagt sie, »ich habe gerade noch eine Quarantäne für drei-zwei wegen gesprungener Böden reingekriegt ... Ich hab auch keine gesehen ... Das weiß ich ehrlich gesagt nicht ... Sie haben eine neue Gußform installiert? Wetten, daß das dabei passiert ist ... Okay.«

Ruth holt den Bleistiftstummel hinterm Ohr vor, notiert etwas, steckt ihn wieder an Ort und Stelle und schaltet dann um. »Du kannst bald gehen, nicht?« fragt sie Joe. »Ihr feiert heute abend, du und Sally? ... Drüben im Holiday Inn ... Ja, ich muß heute bis fünf Uhr früh bleiben ... Was? Du willst mir ein 7Up kaufen? Na gut, du weißt ja offenbar, was ich trinke!« Und sie lacht in einer Art ernstem, langsamem Stakkato. »Zwei 7Ups? Gut, danke, Süßer. Tschüß.« Solche Gesprächsschnipsel helfen einem durch die langen Fabriknächte. Sie sind schrecklich klein und schrecklich wichtig, diese Häppchen menschlichen Umgangs.

Die Sluer-Bürotür öffnet sich, und herein spaziert ein ernst aussehender Mann mit Bizeps, die sein T-Shirt ausbeulen, und einem langen, dünnen Zopf, der ihm über den halben Rücken reicht. Er ist ein Rollwagenfahrer, was so was Ähnliches wie ein Handlanger ist, jemand, der für den Boden zuständig ist und dafür sorgt, daß er sauber bleibt, und der Gerätschaften hin und her fährt, je nachdem, welche Abteilung gerade welche Arbeit zu machen hat. Handlanger, Rolljungen, Gabelstapler, Schleifkastenmänner,

Kontrolleure und natürlich Sortierer und Packer sind nur einige der Arbeiter, die diesen Teil der Halle bevölkern.

»Brauchst du was aus dem Lager, Ruth?«

»Hallo, Chris. Ja, danke: Handschuhe.«

Er kommt mit einer ganzen Armladung wieder und packt sie in die zweite Schublade des Aktenschranks.

Kaum ist er fort, betreten zwei Frauen das Büro, die Handschuhe für die neue Schicht brauchen. »Ruthie, an welchem Kühlofen bin ich?« fragt die eine etwas atemlos. Ihr Umfang entspricht in etwa dem des Michelin-Männchens. Ruth zeigt ihr die Schichtliste.

Eine Minute später kommt ein Mann mit langen weißen Koteletten und einem weißen Schnurrbart herein. »Ruthie, für morgen hast du doch noch niemand freigegeben, oder?«

»Hallo, Bobby. Ich bin ein bißchen im Verzug und noch nicht bei der Liste, aber ich mache sie bestimmt.«

»Ich wollte nur mal fragen, weil ich nämlich ein Bowling-Turnier habe.«

Sie macht sich eine Notiz.

»Danke, Ruthie.«

Auf ihn folgt ein Mann in Cowboystiefeln und mit Baseballmütze. »Kann ich Montag freikriegen?« möchte er wissen. »Meine Frau ist ziemlich krank. Sie war beim Arzt im Krankenhaus – ich glaube, sie hat eine Blasenentzündung. Heute morgen konnte sie nicht mal mehr gehen.«

Ruth notiert es sich ordnungsgemäß.

Der nächste möchte einen Tag Urlaub nehmen, um seinen Sohn nach Columbus ins Kinderkrankenhaus zu bringen. Irgend etwas stimme anscheinend nicht mit seiner

Wirbelsäule, aber sie wissen nicht, was. »Und dazu ist er noch ein ganz schöner Brocken, Ruth«, sagt der Mann und blickt ihr über die Schulter, als sie den Termin aufschreibt. »Er hat wahnsinnig schnell Gewicht zugelegt.«

Danach erscheint ein ernster junger Mann mit einer Flasche Dad's Old Fashioned Root Beer in der Hand. Er möchte gern für morgen abend entschuldigt werden, um an der Beerdigung seines Onkels teilzunehmen: Der Onkel ist vor vier Monaten ertrunken, seine Leiche wurde aber erst jetzt gefunden. Ruth kennt die ganze Geschichte, sie stand in der *Lancaster Gazette.* Gemeinsam studieren sie die kleine Broschüre mit den Gewerkschaftsregeln, die sie im Aktenschrank aufbewahrt. Leider müssen sie feststellen, daß Begräbnisse von Onkeln im Arbeitsvertrag nicht als entschuldigtes Fehlen gelten.

Häufiges Fehlen ist ein chronisches Problem. Wenn Ruth das Sagen hätte, würde sie das Problem mit einem Anspornprogramm angehen – zum Beispiel einem Bonus oder vielleicht einem freien Tag für drei Monate ständiger Anwesenheit. Derzeit sieht es allerdings so aus, daß man für ein ganzes Jahr ununterbrochener Anwesenheit nur eine Bescheinigung und einen Gratiskasten mit Glaswaren oder alternativ ein Anchor-Hocking-T-Shirt erhält – was, wie Ruth findet, schon fast eine Beleidigung ist. Häufiges Fehlen wird da schon entschiedener behandelt. Man bekommt einen »Strafpunkt« für jedes Fehlen, das nicht von einem Arzt beglaubigt ist. Und mehr als drei Punkte innerhalb von 120 Tagen führen zu gestaffelten disziplinarischen Maßnahmen: von einer Verwarnung beim ersten Mal bis zu immer längeren Aussperrungsperioden.

Die ganze Nacht lang kommen die Arbeiter mit ihren Anliegen. Wenn sie nicht ihre eigenen Geschichten von Not und Mühsal erzählen, dann versorgen sie Ruth mit den neuesten Nachrichten über das Unglück anderer Leute: wie soundso mit der Bestrahlung zurechtkommt und wessen Ehemann ganz schlimmen Alzheimer hat, welcher Frau die Brust abgenommen wurde und daß der-und-der sein Bein durch Wundbrand verloren hat oder eine Cousine durch Herzversagen, oder ein Kind durch Leukämie. Allein ihr Freund Indiana-Joe wurde ein ganzes Jahr lang vom Unglück heimgesucht: sein Haus brannte ab, ein Kettensägenunfall hinterließ eine Narbe an seinem Kinn, sein Sohn verlor eine Hand, und seine Mutter starb. Ruth hat häufig den Eindruck, als gäbe es in Lancaster mehr Krankheit und Not als anderswo, zumindest bei den Menschen, die sie kennt. Wo immer sie hinschaut, scheint jemand gerade eine Krebsdiagnose erhalten zu haben, oder jemand ist gestorben.

Gegen zwei Uhr früh, als sie gerade bei ihren Möhren und der vierten Tasse Kaffee ist, öffnet sich die Tür, und ein schmächtiger, drahtiger Mann in einem Chicago-Bears-T-Shirt tritt ein. Er erklärt vergnügt, daß er heute nacht zum letzten Mal hier war.

Ruth hat schon einen beträchtlichen Packen Sonderwünsche daliegen, mit denen sie jonglieren muß, und zieht die Augenbrauen zusammen. »Nimmst du jetzt Urlaub?«

»Nein. Ich komme *nie mehr* her«, behauptet er und grinst, als würde er gleich einen Blumenstrauß hinter seinem Rükken vorzaubern.

»Ach ja!« Jetzt fällt es Ruth ein. »Du gehst zum Bad!«

Sie klopft fröhlich auf ihren Schreibtisch. »Wann hast du dich darum beworben?«

»Letzten Februar.«

Eine Versetzung zum Bad beziehungsweise einen Stock höher in die Abteilung, wo das Mischen und Schmelzen des Glassatzes reguliert wird, gilt als eindeutiger Aufstieg. Der Lohn steigt zwar vielleicht nur um ein, zwei Dollar pro Stunde, aber oben arbeiten weniger Leute als bei Sortieren und Packen, und die Aussichten, daß man in eine Angestelltenposition vorrückt, sind größer. Ebenso wie die Moral.

Sie strahlt ihn an – »Das *Bad*« –, und hinter ihren ruhigen, dunklen Augen scheinen sich eine Menge Gedanken, Bilder und Assoziationen zu verbergen. Es ist einfach schön, zu erleben, daß jemand von unten nach oben aufsteigt.

Ruth selber wird Sortieren und Packen erst nach ihrem Ausscheiden aus der Fabrik verlassen, und von diesem Tag träumt sie häufig. So dankbar sie für ihren Job bei Anchor Hocking ist, so sehr sie sich über all das freut, was er ihr ermöglicht hat – allmählich lockt es sie doch aufzuhören. Viel zu viele Menschen bleiben zu lange in ihrem Job. Wenn sie zum letzten Mal über die Rampe geht, möchte sie das gerne als gesunde Frau tun. Nächsten Juni wird sie sechzig: ein guter Moment für eine Veränderung, findet sie, ein guter Zeitpunkt, um sich weiterzubewegen. Sie weiß noch nicht genau, wie sie dann ihren Lebensunterhalt bestreiten soll, denn ihre Rente von Anchor Hocking wird nicht einmal 200 Dollar im Monat betragen. Ruth hatte gehofft, das Unternehmen würde sich wieder auf das, was sie die silberne Kugel nennt, mit anderen Worten, den Vorruhestandsplan, besinnen. Jüngsten Gerüchten zufolge ist das eher unwahrscheinlich. Doch Ruth wird genau wissen, wann ihre Zeit aufzuhören gekommen ist, und sie vertraut darauf, daß sich für sie alles zum Guten wendet, so wie es immer gewesen ist.

Als es im Büro wieder ruhig geworden ist, schaut Ruth durch das trübe Fenster über ihrem Schreibtisch. Gleich muß sie wieder die Runde machen, jede Werksabteilung besuchen, schauen, wie die verschiedenen Arbeiten vorangehen, aber jetzt nimmt sie sich Zeit, um ihren Blick schweifen zu lassen. Die wenigen Fenster, die hoch oben in den Außenwänden der Fabrik sitzen, sind eher milchig als durchsichtig und zum Teil ohnehin von Pfeilern, hohen Stapeln mit Holzpaletten und Maschinen verdeckt. Wenn Ruth sie vom Sluer-Büro aus sehen könnte, würden sie jetzt eher wie schwarze Würfel wirken. Aber sie kann sie nicht sehen. Das Leben in der Fabrik ist zeitlos und unbegrenzt: ebenso freischwebend wie angeblich die Körper im Weltall, die von keiner Schwerkraft gehalten werden. Statt dessen sieht sie nur die Fließbandarbeiter und die gelben Rücklichter der Gabelstapler, die mit rhythmischem elektronischen Plärren hin und her rangieren, sowie weiter hinten das Creamsiclefarbene Glühen des Brennraums. Manchmal schaut sie zufällig gerade dann aus dem Fenster, wenn ein Aushub von geschmolzenem Glas aus einem der Bäder schießt. Das ist, als sähe man Sternschnuppen fallen.

Ruth ist jedesmal verblüfft, wenn sie auf einen Mitarbeiter stößt, der sich noch nie die Zeit zu einem Besuch im Brennraum genommen hat. Sie persönlich findet, er ist das Beste an der ganzen Fabrik. Zuschauen, wie der geschmolzene Aushub aus den Bädern in die Förderrinnen tropft, wie er von Scheren zerlegt wird und wie die glühenden Kugeln dann in ihre Formen sinken – ja, da könnte sie ewig stehenbleiben und alles mit Augen, so blank und fest wie Knöpfe, in sich aufnehmen. Jede Nacht hofft sie, daß etwas geschieht, was ihre Anwesenheit dort erfordert.

Es dauert nicht mehr lange, so fürchtet sie, daß Computer einen Teil ihrer Arbeit überflüssig machen. Eines Tages werden sämtliche Informationen automatisch zum Brennraum geleitet werden, und die Männer dort brauchen dann lediglich die Pixel auf dem Bildschirm anzuschauen, um genau zu wissen, welche Lasagne-Formen den Wärmeschocktest nicht bestanden haben und welche Moments-Servierplatten in der letzten Stunde mit Streifen aus dem Kühlofen gekommen sind. Dann wird es für Ruth keinen Grund mehr geben, an den Kühlöfen vorbei durch die Gänge zu wandern, dem Lärm, den Rauchschwaden und den donnernden Kolben der großen Glasmaschinen entgegen, um zu schauen, wie das Glas geboren und geformt wird. Sie wird sich nicht mehr ganz dicht über jemandes Ohr beugen können und ihm auf menschliche Weise – indem sie die Botschaft mit einem Scherz oder einem ernsten Blick begleitet – erklären, was an der Ware, die vom Band kommt, fehlerhaft ist. Für sie hat es eindeutig etwas Kaltes, wie die Technologie den menschlichen Umgang Stück für Stück verarmt.

Allein heute nacht ist sie schon dreimal unten gewesen. Zuerst waren es die verdammten Whiskeygläser, die mit gesprungenen Böden ankamen, dann mußte sie einen Produktionswechsel bei den Bierkrügen überwachen – die mit schlichtem Rand sollten von solchen mit gehärtetem abgelöst werden –, und schließlich ging es um einige Buttergefäße, die mit eingedrückten Griffen aus den Kühlöfen kamen, was sich als Fehler einer Gußform entpuppte, die falsch eingestellt war. Auch wenn sie schon tausendmal im Brennraum war, jedesmal wenn sie ihn wieder betritt, ist es, als käme sie an einen außerirdischen Ort, in eine andere Welt, ein Märchenreich, eine Welt der Kulissen und Halluzinationen. Keine Türen, nicht einmal ein Vorhang trennen sie vom Rest der Halle, und dennoch liegt um die Öffnungen der langen metallenen Kühlöfen, in denen jedes frischgeformte Stück Glas seinen langen, kühlenden Geburtskanal betritt, eine große Schwärze.

Wasserdampf wabert und tanzt zwischen den sechzehn Glasformmaschinen, die sich wie höllische Karussells drehen. Das Geräusch, das ihre Metallteile dabei machen, klingt wie Zähneknirschen. Schwarzes Öl tropft von den dicken Hebeln und Zahnrädern. Der Boden ist mit Speedy-Dry bestreut, einem feinen, körnigen, katzenstreuähnlichen Material, das Öl absorbiert und Öllachen rutschfest macht. Arbeitsleuchten glühen matt im Dampf – wie Laternen in Kriminalroman-Nebel. Sie werden überstrahlt von den Glasklumpen, die mit ihrem geheimnisvollen Edelsteinglanz in der Dunkelheit aufleuchten, wenn sie wie feurige Monde herabtropfen, in Metallformen kreisen, von Maschinen gepreßt und geblasen werden, zu Granatrot und Kobaltblau herunterkühlen, dann wieder zu einem urtümlichen Orange erhitzt werden, das den Augen weh tut. Hier schlägt das unermüdliche Herz der Glasfabrik. Wo sie sich auch gerade aufhalten mag bei Sortieren und Packen, mit den Augen kann Ruth immer den Brennraum finden.

Sie kann immer einen Moment lang seine ehrfurchtsgebietende Macht atmen, etwas von seinem alptraumartigen Glanz erhaschen, einen Blick in jenes geheimnisvolle Land werfen, wo Flüssiges fest wird, wo feurige Elemente so gebändigt werden, daß sie zu Punschbowlen und Tortenplatten erstarren.

Sie macht ihre Runde durch die Werkshalle. Es ist fast drei Uhr. Ruth hat jetzt das Gefühl, sie müßte niesen, und es juckt sie überall. Das geht ihr häufig um diese nächtliche Stunde so. Schuld sind der Staub von den Kartons, der Diesel der Gabelstapler und die Öldämpfe aus dem Ofen. Sie übergibt zwei Packern eine dicke Extrarolle mit Strichcode-Etiketten (»Willst du uns etwa Ärger vom Leibe halten?« scherzen sie über den Lärm der Maschinen hinweg), macht sich wieder auf den Rückweg zum Sluer-Büro, um ihre Jacke und ein paar Anaprox zu holen (wenn sie müde ist, fängt sie an zu frieren, und die Knoten in ihren Gelenken machen sich heftiger bemerkbar), als sie erneut über Lautsprecher ausgerufen wird. Sie geht zum Kühlofenbereich, wo man sie offenbar braucht. Hoffentlich ist nicht wieder irgendwas schiefgegangen. Sie haben diese Nacht schon einen Mechaniker dagehabt, der an dem Kühlofen ein abgerutschtes Förderband repariert hat. Als sie ankommt, stellt sich jedoch heraus, daß es diesmal die Goldfischgläser sind.

Eine Ingenieurin der Qualitätskontrolle hat auf einer ganzen Partie Mängel entdeckt – diese Gläser sind mit lauter Pünktchen übersät, die wie Sandkörner aussehen. Ruth trägt ein Musterexemplar ans Ende der Kühlofenstraße, wo drei Frauen dicht nebeneinanderstehen. Sie nehmen die warmen Gläser, die auf dem Band ankommen, einzeln auf und bekleben die Unterseite mit Strichcode-Etiketten. Ruth zeigt ihnen die Körnigkeit, die sie übersehen haben, weist auf den Warenstapel, der noch einmal sortiert werden muß, und schreit dann gegen ihre Ohrstöpsel an: »Ich habe euch zu dritt hierhergestellt – das ist zu viel, drei kann ich mir nicht leisten.«

Die Arbeit der Frauen ist von tödlicher Monotonie. Das weiß sie, denn sie hat selbst einmal dort gestanden. Manchmal wirken allein die schiere Menge und die immer gleichen Artikel unnatürlich, und es dreht einem den Magen um. Man kann wahnsinnig werden bei dem Versuch, irgendeine Besonderheit an all den starren, regungslosen uniformen Produkten zu entdecken. Es ist ratsamer, seinen Verstand abzuschalten und seine Sinne in die Warteschleife zu schicken, als sich mit seiner ganzen Person auf die Aufgabe zu werfen. Doch hier ist das Glas König, und daran muß Ruth sich halten. Die Arbeiterinnen nicken und sehen offen gesagt eher schläfrig als beschämt aus. Doch immerhin sortieren sie jetzt energischer und packen plötzlich mehr als die Hälfte der Ware, die sie bearbeiten, zum Bruchglas.

Als nächstes muß Ruth im Brennraum Bescheid sagen. Sie macht sich mit ihren langen, ein wenig unbeholfenen Schritten auf den Rückweg und taucht zwischen zwei faszinierenden rotierenden Riesenmaschinen wieder auf, die wie flammende schwarze Mandalas aussehen. Im Sommer kann es hier bis zu 60 Grad heiß werden – am Ende der Schicht haben die Männer klatschnasse Hemden und überall dort, wo der Schweiß getrocknet ist, wellige weiße Schweißränder. Heute nacht tut Ruth die Hitze allerdings gut (sie ist gar nicht dazu gekommen, ihre Jacke zu holen), sie atmet das schwere Aroma von heißem Öl ein und spürt auf ihrem Gesicht das feuchte Streicheln des wabernden Dampfs. Wie jedesmal genießt sie es, wieder hier zu sein.

Sie findet einen der Männer aus der Abteilung, die die Goldfischgläser produziert. Er stürzt gerade vor einer der Mischtrommeln einen Vanillesoda herunter und sieht zu, wie die Maschine sich mit ihrer ewigen Ladung aus weichem orangenen Glasrohmaterial um und um dreht. Obwohl Ruth so groß ist, muß sie sich auf die Zehenspitzen stellen, um ihm die Sache mt den gesprenkelten Gläsern mitzuteilen. Sie brüllt in sein Ohr, und er brüllt etwas zurück, sie nicken und verharren beide einen Moment, starren ratlos auf die Maschine, als handele es sich um ein spannendes Marionettenspiel oder eine ausgeklügelte Weihnachtsauslage mit bewegten Figuren drüben im River-Valley-Einkaufszentrum.

Als Ruth wieder im Sluer-Büro ist, schaut sie verdutzt zu dem launischen Ventilator hoch, der kalten Wind in den Raum pustet. »Floyd, was fällt denn dem Ding da oben ein? Wir müssen uns mal eine Leiter besorgen und ihn abstellen.« Ihr Kollege legt seinen Apfel weg, federt hoch und kniet sich auf ihren Schreibtisch. Er schaut das Ding mit zusammengekniffenen Augen an, und sein Pfeifen bildet einen merkwürdigen Kontrast zu seinem scharfgeschnittenen Kinn. »Keine Ahnung«, sagt er schließlich und steigt wieder herunter. Ruth schüttelt den Kopf, zieht ihren Pullover über und holt sich einen neuen Kaffee. Sie schüttet so viel Kaffeeweißer in den Becher, bis das Pulver die ganze Oberfläche bedeckt, geht mit dem Getränk zu ihrem Schreibtisch zurück, rührt um und drückt zwei Schmerztabletten aus ihrer Umhüllung aus Plastik und Folie.

Kurz darauf kommt der Vorarbeiter des Brennraums herein. Hinten in seiner Hosentasche hat er ölige schwarze Handschuhe stecken. Er ist wütend und hat sich eines der abgelehnten Goldfischgläser wie einen Boxhandschuh über die Faust gestülpt. »So schlimm finde ich sie nicht, Ruthie«, protestiert er.

Ruth schwenkt langsam ihren Stuhl herum, nimmt das Glas und hält es mit finsterem Gesicht gegen das Licht. Sie betrachtet es sorgfältig durch ihre Brille, in der sich die Leuchtstoffröhren spiegeln, deren heller Reflex wiederum den Mann trifft.

»Heute nacht sind sie echt pingelig«, behauptet er, macht mit seinen Stahlspitzenschuhen ein paar Schritte auf sie zu, beugt sich über ihren Schreibtisch und nimmt ihr unabsichtlich das Licht.

»Also gut«, sagt Ruth und gibt ihm kurzentschlossen das Glas zurück, »dann wende dich an Sharon – sie hat die ganze Serie ausgemustert.«

Der Mann nimmt das Glas entgegen, will aber offensichtlich nicht gehen, ohne Ruth seinen Standpunkt dargelegt zu haben. »Du brauchst nur das Gefäß mit Wasser zu füllen, dann siehst du, ob was zu merken ist.« Er macht einen Schritt zur Tür, dreht sich aber noch einmal um und beugt sich über sie. Leise und mit einem Zwinkern sagt er: »Den Fischen ist das sowieso egal!«

Ruth fällt mit ihrem kurzen bellenden Lachen in sein Gelächter ein und schickt ihn freundlich zu Sharon, aber nachdem die Tür sich hinter ihm geschlossen hat, schnaubt sie ärgerlich. »Wenn der Kunde so ein Glas auspackt und aufs Regal stellt, kommt doch nicht sofort Wasser rein«, murmelt sie. »Und ›den Fischen ist das egal‹ – so was hab ich *gern.*«

Auf seiner Seite des Schreibtischs pfeift Floyd eine hübsche, beschwingte Melodie durch die Zähne – möglicherweise, aber nicht unbedingt aus Mitgefühl – und konzentriert sich dann auf eine Aufgabe, bei der Rechner und Kugelschreiber eine Rolle spielen. Die Uhr zeigt zwanzig vor vier. In knapp einer Stunde wird Pam von ihrer zu Hause verbrachten Nacht zurücksein und Ruth wieder ablösen. Es ist jedesmal dasselbe – erst kriechen die Stunden so langsam wie Sirup im Januar, dann schaut man hoch, und auf einmal sind sie verflogen und vorbei. Ruth schlägt auf ihren Schreibtisch, aber nur zart, so als sei ihr plötzlich ein wunderbarer Gedanke gekommen. »Weißt du, was ich glaube«, sagt sie, »je älter ich werde, desto ekliger bin ich offenbar.« Es hört sich an wie eine Gnade, ein Geschenk, und sie lacht erneut – ein kleiner Ausbruch puren Vergnügens. Manchmal überrascht sie sich tatsächlich selber noch.

Ekligkeit und Treue – oder Ekligkeit *der* Treue –, wie auch immer die Mischung aussehen mag, die ihr den Entschluß eingegeben hat, auf einmal ist Ruth ganz sicher, daß sie nächsten Juni in Rente gehen wird, egal, was mit dem Vorruhestandsplan ist. Juni: der Monat, in dem sie zur Welt kam, der Monat mit dem längsten Tag, der Monat des Anfangs. Sie wird ein letztes Mal die Rampe hinabgehen, sich noch einmal als Werkzeug fühlen und ihr Vertrauen in den Weg setzen, den sie gehen wird – denn sie kann es in ihren Knochen spüren und auch in ihren Fingerspitzen: Der beste Teil ihres Lebens steht noch aus.

Am Friedhof vorbei, auf dem schon wieder frische Gaben liegen: ein Strauß wilder Blumen und, neben einem der Holzkreuze, etwas zu essen – die Lieblingsspeisen eines Verstorbenen am ersten Jahrestag seines Todes –, wandert Basilio Salina heimwärts. Die Seelen der Ahnen rascheln im hohen Gras auf dem Hügel. Wahrhaftig, hier schlägt die Zeit Haken, sie geht vorwärts und rückwärts, dreht sich im Kreise und entwirrt sich wieder. Vorstellungen von genau meßbarer Zeit haben wenig Bedeutung. Niemand trägt eine Armbanduhr. Die Arbeiten werden verrichtet, wenn die Bedingungen – Sonne, Wetter, Gesundheit – es erlauben. Niemand stempelt sich je ein oder aus, und die Grenzen zwischen Arbeit und Ruhe, Familie und Kollegen, Heim und Geschäft verschwimmen ständig. Es ist ganz einfach: Wenn sein Magen leer ist, wenn die Kaffeebohen wieder eingesackt sind und das Licht sich aus dem Himmel zurückzieht, dann wandert Basilio heimwärts.

Er betritt den Hof und sieht seine Kinder. Yolanda ist ganz in den Versuch versunken, Juan Diego richtiges Laufen und Hinfallen beizubringen. Sie macht es immer wieder vor, läuft ein paar Schritte und wirft sich dann vergnügt in den ockerfarbenen Dreck. Der Knirps klatscht jedesmal in die Hände, es gelingt ihm aber nicht, ihrem Beispiel zu folgen, und das Mißlingen findet seine älteres Schwester zunehmend komisch. Silvestre sitzt auf einem Stein und kaut ein Stück *pergamino* – eine getrocknete goldene Kaffeebohne, die noch in ihrer Silberhaut sitzt – und schaut sich das ganze Gekasper mit der leicht überlegenen Belustigung an, die sich für einen älteren Bruder gehört. Hinter ihm picken ein paar Hennen in einem Haufen *abono* nach Insekten. Der Hund mit dem schlaffen Hals liegt zu seinen Füßen.

»La Yolandita«. Basilio ruft sie mit ihrem Kosenamen, sie erhebt sich flink vom Boden und läuft ihm entgegen. Im Gesicht und auf dem Kleid hat sie Dreckstreifen, ihre Zöpfe tanzen und hüpfen auf ihrem Rücken. Er gibt ihr die *plátano macho*. Strahlend und mit Kulleraugen bringt sie sie ihrer Mutter in die Küche.

»Chive«, sagt Basilio, und Silvestre springt von seinem Stein auf, spuckt die Kaffeebohne aus und streckt zwei Arme stolz nach dem großen Bündel Bananen aus. Basilio muß daran denken, wie sie Silvestre früher »Alterchen« genannt haben, weil er als Baby so zahnlos und verhutzelt war. Jetzt, mit sechs Jahren, ist er schon richtig hübsch mit seinen schelmischen Augen, dem seidigen schwarzen Haar über den Ohren, dem schnellen Lachen seiner Mutter und dem Ernst seines Vaters, wenn er Arbeiten erledigt. Er umfaßt das mächtige Bündel mit Früchten und folgt seiner Schwester damit über den Hof, wobei er an der Wäscheleine, die vor dem Haus aufgespannt ist, unter einer braunen Hose her taucht. Verschiedene saubere Wäschestücke geben dem Hof ständig ein ganz spezielles Aussehen – Schürzen und Blusen hängen von den Zweigen der Bäume, Windeln und Unterwäsche sind wie riesige schlappe Blumen über die Büsche gebreitet.

»Diego.« Dem Zweijährigen nickt Basilio nur zu und trägt das letzte Bananenbündel selbst ins Haus. Ein Holztisch mit Häkeldecke und ein paar geraden Stühlen stehen im Hof unter einem Blechschutz, der wie praktisch alle Dächer im Ort mittlerweile ein Muster aus blauen und roten Streifen hat: Rost auf Metall. Dieser bescheidene Portikus dient als Eßzimmer. Hier sitzt Isidra jetzt und stillt Enriquetta.

»*Buenos, Chilio*«, sagt sie sanftmütig, und ihre runden Wangen werden beim Lächeln noch breiter.

»*Buenos.*« Basilio legte die Früchte auf den Tisch. Juan Diego, der sich plötzlich von seinen Geschwistern allein gelassen sieht, trottet weinerlich zur Küche, aber in dem Moment kommt Genoveva heraus. Sie wischt ihre Hände am Rock ab und fängt ihn ab, wobei sie über sein wütendes Babygesicht lachen muß. Er klammert sich an ihr Bein, und sie humpelt zum Tisch.

»Von *Tía* Lupe«, erklärt Basilio seiner Frau und zeigt auf die Bananen.

»Wie schön.«

»Wo ist Lucío?«

»Beim Bohnenwaschen.«

Wenn der Kaffee entpulpt ist, muß er ein oder zwei Tage in Wasser einweichen. Dann wird der *miel,* der Honig abgespült – alle glitschigen Beerenreste, die noch an den Bohnen kleben. Erst wenn nur die Silberhaut die Bohne noch umhüllt, kann mit dem Trocknen begonnen werden, das heißt mit der Vorbereitung für die Reise an die Küste.

»Chive«, ruft Basilio. Der Junge schießt aus der Küchentür. »Komm, wir suchen *Tío* Lucío.«

»Wann möchtest du essen?« fragte Genoveva.

»*Ahoríta*«, sagt er mit klassischer Ungenauigkeit. *Sofort, gleich.* Aber der Rest Helligkeit am Himmel und die Art, wie er die Schultern hält und vorm Sprechen Luft holt – diese stummen Hinweise geben eine deutlichere Antwort auf ihre Frage. Da ziehen sie ab, Vater und Sohn. Erst geht es an dem kleinen Verschlag vorbei, wo der schwarze Truthahn eingesperrt ist (er würde sonst die trocknenden Bohnen fressen), und dann den Pfad entlang, der sich durch die zweieinhalb Hektar von El Corozo schlängelt. Genoveva beobachtet sie und kann mühelos die Zeit einschätzen. Dann löst sie ihren jüngsten Sohn von ihrem Bein und zieht sich in die Küche zurück. Die Männer werden nicht lange wegbleiben.

Heute ist kein Fleischabend. Die Salinas-Familie ißt meist zweimal die Woche Fleisch, gewöhnlich entweder *res*, etwas, was aus dem Schädel einer Kuh gekratzt wird, oder Fisch von der Küste. Samstag oder Sonntag kaufen sie Fleisch auf dem Markt in *el centro*, wo Händler von der Küste, aus den nahegelegenen Städten und aus Oaxaca City ihre Stände errichten und ihre Markisen aufspannen. An Markttagen herrscht rege Betriebsamkeit in *el centro*. Es stinkt nach Diesel von all den Lastwagen, und leere silberne Bierdosen rollen in den Straßen umher. An den meisten Sonntagen kommt auch ein Priester von Candelaria herauf und hält in der großen rosa Betonkirche einen Nachmittagsgottesdienst. Nicht nur die Bewohner von Pluma Hidalgo machen dann ihre Einkäufe auf dem Markt, sondern auch die Leute von den benachbarten Bergen und all jene, die während der Woche auf den *fincas* arbeiten. Einige kommen mit dem Lastwagen, doch die meisten gehen zu Fuß. Sie brechen morgens bei Sonnenaufgang auf, damit sie noch vor Einbruch der Dunkelheit wieder zu Hause sind.

Gewöhnlich kauft Familie Salinas nur das, was für die kommende Woche gebraucht wird: Getreide und Hülsenfrüchte, vielleicht ein paar Tomaten und Trauben, ein bißchen Käse und Fleisch. Die Fleischhändler reiben das Fleisch meist mit Salz ein, bevor sie die Stücke für die Kunden in Plastikfolie einschlagen. Da es keine Kühlschränke gibt, muß das Fleisch in der ersten Hälfte der Woche gegessen werden. Heute abend wird Familie Salinas sich allerdings zum traditionellen Mahl niedersetzen. Es besteht aus Bohnen, Tortillas, Avocados, den zwei, drei Eiern, die ihre Hennen täglich legen, und Käse, dessen ortsübliche Variante kreideweiß und feucht, durch und durch löchrig und extrem salzig ist.

Basilio und Silvestre sind den Berg hinabgestiegen und verschwinden jetzt aus dem Blickfeld. Juan Diego gesellt sich zu seiner Mutter in der Küche. Enriquetta ist an der Brust ihrer Mutter eingeschlafen. Isidra knöpft ihre Bluse zu, legt das Baby draußen in die schmale Hängematte an Seilen und zwei Stöcken und versetzt ihr einen leichten Stoß, bevor auch sie nach drinnen geht.

»Yola«, sagt Genoveva, »geh raus zum Baby und halt die Fliegen fern.« Sie schickt ihre Tochter mit einem kleinen Schubs aus der Küche, und die beiden Frauen, die Adoptivschwestern und nun auch verschwägert sind, machen sich an die Vorbereitung des Abendessens. Da es neben der offenen Tür nur ein Fenster gibt (ein Stück Wellblech ist an drei Seiten ausgeschnitten und wird mit einem Stock hochgeklappt), wird es in der Küche schon früh dunkel, lange bevor die Nacht sich draußen über das Land legt. El Corozo hat seit 1987 Elektrizität und auch drei nackte Glühbirnen, aber in dieser Woche ist der Strom ausgefallen. Kleine Löcher in den Wänden sehen wie helle Pünktchen aus und formen in der rauchgeschwärzten Küche seltsame Sternbilder. Durch einige größere Löcher an der Decke dringen Lichtkegel, die wie blasse Münzen auf den Lehmboden fallen. Genoveva hat eine Kerze angezündet, und das Feuer seufzt rötlich glühend im Herd.

Draußen vor der Tür singt Yolanda leise ein Lied über eine kleine Katze. Sie hat es im *kinder* gelernt und findet, daß es gut zum Schwingen der Hängematte und dem Fliegenwegwedeln paßt. »*Mi gatito tiene dos orejitas, una cola larga, y bien suavecito ...*«

Drinnen reguliert Genoveva die Temperatur des Betonklotzes, der als Herd dient, indem sie einen brennenden Knüppel unter dem Topf mit Bohnen wegnimmt und ihn weiter nach hinten schiebt, wo kein Essen kocht. Ein großes Gefäß neben dem Herd ist randvoll mit feinem grauen Pulver. Jeden Morgen nehmen die Frauen die Asche vom Vorabend aus dem Herd und sammeln sie, weil sie später in den *abono* kommt. Genoveva schiebt eines der braunen Hühnchen beiseite, das ins Haus eingedrungen ist, und legt ein paar Tortillas zum Heißwerden auf den *comal* – den traditionellen gewölbten, weißen Kochstein, der als Wok oder Bratpfanne dient. Von Eiern bis zu Kaffeebohnen wird alles darauf gebraten oder geröstet. Schon am Morgen hat sie mit Isidra die Tagesration Tortillas gemacht. Der tägliche Bedarf beläuft sich auf etwa vierzig von diesen dünnen Maismehlscheiben, allein die Männer essen bei einer Mahlzeit sieben oder acht Stück pro Kopf.

»*Mi-ou, mi-ou, mi-ou*«, singt Yolanda draußen, während

sie die Hängematte im Takt schaukelt. In der Küche wird Juan Diego wieder weinerlich. Er steht den Frauen dauernd im Weg und schnieft. Genoveva schnalzt mit der Zunge, als sei sie böse mit ihm, steckt ihm dann ein Stück Zimtrinde zum Kauen in den Mund und gibt ihm etwas Wasser aus einem Plastikkrug zu trinken. Drei solcher Krüge stehen auf einem hölzernen Bord in der Küche und werden mehrmals am Tag weiter unten am Berg, wo die Quelle entspringt, wieder gefüllt. Dorthin sind Basilio und Silvestre unterwegs, um Lucío zu suchen. Genoveva schnalzt noch mal mit der Zunge, diesmal gilt es ihr selbst: Sie hätte sie bitten sollen, den leeren Krug mitzunehmen.

Juan Diego sitzt besänftigt auf einem niedrigen Holzstuhl und kaut an seiner Zimtrinde, während seine Mutter und seine Tante sich sicher und wortlos in der düsteren Küche bewegen und seine Schwester draußen im weichen blauen und bernsteinfarbenen Licht das Kätzchenlied singt. Gleich wird sein Vater mit seinem Onkel und seinem Bruder wieder den Berg hinaufgeklettert kommen, alle drei vermutlich naßgeschwitzt von der Anstrengung, auch wenn die Erde sich mit Einbruch der Dämmerung abgekühlt hat. Sie werden ihre Hemden ausziehen, sich Schweiß und *miel* mit Wasser aus der Regentonne hinter dem Haus von Brust und Händen waschen. Dabei wird Silvestre seinen Vater nachahmen, wie er eine Handvoll Wasser schöpft und sich das Haar aus der Stirn streicht. Dann werden sie sich an den Tisch setzen, und alle werden die Bohnen und Tortillas, Avocados und Eier und Käse essen.

Nicht mehr lange, und auch Juan Diego wird den Frauen helfen, allmorgendlich die Kaffeebohnen zum Trocknen auszubreiten und sie jeden Nachmittag wieder einzusammeln, so wie Yolanda und Silvestre es jetzt schon tun. Und ein wenig später wird es soweit sein, daß er Vater und Onkel auf dem steilen Pfad zum Kaffeefeld hinunter begleitet und weiter zur Baumschule und der Breimühle und der Wanne, in der sie die Bohnen waschen. Noch ein wenig später wird er wohl auf der UCI-*parcela* arbeiten, und bald darauf wird er eines schönen Nachmittags, wenn der Pfarrer den Ort besucht, in der großen rosa Kirche in *el centro* eine junge Frau heiraten, die er schon sein Leben lang kennt. Und vielleicht nimmt er seine Frau mit nach El Corozo, wo sie dann mit der Familie seines Bruders Silvestro leben werden, und beide Brüder werden sich gemeinsam um die Baumschule, den *abono*, die Halbmonde und die Ernte kümmern. Wenn nicht, wird er vielleicht auf der *parcela* der Familie seiner Frau arbeiten und dort leben. Trotzdem wird er dieselben Pflanzen auf dieselbe Art anpflanzen, wie sein Vater es vor ihm getan hat, und er wird abends nach Hause kommen und genau wie sein Vater riechen, wird die Erschöpfung in den gleichen Gliedern spüren, und das gleiche Abendessen wird auf ihn warten. Und noch ein bißchen später wird er zum Friedhof getragen werden, eben jenem Friedhof, der auf der anderen Straßenseite liegt und auf dem seit über hundert Jahren andere Salinas-Männer beerdigt werden, Männer, die alle Kaffeepflanzer waren. Dort wird er unter einem Holzkreuz und Blumen liegen.

Aber vielleicht wird seine Geschichte anders aussehen. Pluma ändert sich, wenn auch langsam. Es hat jetzt Elektrizität, hier und da sind die Straßen gepflastert, und es gibt zwei neue Schulen, die noch nicht existierten, als seine

Eltern jung waren. Vielleicht wird Juan Diego einer der wenigen sein, die auf eine weiterbildende Schule gehen. Vielleicht wird irgendwie Geld aufzutreiben sein, damit er in Pochutla oder Oaxaca City oder sogar in Mexiko City studieren kann. Vielleicht wird er in jedem Fall in die Stadt gehen, Abschied vom Kaffee nehmen und der *hijo* sein, der sich selbst vom Stamm pflückt, der aufbricht und frei entscheidet, was er mit seinen Händen, seinen Gedanken, seinem Leben machen wird.

Doch noch sitzt er – zu jung, um über derlei Dinge nachzusinnen – auf seinem niedrigen Küchenstuhl und kaut an seiner Zimtrinde. Und die Luft um ihn herum duftet so köstlich und vertraut nach *abono*, getrockneter Kaffeepulpe und verbranntem Holz. Er hört die Männer über den Hof gehen, hört das Wasser spritzen, als sie hinten an der Regentonne sind. Seine Mutter und seine Tante tragen Teller mit Speisen nach draußen zu dem Tisch. Yolanda verläßt ihren Posten und klettert auf einen Stuhl, Isidra gibt der Hängematte einen Stoß mit den Fingerspitzen. Um sieben wird der Himmel vollkommen dunkel sein, um acht wird die Familie im Bett liegen und ihre Körper auf das Aufstehen bei anbrechender Dämmerung vorbereiten. In den Bäumen haben die Insekten mit ihrem unsichtbaren, pochenden Gesang begonnen.

Der Nebel läßt sich seufzend auf dem Boden nieder. Eine halbe Erdumrundung weiter dämmert der Morgen.

CODA

# Someday Café

Wieder sitze ich mit der Zeitung und einem Becher Kaffee im Someday Café. Das Sofa, auf dem ich sitze, riecht nach nassem Hund, und die Spiegelglasfenster sind blaßgrau gestreift, als hätte es vor kurzem Zuckerwasser geregnet. An den kleinen Tischen und in Sesseln, die mit grauem Textilklebeband geflickt sind, sitzen, allein mit ihren Zeitungen oder zu zweit in ein Gespräch vertieft, andere Menschen um mich herum. Bruchstücke ihrer Unterhaltungen vermischen sich zu einem dadaistischen Gedicht.

– *Wieso hast du Mistkerl mich nicht zurückgerufen?*
– *Ganz offensichtlich wäre das ziemlich komplex.*
– *Vielleicht könnten wir dein Haar ein bißchen aufhellen.*
– *Ich freue mich auf meinen Tod.*

An den übrigen Tischen sitzen Menschen allein und lesen. Eine Frau in Wetterkleidung und mit bifokaler Brille, ein Mann im Anzug mit Fliege, ein Mädchen, das unter dem Tisch eine Orange schält – alle haben sie sich mit ihrem Kaffee und ihrer Zeitung abgeschottet, sind versunken in jenem einsamen Akt, der sie mit der Welt auf dem laufenden halten soll. Einer blättert um und räkelt sich, einer reibt sich eine Augenbraue, eine hebt ihr Glas an den Mund und nimmt einen Schluck. Dann wenden sich alle wieder dem Gedruckten zu, den sichtbaren Geschichten, die sie vor Augen haben.

Meine Hand hält den warmen Glasbecher fest umfaßt, der so absolut schlicht und funktional ist – bis auf das kleine Ankermuster auf dem Boden des Glases. Ich fahre mit dem Fingernagel über die kaum spürbaren Ränder des Markenzeichens. Eine letzte Geschichte bleibt noch zu erzählen.

Dieses Glas ist von Lancaster, Ohio, hergereist, von Werk 1 der Anchor-Hocking-Fabrik in der Pierce Avenue, gegenüber vom Billardsaal, zu dem Frauen keinen Zutritt haben. Es wurde im Brennraum geformt, ist auf einem der Förderbänder entlanggeruckelt und unter der Aufsicht von Ruth Lamp per Hand sortiert und verpackt worden, bevor es über die Schiene zum Verteilerzentrum transportiert wurde und dann per Lastwagen den ganzen Weg bis nach Chelsea, Massachusetts, zurückgelegt hat, das bei Somerville am anderen Ufer des Mystic River liegt. Die Besitzer des Someday Café machen je nach Bedarf Spritztouren dorthin und erneuern ihren Bestand in jener großen Niederlassung aus Warenlagern mit Namen New England Store Fixture.

Der Kaffee kommt mit UPS zum Café. Alle fünf oder sechs Tage liefern sie die Kartons mit vakuumverpackten Bohnen. Ich trinke die mexikanische Röstung, die von Aztec Harvests produziert wird. Dieser Kaffee wurde von Basilio Salinas und anderen UCI-Bauern in der Gegend von Pluma Hidalgo mit den Händen gepflückt und entpulpt, geharkt und in Säcke verpackt. Auf Lastwagen wurde er von den Bergen zu der rosa- und lavendelfarbenen Anlage in Rincón Alegre hinuntergefahren und dort weiterverarbeitet. Dann nahm er seinen Weg übers Meer nach Long Beach in Kalifornien, per Zug nach San Francisco, per Lastwagen zu einem Lagerhaus in Alameda und schließlich weiter per Lastwagen zur Rösterei Batdorf and Bronson in Olympia, Washington. Die Besitzer des Someday Café, die mit dem Chefröster von B & B aufs College gegangen sind, kaufen ihren gesamten Kaffee bei diesem kleinen Unternehmen am anderen Ende des Kontinents. Dort wird er in einem kleinen, einstöckigen Gebäude hinter der Columbia Street geröstet. Graues Licht fällt durch seine Glasteinfenster, und die röstenden Bohnen machen ein Geräusch wie Regen.

Das dünne, knochenfarbene Papier meines *Boston Globe* beherbergt Reste der Wälder von New Brunswick – Balsamtanne, ein wenig Banks-Kiefer und Hartholz, aber hauptsächlich Fichte –, vielleicht sogar Fasern von ganz gewissen Schwarzfichten, die einst in jener Senke bei Plumweseep wuchsen. Ein Teil dieser Bäume, die Brent Boyd gefällt und an Irving verkauft hat, kamen nach Saint John, wo sie gekocht, gewaschen, gebleicht und zu Pulpe verarbeitet und anschließend zu Zeitungspapier gepreßt wurden. Irving, einer der Papierlieferanten des *Globe*, transportiert Rollen dieses Papiers auf Güterwagen südwärts. Sie fahren direkt bis zum Hauptquartier der Zeitung am Morrissey Boulevard in Dorchester. Das ist der Ort, wo die Anzeigen und Artikel aufs Papier kommen, wo Tinte und Seite einander begegnen, wo Meinung gemacht wird, und zwar mit einer Geschwindigkeit von 60 000 Exemplaren pro Stunde. Jeden

Morgen gegen drei Uhr verläßt ein schmucker grüngoldener Lieferwagen die Laderampe und fährt nach Somerville. Noch vor Morgengrauen hinterlegt er mehrere Bündel Zeitungen beim Lebensmittelladen gegenüber dem Café.

Glas, Kaffeebohnen, Papier. Dies sind die Geschichten, die ich erzählen wollte. Ja, es stimmt, daß das Glas im Preis des Kaffees inbegriffen ist, daß der Kaffee einen Dollar fünfundzwanzig kostet und die tägliche Zeitung fünfunddreißig Cents. Es stimmt ebenso, daß das Glas praktischen Nutzen, der Kaffee ein gewisses Niveau und die Zeitung Interesse an den laufenden Ereignissen signalisieren kann. Unter diesen erst in jüngerer Zeit hinzugekommenen Bedeutungsschichten verbirgt sich allerdings in allen drei Gegenständen etwas Elementareres – etwas, was nichts mit dem Preis zu tun hat und nichts mit meinem Verlangen: ihre Herkunftsgeschichte.

Irgendwo in diesem Glas steckt Ruth, die mit ihrem leicht hinkenden Gang zwischen den Kühlöfen entlangwandert, die von jedem Gehaltsscheck den Zehnten abgibt, die draußen in ihrer Teetasse einen Hügel mit grünen Bohnen bepflanzt und sich mit ihrer Wölfin unterhält. Irgendwo in diesem Kaffee steckt Basilio, der mit der Paradies-Dose Kaffeebohnen schaufelt. Es stecken Silvestre und Yolanda darin, die beim Entpulpen der Kirschen helfen, und Gudelia, die einen Wurm von ihrer Limone schüttelt, und die Hunde, die sich auf dem Hof lümmeln und mit den Pfoten leicht gegen die trocknenden Bohnen stupsen. Irgendwo in dieser Zeitung steckt Brent, der in der bitteren Morgenkälte sein Lenkrad einfettet, der in seinem Audubon-Führer den Haubenschwarzspecht nachschlägt, der selber Gemüse einlegen und eine Mousse zubereiten kann und am Ende eines Tages zusammen mit Ellen Bücher liest. All das sind nur schmale Ausschnitte. Die drei Gegenstände enthalten sehr viel mehr Geschichten, Geschichten von unzähligen Arbeitern, die einander nie begegnet sind: von Buchhaltern und Lastwagenfahrern, Sekretärinnen und Seeleuten, Röstern und Postangestellten, Rohstoffhändlern und Fußbodenkehrern. Ihre Arbeitsstunden und ihr Leben sind durch tausend Fäden miteinander verknüpft.

Diese Gegenstände sprudeln über, sie wimmeln vor Leben. In meiner Hand, auf meinem Schoß: ein verwirrendes Zusammentreffen von Menschen, die einander nicht kennen.

Ich stelle mein Getränk vorsichtig auf den Tisch, falte die Zeitung ruhig zusammen und lege sie beiseite.

Hinter dem Fenster findet wie auf einer Bühne ein festlicher Aufmarsch des Gewöhnlichen statt. Auf dem Platz nimmt der Verkehr allmählich zu – Autos und Busse, ein Kipplader voller Erde, ein Lieferwagen mit der Aufschrift »Doggie Day Care / Doggie Pajama Parties«. Die größeren Lastwagen verkünden ihren Inhalt in aufwendigen Schriftzügen. Auf einem Laster steht, daß er Wasser transportiert, ein anderer fährt Kartoffelchips, ein dritter Material für Heizungsbau. Busse und Taxis haben sich mit bunter Reklame für Zigaretten, Mentholbonbons, Telefongesellschaften und Fernsehserien kostümiert. Hoch über ihnen zieht ein Düsenjäger wie eine emsige Ameise auf unsichtbarer, gewundener Straße seine Bahn und bringt Menschen oder Güter an einen weit entfernten Ort.

Im Vordergrund, direkt hinter der Fensterscheibe,

herrscht Fußgängerverkehr. Jeder trägt irgend etwas: eine Mülltüte, vollgestopft mit leeren Dosen, eine Aktentasche, Krücken, eine Doughnut. Ein Mann mit einem Matchsack auf dem Kopf geht vorüber. Eine Frau mit einer Frisur wie eine Ananas folgt. Ein Taubenschwarm fliegt in plötzlichem Impuls von einer Seite des Platzes zur anderen. Hinter der Bushaltestelle lassen ein paar weiße Kleidungsstücke ihre trocknenden Ärmel von einem Balkon im dritten Stock herabbaumeln.

Drinnen im Someday spinnt das Gedicht sich fort, jede Zeile in Diktion und Dezibel unterschieden.

– *Ich habe meine Bibli-ähm-ographie fertiggestellt.*
– *He, gibt es hier irgendwo Toilettenpapier?*
– *Das ist viel einfacher als Sanskrit.*
– *Ich muß unbedingt jemandem die Wahrheit sagen.*

Wie ein Wolkenbruch prasselt Applaus aus den Lautsprechern. Ein neues Lied beginnt.

Unmerklich verwandelt das Fenster sich in einen Spiegel. Draußen werfen die Laternen ihr fahles Licht. Ein paar Leute betreten das Café, ein paar andere verlassen es. Der gemächliche Festzug ist noch im Gange, eine Bühne gibt es nicht. Er findet überall, zu jeder Zeit, ohne Unterbrechung statt. Jeder hat ein wenig teil – alle Menschen, aber auch alle Dinge: Tische und Lampen, Gebäck und Matchsäcke, trocknende Wäsche und Müllwagen, Krawatten und Orangen.

Wohin man seine Augen auch wendet – überall leben unsichtbare Geschichten.

Danksagungen

Ich danke Brent Boyd, Ruth Lamp und Basilio Salinas sowie ihren Familien (einschließlich der Familien, die über gemeinsame Arbeit verbunden sind) dafür, daß sie mir ihre Zeit schenkten und ich über sie schreiben durfte.

Bei meinen Recherchen über Glas haben mir geholfen: Beth Hylen am Corning Museum of Glass, Jerry Hersch von New England Store Fixture und Karl Salmon von Anchor Hocking. Bei meinen Recherchen über Papier haben mir geholfen: Paul Shortall und seine Familie, Pamela Folkins, Beth Brown, Rick Wightman und Pierre Zundel aus New Brunswick, Douglas Dwyer und Godfrey Kauffmann vom *Boston Globe*, Mike Ryan, Doyce Brown und die Madison Paper Industries. Bei meinen Recherchen über Kaffee haben mir geholfen: Dave Griswald, Lilith von Foerster und Francisco Zavaleta von Aztec Harvests, Lindsey Bolger von Batdorf und Bronson, Bill Fishbein von Coffee Kids, Ana Bazdresch, Holly Benton, Molly Doane, Richard Snyder und Toni Scribner.

Jill Kasiewiez hat mir in Mexiko weit über jede vertragliche Pflicht hinaus als Übersetzerin zur Seite gestanden. Jeff Hale, Leigh Ann Dainty und Matt Kuhn waren sehr hilfreich beim Someday Café. Lowell S. Thomas, Wendy

Yanowitch, Harold Rubin und Jeff Kaplowitz haben mir bei allem, was Waren und Handel betrifft, ihre großzügige Unterstützung gewährt.

Ich bin Wallace Shawn zu großem Dank dafür verpflichtet, daß er *The Fever* geschrieben hat.

Sam Freedman, Eileen Sullivan, Gary Shrager, Lori Taylor, Jay Fitzgerald sowie Sue und Oscar Cohen haben mir Mut gemacht und wichtige Ideen geschenkt. Dank auch an Dave Prifti und Erica Seidmann, die beide, ohne es zu wollen, dazu beigetragen haben, daß sich die Idee hinter diesem Buch herauskristallisierte. Meinem Agenten Barney Karpfinger danke ich für sein großes Vertrauen und sein großes Herz, Betsy Lerner dafür, daß sie mit der Sensibilität einer Dichterin lektoriert hat, und Robert Fitzgerald für seine unendliche Güte und den Vogelfütterer.

PIPER

**Ernst Peter Fischer**

***Aristoteles, Einstein & Co.***

Eine kleine Geschichte der Wissenschaft in Porträts.
443 Seiten. Geb.

In seinem spannenden, leicht und vergnüglich zu lesenden Buch stellt Fischer die Großen der Wissenschaft von der Antike über Arabien, das mittelalterliche und moderne Europa bis ins Amerika unseres Jahrhunderts vor – ihr Leben, ihr Werk, ihre privaten Vorlieben und Vorzüge. Er erzählt von Bacon, Galilei, Kepler und Descartes, den vier Wissenschaftlern, die vor 400 Jahren die Wende zur Moderne möglich machten und damit alles, was wir heute denken und tun, beeinflußten. Oder von Newton, den die Alchemie umtrieb und der doch zum Wegbereiter der modernen Physik wurde. Oder von Marie Curie, die in einer von Männern beherrschten Wissenschaft unendlich viel geleistet hat und dafür gleich zweimal den Nobelpreis erhielt. Ob Albertus Magnus, Faraday, Einstein, Pauling oder Feynman – dieses Buch macht neugierig auf Wissenschaft, zeigt, wie spannend und intellektuell faszinierend die Geschichte der Wissenschaft und ihrer Hauptpersonen ist.

**Neil de Grasse Tyson**

## *Merlins Reise durch das Universum*

Alles über Kometen, Planeten, Quasare, blaue Monde und Werwölfe. Aus dem Amerikanischen von Anni Pott. 315 Seiten. Geb.

Ein amüsant und leicht zu lesender Führer durch die faszinierende Welt der Kosmologie.
Wenn Sie Fragen zum Universum haben – und natürlich haben Sie Fragen, sei es zum Kometen Hale-Bopp, zur Erde, dem Mond, den Planeten, der Sonne, den Schwarzen Löchern, dem außerirdischen Leben –, so fragen Sie doch einfach Herrn Merlin, den Außerirdischen, der vor fast fünf Milliarden Jahren auf dem Planeten Omniscia im Andromeda Nebel geboren wurde. Merlins Antworten, für Menschen durch den renommierten amerikanischen Astrophysiker Neil de Grasse Tyson formuliert, sind kurz, verständlich und witzig. Mit seiner Hilfe werden Sie zum Experten.